JN141605

バーへ行こう

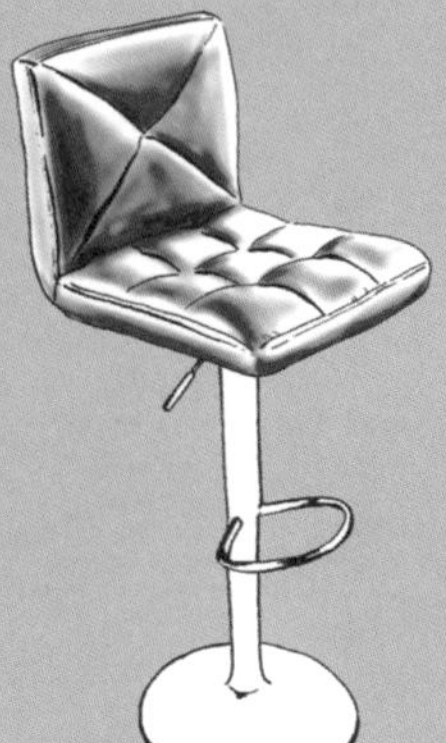

STUDIO TAC CREATIVE

はじめに

Preface

いま、日本におけるバーシーンが目まぐるしく変化しています。国内だけでなく、世界中で日本のバーテンダーが活躍していることを、一体どれくらいの人がご存知でしょうか？　カクテルコンペでの受賞はもとより、ゲストバーテンダーとして呼ばれ、各国を渡り歩くバーテンダーがあちこちに存在しています。日本のバーテンダーの素晴らしさは、恐らく国内より海外で周知されていて、もっと国内でも広まってほしいという願いと、これまでにバーへ行ったことがない人、ハードルが高いと感じている人たちにバーへ足を運んで頂きたいという思いから、この本を執筆しました。

はじめてバーの扉を開けるとき、気になるのはその雰囲気と価格、何を頼んだら良いかということではないでしょうか。少しでもその扉を軽くできればと、カクテル2杯＋フード1品の組み合わせをベースにして、実際かかった金額を掲載しました。主人公は、バー初心者の味香。1月からバーへ通い始めて、徐々に馴染んでいく姿を会話から感じ取って頂けると幸いです。

以前、あるバーテンダーさんとこんな話をしました。ひとつの街、商店街に必ずバーがある時代が訪れるといいねと。薬局、クリーニング店、花屋、書店、ラーメン屋など、商店街に必ずある業態がないと「あれ? ここには薬局がないなんて珍しいな」と思いますよね。それと同じ感覚で、バーがないと何かが足りない気になるような、そんな時代。どのお店もそうですが、お客さんがいないと成り立ちません。日々努力を重ね、その一杯を懸命に作るバーテンダーに是非会いに行ってみてください。店舗ごとにメモができるスペースを設けましたので、飲んだお酒を書き込んだり、バーテンダーさんにサインして頂いてもいいですね。

カクテルの名前やお酒の銘柄をまったく知らなくても大丈夫。お酒を飲むことや、酒場に居ることが好きであればそれだけで充分です。好きで、知りたいという気持ちがあれば、バーはどなたでも愉しめる場所です。

いしかわあさこ

Contents 目次

Contents 目次

Introduction

この本に登場する人物

味香

バー初心者の30代。好奇心が人一倍強く、次々にバーの扉を開けていく。営業職で、いろいろなエリアに出向く機会が多い。

リコ

入社したときから仲が良い、味香の同期。ラムやテキーラがお気に入りで、お酒のイベントによく参加している。

カオル

中学時代からの味香の親友。バーの雰囲気は好きだが、あまりお酒が飲めない。

ジロー

味香が勤める会社の先輩。銀座を中心に都内のバーへ通っている。ブランデーが好きな30代。

さとる

味香の高校時代の同級生。ビールが好きで居酒屋やパブにはよく行くが、バーには行ったことがない。

凛

ジローと同じ部署、味香の先輩。美味しい食事と音楽、バーが好きで、あちこちで飲み歩いている。40代。

よしの

味香とカオルの親友で、とてもお酒が強い。ワインと日本酒をよく飲んでいる。

1月 January

1年が始まりました。新たな気持ちで何を飲みますか？バーで1杯目によく飲まれるカクテルといえば、ジン・トニック。1月なら金柑や柚子など、旬のフルーツを使ったアレンジもあります。バーテンダーがまず覚えるカクテルで、より美味しくなるよう研究に力が入る一杯。初めてバーへ来たら、まずはジン・トニックを頼むと良いかもしれません。

BAR《バー》 Legacy《レガシー》

はじめてのバーでも、大丈夫。銀座と渋谷の名店で腕を磨いた店主が、その技術と想いを受け継ぎながら一枚板のカウンターで待っています。

SHOP INFORMATION

東京都渋谷区渋谷3-22-11サンクスプライムビルB1-B　Tel.03-6427-2122
営業時間 18:00~02:00（日~00:00）／月曜·祝日 休み
チャージ　500円、サービス料なし／席数 15
カクテル　1,200円~／ウイスキー　1,200円~／ワイン　1,400円~（税込）

味香　こんばんは〜……。
吉川厚史さん（以下、吉川）　いらっしゃいませ。こちらの席へどうぞ。
味香　はじめてバーに来たので、何を頼んだらいいかわからなくて。カクテルを飲んでみたいです。
吉川　甘い、苦い、さっぱりなどお好みの味や、アルコール度数の強弱を伝えて頂ければお作りします。カウンターのボードに書いてあるフルーツや野菜を選んで頂いても良いですし、メニューもございますのでよろしければご覧になってください。
味香　〈メニューを見て〉「ジン・トニック」は飲んだことがあります。「ジン・フィズ」「ジン・バック」というのは？
吉川　ジンの後に続くのは作り方、スタイルの名称です。フィズはスピリッツにレモンジュースと砂糖を加えてシェイク、ソーダで満たしたもの。バックは、スピリッツにレモンジュースとジンジャーエールなどを加えたものです。ただ、当店ではジン・バックにライムを使いますし、ジン・トニックをライムではなくレモンで作ることもあります。
味香　スピリッツ？
吉川　一般的には蒸留酒のことで、ジン、ウォッカ、ラム、テキーラなどを指します。醸造酒を加熱後、蒸留して造るお酒ですね。ウイスキー、ブランデーも蒸留酒ですが、日本の酒税法だと「スピリッツ」ではなく「ウイスキー類」に分類されるので、ちょっとややこしいかもしれません。
味香　醸造酒って何ですか？
吉川　ブドウなどの果実や、お米・麦などの穀物を発酵させて造ったお酒で、ワイン、ビール、日本酒などがあります。蒸留酒や醸造酒に果実やハーブ・スパイス、香料や糖分などを浸したり混ぜたりしたリキュールが「混成酒」。製造方法によって、「蒸留酒」「醸造酒」「混成酒」の3つに分類されています。
味香　なるほど〜。って、注文もせずにごめんなさい。ジン・トニックをお願いします。

吉川　大丈夫ですよ。何でも聞いてくださいね。

—吉川さんがカクテルメイキング—

味香　わぁ、とっても爽やか！　ジン・トニックってこんなに美味しかったんだ。お食事も頼んでいいですか？

吉川　はい、もちろんです。

味香　「国産オイルサーディン丼」と「青森県産鴨肉のハンバーグ」、どっちにしようかな。バーでこんなに食事メニューがあるとは思いませんでした。

吉川　お店によってそれぞれですが、僕が料理好きなもので。オイルサーディン丼は、作家・森瑤子さんのエッセイ本に登場する料理をアレンジしました。ハンバーグは手ごねです。

味香　オイルサーディン丼にします。カウンターも素敵ですね。

吉川　ありがとうございます。これは樹齢８００年くらいと言われるアフリカ産ブビンガの一枚板です。

味香　材木屋さんで探すんですか？

吉川　町田市にある銘木店で探しました。まだ前職のバーに勤めていた頃で、ここの物件も決まっていなかったですね。ですから、この木に合う場所を見つけようと。

味香　カウンターを見つけてからのお店探し、かぁ。

吉川　木は生きていますから、温もりがあって落ち着きますね。パワーも感じますし。

味香　カクテルをもう一杯……　「ギムレット」を頂けますか？

吉川　ちょっとアルコール度数が高いカクテルですが、よろしいですか？

味香　はい。

—吉川さんがカクテルメイキング—

味香　思ったより飲みやすいですね。

吉川　ベースはしっかり入っていますが、柔らかく仕上げています。ジンをテキーラに変えた「テキーラ・ギムレット」もお勧めですよ。

＜オイルサーディン丼を差し出す＞お待たせいたしました。

味香　この海苔は？

吉川　創業２５０余年の老舗海苔店様に作って頂きました。レーザーで店名を入れています。

味香　＜ボードを見て＞小豆やよもぎ餡も、カクテルに？

吉川　小豆はほうじ茶や玄米茶とソイミルク、黒蜜を合わせます。よもぎ餡は豆乳と。ほかにもずんだ餡と抹茶のカクテルや、安納芋と甘酒のマティーニなど和テイストのカクテルが何種類かございます。

味香　きっと、カクテルってたくさんあるんでしょうね。

吉川　スタンダードだけでも数多くありますが、そのアレンジやオリジナルカクテルを含めると数え切れないですね。いまこの瞬間も、新しいカクテルが生まれているかもしれません。

味香　いつかお気に入りのカクテルができるといいなぁ……。

本日のお会計

ジン・トニック	1,300円
ギムレット	1,200円
国産オイルサーディン丼	1,200円
チャージ	500円
	計　4,530円（端数切り捨て）

※合計は税込価格です

スパイシーさと清涼感が際立つジン・トニック

ジンの主なボタニカルであるジュニパーベリーのほかに、カルダモンのフレーバーも感じられるNo.3ジン。これにカルダモン・ビターズを加えて、より清涼感とスパイシーさを強調させました。氷は4つ、大きさは大・中・中・大の順でバー・スプーンがまわりやすい形に入れています。

最初のステアは、ジンの香りが立ち上がるタイミングまで。トニックウォーターは炭酸が抜けないよう、氷にあてずに注ぎます。それからごく軽くステア。ライムは1mmほどの超薄切りですが、この薄さがポイントです。私のジン・トニックは、これより厚いとライムのフレーバーが強すぎてしまいますね。2mmでも違います。

通常は骨格のしっかりとしたNo.3ジンを使いますが、例えばフルーツを使ったジン・トニックならフルーツに馴染みやすいタンカレーNo.10などを使います。ジン・トニックは、シンプルだからこそ奥深いカクテルですね。

[ジン・トニックのスタンダードレシピ]

- ドライ・ジン　45ml、トニックウォーター　適量
- 氷を入れたタンブラーにジンを注ぎ、冷やしたトニックウォーターで満たして軽くステアする。ライムまたはレモンを飾る。

「ジン・トニック」吉川さんレシピ

ジン（No.3 ロンドンドライ・ジン）…… 30ml
ライム・ジュース ……………………2tsp
カルダモン・ビターズ（ボブズ）……… 1drop
トニックウォーター（シュウェップス） … 適量
（ガーニッシュ）
ライム・スライス …………………… 1枚

[作り方]

①トニックウォーター以外の材料と氷をタンブラーに入れて、ステアする。
②トニックウォーターを加えて、軽くステアする。
③ガーニッシュを飾る。

COCKTAIL RECIPE

柔らかな口当たりの先に広がる確かなジンの味わい

ベースが50mlも入っているとキツイだろうな……という印象を受けるかもしれません。でも、私が目指すのはしっかりとしたジンの味わいとボディがありながら、丸みを帯びた柔らかいギムレット。ジンを控えると平たい味になりますし、ただジンの量を増やすだけではとげとげしくなってしまいます。

そこでライムとシロップ、シェイクの仕方で味わいに膨らみをもたせています。それぞれのさじ加減が、最も難しいところですね。ライムは10mlでも15mlでもない、12ml。試行錯誤を繰り返して、納得する量を探しました。シロップはグラニュー糖などで作る人が多いと思いますが、私は純粉糖と水を1:1で作っています。

カクテルは、最初の口当たりがとても大切。引っかかりがなく、スッと入ってきてほしいですよね。カクテルのレシピは、どなたにも通じる正解はなく変化していくもの。そこが面白く、研究しがいがあります。

[ギムレットのスタンダードレシピ]

- ドライ・ジン　45ml、ライム・ジュース　15ml
- 材料をシェイクして、カクテル・グラスに注ぐ。

「ギムレット」吉川さんレシピ

ジン（ビーフィーター） ……………… 50ml
ライム・ジュース ……………………… 12ml
シンプル・シロップ（自家製） ……………2tsp

[作り方]

①材料をシェイクして、カクテルグラスに注ぐ。

SPECIAL THANKS

ATSUSHI YOSHIKAWA
吉川厚史さん

趣味
映画・観劇鑑賞

お気に入りの曲
Journey『Faithfully』

MEMO

BAR《バー》 SALVAdOR《サルバドール》

骨董店で買い集めたアンティークグラスに注がれるカクテル、ウイスキー、ブランデー……。流れてくるジャズの音色で、目も耳も舌も満たされます。

SHOP INFORMATION	
	東京都新宿区高田馬場1-29-6 野菊ビル2F Tel.03-3204-7222
	営業時間 18:00~02:00／日曜 休み
	チャージ 800円、サービス料なし／席数 13
	カクテル 1,050円～、ウイスキー900円～（税込）

味香　こんばんは。

鈴木裕介さん（以下、鈴木）　こんばんは。いらっしゃいませ。

味香　フルーツか野菜を使ったカクテルを頂けますか？　アルコールはあまり強くないほうがいいです。

鈴木　今日は美味しいトマトがありますので「ブラッディ・メアリー」はいかがでしょう。ウォッカとトマト・ジュースでつくるカクテルです。

味香　お願いします。

—鈴木さんがカクテルメイキング—

味香　甘～い。トマトってこんなに甘いんですね。

鈴木　糖度の高いフルーツトマトを使っていますからね。

味香　市販のジュースじゃなくて、トマトそのものを潰しているんですね。

鈴木　基本的にはフレッシュのものを使っています。季節や入荷状況によっては、ジュースを使う場合もありますよ。

味香　ウォッカとトマト以外にも、何か入っていますよね？

鈴木　レモン・ジュースと塩を入れていまして、トマトの甘さによって加減しています。最後にかけたのは、ブラック・ペッパーです。

味香　塩で味の調整なんて、お料理みたい。何かおつまみはありますか？

鈴木　当店オリジナルの塩チョコレートがあります。＜チョコレートを見せる＞

味香　うわぁ、インパクト大ですね。食べてみようかな。

鈴木　バー専用でチョコレートを作っている「アトリエAirgead」のショコラティエ、須藤さんに作って頂きました。その名も「スカル」です。＜チョコレートを差し出す＞

味香　見た目はびっくりしたけど、美味しい。

鈴木　イギリスの塩を使っているそうです。

味香　チョコレートをバー専用で作っている人がいるんですね。ところで、流れているのは何ていう曲ですか？

鈴木　Teddi Kingの『Round Midnight』です。

味香　テディ・キング？
鈴木　1950年代のアメリカのジャズシーンを代表する歌姫です。
味香　バーって、ジャズがかかっているイメージですよね。
鈴木　ジャズのほかにクラシックもかけますし、オペラをかけているバーもありますよ。当店では、不定期でライブもしています。
味香　ミュージシャンを呼ぶとか？
鈴木　そうですね。僕もたまにギターを演奏してますよ。
味香　えっ、バーテンダーさんも？　こういう曲を聴きながらウイスキーとかブランデーを飲んでみたいけど、よくわからなくて。
鈴木　まずはウイスキーベースのカクテルを飲んでみませんか？　アルコール度数は少し高めですが、ウイスキーとスイート・ベルモット、ビターズをステアして作る「マンハッタン」というカクテルがあります。
味香　素敵な名前ですね。次はマンハッタンにします。

―鈴木さんがカクテルメイキング―

味香　グラスにニワトリが描かれているんだ。かわいい～。
鈴木　京都の骨董屋さんで買いました。イギリスのアンティークです。
味香　グラスに入っているのはチェリーですか？
鈴木　パフェに添えるマラスキーノ・チェリーはご存知だと思いますが、これはグリオッティン・チェリーといって、濃厚な味わいでカクテルに合います。
味香　食べても……？
鈴木　先に召し上がっても、途中でも最後でも、お好きなように。
味香　ん？　お酒がたっぷり染み込んでいるようなチェリーですね。
鈴木　もともとブランデーに浸け込んでありますが、カクテルもちょっと入ったかもしれません。逆に、カクテルにもグリオッティンのエキスが溶けだしていると思います。
味香　グリオッティン・チェリー、覚えておきます。
鈴木　お店によってはカクテル・ピンに2～3個刺したり、別添えでいくつかお出ししています。お好きなかたが多いんでしょうね。
味香　グラスを眺めながら飲むのもいいですね。そのグラスは？
鈴木　ベルギーの「ヴァル・サン・ランヴェール」というクリスタルガラスメーカーのものです。
味香　クリスタルガラス？
鈴木　通常のガラス原料に鉛を混ぜて作られていて、光を綺麗に反射します。
味香　カクテルが入ると、また違うんだろうなぁ。
鈴木　グラスに興味を持たれたら、その色彩やカットもカクテルと一緒に楽しんでみてくださいね。

本日のお会計

ブラッディ・メアリー	1,200円
マンハッタン	1,200円
オリジナルチョコレート「スカル」	600円
チャージ	800円
	計 3,800円

※合計は税込価格です

素材の味を最大限に活かしたフルーツカクテル

糖度の高いフルーツトマトを丸ごと1個使ったブラッディ・メアリーです。甘くないものを使っても美味しいと思いますが、甘い方が高貴な味わいがしますね。その甘味に合わせて、レモン・ジュースや塩の加減をします。

大きめの氷を2つ入れてシェイクしたら、やや平べったいカクテル・グラスへ移します。トマトは分離しやすいので、縦に長いグラスよりこのような形のグラスが向いているんですよ。

ブラックペッパーを最後にかけたのは、香りだけでなく見た目でも「美味しそうだな」と感じて頂きたいからです。それぞれの素材の良さを、カクテルでお伝えできたら嬉しいですね。

[ブラッディ・メアリーのスタンダードレシピ]

- ウォッカ　45ml、トマト・ジュース　適量、レモン・ジュース　1tsp
- 氷を入れたタンブラーに材料を注ぎ、ステアする。好みで塩、胡椒、セロリ・ソルト、セロリ・スティック、タバスコ・ソース、ウスター・ソースなどを添える。

「ブラッディ・メアリー」鈴木さんレシピ

ウォッカ（ケテルワン）	30ml
トマト	1個
レモン・ジュース	7~10ml弱
塩	少々
ブラックペッパー	1つまみ

[作り方]

①トマトを潰してガーゼで漉し、シェーカーに入れる。
②①にウォッカ、レモン・ジュース、塩を加えて、シェイクする。
③カクテル・グラスに注ぎ、ブラックペッパーをかける。

COCKTAIL RECIPE

高品質なウイスキーベースの芳醇な一杯

ライ麦比率が95%のブレット ライは、甘くスパイシーな香りと滑らかな口当たりで、そのまま飲んでも美味しいウイスキーです。高品質のお酒をカクテルに使うなら、それ以上の楽しさや発見をお客さまにご提供したいですね。

ベルモットは、骨格がしっかりしていてバランスの良いマンチーノ。現在の一般的なレシピは、それにアンゴスチュラ・ビターズを加えますが、オリジナルレシピにあるアボッツ・ビターズを使用しました。

これらを素早くステアして混ぜ合わせ、冷やします。まるで新しいウイスキーが出来上がったかのように、マンハッタンを召し上がってみてください。

[マンハッタンのスタンダードレシピ]

- ライ・ウイスキーまたはカナディアン・ウイスキー　40ml、スイート・ベルモット　20ml、アンゴスチュラ・ビターズ　1dash
- 材料をステアして、カクテル・グラスに注ぐ。

「マンハッタン」鈴木さんレシピ

ライ・ウイスキー（ブレット ライ）	40ml
スイート・ベルモット（マンチーノ・ヴェルモット ロッソ）	20ml
アボッツ・ビターズ（ボブズ）	1drop
（ガーニッシュ）	
グリオッティン・チェリー	1個

[作り方]

①材料をミキシング・グラスに入れて、ステアする。
②カクテル・グラスへ注ぎ、ガーニッシュを飾る。

SPECIAL THANKS

YUSUKE SUZUKI
鈴木裕介さん
趣味
ギター、音楽鑑賞
お気に入りの曲
Elvis Costello
『North』

MEMO

BAR《バー》 DORAS《ドラス》

ゲール語で「扉」を表す“DORAS”の名が付くバーが浅草・花川戸、隅田川のほとりにあります。“旅するバーテンダー”の話を聞けば、まるでヨーロッパにいる気分に!?

SHOP INFORMATION

東京都台東区花川戸2-2-6 Tel.03-3847-5661
営業時間 19:00～03:00（日・祝18:00～02:00）／水曜・第3火曜 休み
エントランスフィー　540円、サービス料なし／席数 11
カクテル　1,420円～、ウイスキー　2,000円～、ブランデー　2,000円～（税込）

中森保貴さん（以下、中森）　こんばんは。

味香　こんばんは……。（うわぁ、重厚な雰囲気！）

中森　どうぞこちらへ。

味香　ブランデーを使ったカクテルを頂けますか？　アルコール度数は高くても大丈夫です。

中森　ショート・カクテルの「サイドカー」はいかがでしょう。酸味があってさっぱりしていますが、華やかなブランデーの香りも広がります。

味香　ショート・カクテルって、何ですか？

中森　容量が少なくて、比較的アルコール度数が高めのカクテルです。逆三角形で、脚のついたカクテル・グラスでお出しすることが多いですね。対してロング・カクテルはアルコール度数が低めで、大振りのグラスで作ります。例えば、ジン・トニックはロング・カクテルです。

味香　じゃあ、サイドカーをください。

―中森さんがカクテルメイキング―

味香　すごく良い香りが漂ってきますね。

中森　液体を高い位置から注いで空気を含ませると、香りが引き立つんですよ。「エアレーション」とか「スローイング」といって、シェイクやステアのようにカクテルを作る技法のひとつです。最後に、オレンジ・ピールで香りづけもしています。

味香　面白いですね。そんな技があるんだ……。

中森　併せてこちらも召し上がってみてください。自家製の羊羹です。

味香　自家製!?

中森　こちらのブランデーはブドウから造られていますが、水との相性があまり良くありません。チェイサーで水を飲んで、舌を湿らせた状態でブランデーを口に含むと、えぐ味が出てしまいます。そこで思いついたのが、口の中の水分を羊羹で包み込んでしまうこと。するとブドウの綺麗な味わいを感じられますし、アルコール感も和らぎます。

味香　そこまで考えられているんですね。

中森　以前ほとんど飲めなかった女性のお客さまに、おつまみとして羊羹をお出ししたらとても喜んでくださって。その後、コニャックをストレートで飲まれるようになりました。

味香　いいですね。コニャックは、ブランデーのことですか？

中森　フランス・ボルドーの北で造られるブランデーを「コニャック」、南東側で造られるものを「アルマニャック」と言って、産地だけでなく製造方法も異なります。コニャックは華やかで繊細、アルマニャックは重厚でしっかりとした香味が特徴ですね。

味香　現地へも行かれたりしますか？

中森　毎年ヨーロッパを旅しています（※）。ブドウの収穫時期に行って、畑仕事を手伝わせて頂いたり。思いがけない出来事もあって、お酒だけでなく人々の暮らしや文化に触れられる貴重な機会ですね。

味香　すごいなぁ〜。バーテンダーさんって、ずっとカウンターの中にいるイメージでした。ほとんど陽の光を浴びることもなさそうだなって。

中森　休日のお昼には食事に出かけたり、千葉の海で波に乗ったりしますよ。サーフィンは生活の一部です。

味香　サーフィン以外には？

中森　昔は、シュートボクシングもしていました。お店を始めてからプロデビューしたので、当初はちょっと大変でしたね。

味香　プロって、本格的！　もう一杯、ブランデーのカクテルが飲みたいです。

中森　甘口のものでもよろしいですか？

味香　はい、お願いします。

―中森さんがカクテルメイキング―

中森　お待たせいたしました。「アレキサンダー」です。

味香　これも良い香り……。

中森　ブランデーのほかにカカオ・リキュールと生クリーム、それからスタンダードのレシピにはないポートワインを少し入れました。ポートワインはポルトガルで造られる甘口のワインで、これを足すと味わいの深みが増します。

味香　甘くてデザートみたいですね。

中森　食後の口直しや消化促進で飲まれるカクテルを「アフター・ディナー・カクテル」とか「ディジェスティフ」といって、甘口に仕上げたものは「デザート・カクテル」と呼ばれます。先ほどのサイドカーと、このアレキサンダーは食後にお勧めですね。

味香　すいすい飲めちゃいます。

中森　口当たりはいいのですが、アルコール度数は高いので気を付けてくださいね。

味香　今度はブランデーをストレートで飲んでみようかな。

中森　ぜひ召し上がってみてください。

※ヨーロッパへの旅の様子は、中森さん著『旅するバーテンダー』（双風舎）に詳しく載っている。

本日のお会計

サイドカー	2,130円
アレキサンダー	2,130円
エントランスフィー	540円
計	4,800円

※合計は税込価格です

※羊羹の価格はカクテルに含まれます

程よい酸味と華やかな風味のショート・カクテル

2011年にフラパンの蒸留所を訪れたことがきっかけで、サイドカーに使うベースが決まりました。華やかで軽やか、グランド・シャンパーニュ100%の素晴らしいコニャックです。ただ、ノンシュガー、ノンカラメルのとても繊細なコニャックなので、氷や水との相性が良くありません。シェイクしたときに出る苦味の対処が課題でした。

そこでまず、スローイングでコニャックの華やかな香りを引き立たせます。苦味の出やすいレモン・ジュースは、後に入れることがポイントですね。ほかのカクテルもそうですが、プレミックスしてベースに糖分のコーティングをすることで、果汁のえぐみが出づらくなります。また、グラン マルニエを少し加えて、コアントローに厚みを出しました。

オレンジ・ピールはグラスの中にかけてしまうと、繊細な味わいを感じられなくなってしまうので、周りにかけて香りを増幅させています。エレガントなコニャックの香りが広がり続ける……そんなサイドカーを目指しています。

[サイドカーのスタンダードレシピ]
- ブランデー　30ml、ホワイト・キュラソー　15ml、レモン・ジュース　15ml
- 材料をシェイクして、カクテル・グラスに注ぐ。

「サイドカー」中森さんレシピ

コニャック(フラパンV.S.O.P.) …… 42ml
ホワイト・キュラソー(コアントロー) … 10ml
オレンジ・キュラソー
(グラン マルニエ) …………………… 2ml
レモン・ジュース …………………… 8ml

[作り方]
①レモン・ジュース以外の材料をスローイングする。
②レモン・ジュースを加えて、バー・スプーンで撹拌する。
③シェイクして、カクテル・グラスにダブルストレイン。
④グラスの周りにオレンジ・ピールをかける。

COCKTAIL RECIPE

4種ブレンドのコニャックが生み出す繊細な味わい

独自にブレンドしたコニャックをベースに、アレキサンダーをお作りしました。毎回少なくとも4種類は混ぜていて、メインの銘柄が60%、サブが30%と7%、つなぎが3%の割合です。夏は繊細でキレイに、冬は熟成が長めのものを加えて重厚な味わいにと、シーズン毎に中身を変えています。仕込んでから味がまとまるまで、1ヵ月程度かかりますね。

そのコニャックに、通常のレシピでは使用しないポートワインを足して、より深い味わいを引き出します。材料をすべて入れたら、シェイクする前にバー・スプーンで攪拌しますが、このひと手間で仕上がりのふんわり感が違ってきます。

シェイクは、クラックド・アイスより小さめの氷をおよそ10個使います。生クリームを使うカクテルは、やや左右の角度を変えて振っています。円を描くようにシェーカーを回しながら注げば、きめ細かな泡が消えません。芳醇な香りと味わいだけでなく、口当たりも楽しんで頂きたいカクテルです。

[アレキサンダーのスタンダードレシピ]
- ブランデー　30ml、クレーム・ド・カカオ　15ml、生クリーム　15ml
- 充分にシェイクして、カクテル・グラスに注ぐ。好みに応じて、ナツメグを振りかける。

「アレキサンダー」中森さんレシピ

コニャック ………………………… 20ml
ポートワイン(フェレイラ
ドニャ・アントニア・レセルバ) ……… 10ml
カカオ・リキュール
(エギュベル カカオ ブラウン) …… 15ml
生クリーム ………………………… 20ml
(ガーニッシュ)ナツメグホール ……… 適量

[作り方]
①材料をシェーカーに入れて、バー・スプーンで撹拌する。
②シェイクして、カクテル・グラスに注ぐ。
③ナツメグを挽いて、②にかける。

SPECIAL THANKS

YASUTAKA NAKAMORI
中森保貴さん

趣味
サーフィン

お気に入りの曲
ロッシーニのオペラ・セリア
『ゼルミーラ』、
『モーゼとファラオ』等

MEMO

bar《バー》 cafca.《カフカ》

15時からはじまる地下のバー。暗闇に浮かぶ石のカウンターと、ドウダンツツジの影が静謐なひとときをもたらしています。自家焙煎のネルドリップ珈琲も愉しんで。

SHOP INFORMATION

東京都港区南青山3-5-3 ブルーム南青山B1F　Tel.03-3470-1446

営業時間 15:00〜00:00／火曜 休み

チャージ　1,000円、サービス料なし／席数 14

カクテル　1,500円〜、ウイスキー　1,500円（税込）

カオル　この前、美味しいコーヒーを飲んだバーがここなの。もちろんお酒も飲めるから、どう?。

味香　こんな早い時間から開いてるんだね。〈2人で階段を降りていく〉

カオル　いい香りしない?

味香　白檀かな。お香を焚いているのかも。

佐藤博和さん（以下、佐藤）　いらっしゃいませ。

カオル　寒いですね〜。コーヒーをください。

味香　私はコーヒーを使った温かいカクテルを。

佐藤　ウイスキーとコーヒーに、生クリームをフロートしたアイリッシュ・コーヒーはいかがでしょう?　ちょっとお時間がかかってしまいますが。

味香　大丈夫です。待っている間に、フルーツを使ったカクテルを頂くことはできますか?　例えばイチゴとか。

佐藤　イチゴとシャンパンのカクテルがございます。

味香　お願いします。

—佐藤さんがカクテルメイキング—

カオル　映画の『プリティ・ウーマン』みたいだね。この間、ウチで観たじゃん。

味香　リチャード・ギアがジュリア・ロバーツに勧めるシーンね。すみません、これはスタンダードカクテルですか?

佐藤　イチゴのシャンパン割りで、国内では「レオナルド」という名前で知られています。海外ではスプマンテで割っていて、「ロッシーニ」と呼ばれることが多いみたいですね。〈ブルーチーズのムースを差し出す〉

味香　スプマンテ?

佐藤　イタリア産のスパークリングワインのことです。〈カオルにグラスを差し出す〉よろしければ、こちらを嗅ぎながらコーヒーを召し上がってみてください。

カオル　このグラスですか？

佐藤　ブランデーの古酒を少しだけ、グラスの内側に香りづけしました。イチゴとシャンパンのグラスにも、同じものを香りづけしてあります。

味香　そうだったんですね。

カオル　良いお酒を飲んでいるような気分になれますね。

味香　ブルーチーズのムースも美味しいです。

佐藤　フランス産のロックフォールで作っています。よりイチゴのフルーティさが引き立って、カクテルの味わいが二重にも三重にも広がりますよ。

味香　イチゴとシャンパン、いいなぁ。

佐藤　フルーツとシャンパンは相性が良いですよね。オレンジを使った「ミモザ」や、桃の「ベリーニ」が知られていますが、ほかにもいろいろなフルーツを使ってお作りできます。そろそろアイリッシュ・コーヒーがご用意できそうですが、いかがですか？

味香　待ってました！

―佐藤さんがカクテルメイキング―

佐藤　こちらのカクテルには、生チョコレートを合わせてみてください。＜生チョコレートを差し出す＞

味香　あぁ、美味しい。

佐藤　コーヒーと生クリーム、チョコレートが合わさると、コーヒーのコクが引き立ちます。口の中でケーキの「オペラ」が出来上がるイメージですね。

味香　カクテルによって、おつまみは変えているんですか？

佐藤　はい、カクテルに合わせてお出ししています。マティーニにオリーブ、マンハッタンにチェリーが付くのと同じ感覚で。

カオル　お料理は独学で？

佐藤　実家が寿司屋だったので、小さい頃から親しみがあったといいますか。

味香　お寿司屋さん！　いいなぁ〜。

佐藤　もう畳んでしまいましたけどね。

カオル　ところでアイリッシュ・コーヒーの「アイリッシュ」って何？

味香　さぁ……？

佐藤　アイリッシュ・ウイスキーのことです。アイルランドで造られているウイスキーで、比較的すっきりとした酒質ですね。ただ、今回使った「カネマラ」はアイリッシュ・ウイスキーでは珍しくスモーキーな味わいです。

カオル　ウイスキーとブランデーは、どう違うんですか？

佐藤　ウイスキーは大麦・小麦・とうもろこしなどの穀類、ブランデーはブドウやリンゴなどの果物が原料という点が大きな違いです。それからウイスキーは蒸留や熟成などの製造工程が風味に大きな影響を与えますが、ブランデーはテロワール（※）が重要になってきます。

味香　カオルもお酒に興味出てきた？

カオル　うん。あまり飲めないのが残念だけど、これからも通うわ！

※テロワール
原料のブドウが育つ土壌や気候、ワインが造られる環境のこと。

本日のお会計

イチゴとシャンパンのカクテル	2,000円
アイリッシュ・コーヒー	1,900円
チャージ	1,000円
計	4,900円

※合計は税込価格です

※フードの価格はカクテルに含まれます

ブランデーの香りが引き出す豊かな苺の風味

グランクリュのワインを愉しむのに最適な、ツヴィーゼルのグラスを使用しました。リンスしたブランデーの高貴な香りや、イチゴの華やかな風味を感じて頂けます。イチゴだけでなくフランボワーズも加えてその風味を活かし、隠し味のアブサンでイチゴの持つ良い意味での野性味を引き出して、輪郭をはっきりさせました。

甘味を整えるのは、上白糖。日本の家庭にあるお砂糖といえば、三温糖か上白糖ですよね。ややコクがあって、なんといっても馴染みがある上白糖を選びました。

お酒が飲めないお客さまには、レシピ①のようにブランデーで香りづけしたグラスをお出しすることがあります。良いお酒を飲んでいるような気分になれるので、飲めなくてもバーの時間を愉しんで頂きたいですね。

[レオナルド(ロッシーニ)のスタンダードレシピ]

- クレーム・ド・フレーズ　30ml(または苺を適量)、シャンパン(またはスパークリングワイン)　適量
- フルート型シャンパングラスにクレーム・ド・フレーズ(ストロベリー・リキュール)を注ぎ、冷やしたシャンパンを加えて軽くステアする。

「苺とシャンパンのカクテル」佐藤さんレシピ

イチゴ……4~5粒
フランボワーズ……3粒
シャンパン(クロード・カザル)……80ml
ブランデー(カミュ　ナポレオン)……少量
アブサン(ペロケ)……1tsp
上白糖……1~2tsp

[作り方]

①ブランデーでグラスの内側全体をリンス。
②①で残ったブランデーと、その他の材料(シャンパンは30ml)をブレンダーで撹拌する。
③クラッシュド・アイスを加えて撹拌。
④①のグラスにシャンパン(50ml)を注ぎ、③を加えて軽くステアする。

COCKTAIL RECIPE

ウイスキーと深煎りコーヒーの甘苦いカクテル

コーヒーは、エチオピアのモカ。生豆で仕入れて、深煎りに焙煎します。いわゆるフレンチローストですね。モカは浅煎りで酸味や香りを愉しむワインのようなコーヒーと言われていますが、深煎りにすると良い甘味が出てきます。それを、飲み物の口当たりを柔らかくする作用があるというチロリに一度通しました。

濃くて甘い味わいのコーヒーと相性が良いのは、ピーテッド麦芽が原料のスモーキーなカネマラ。生クリームは動物性と植物性(ホイップ)、共に47%のものを半分ずつ混ぜて手でホイップしました。

グラスに入れる角砂糖は、あえて溶かしていません。最後のひと口をコーヒーリキュールのように味わってみてください。

[アイリッシュ・コーヒーのスタンダードレシピ]

- アイリッシュ・ウイスキー　30ml、砂糖(ブラウンシュガー)　1tsp、コーヒー(ホット)　適量、生クリーム　適量
- 温めた耐熱グラスに砂糖を入れて、コーヒーを7分目まで注ぐ。ウイスキーを加えて、軽くステアする。軽くホイップした生クリームをフロートする。

「アイリッシュ・コーヒー」佐藤さんレシピ

ウイスキー(カネマラ)…20ml、コーヒー豆…25g(100cc抽出)、生クリーム…適量、きび砂糖…2tsp、角砂糖…1個、ラム(マイヤーズラム オリジナルダーク)…1tsp、オレンジ・キュラソー(グラン マルニエ)…1tsp

[作り方]

①手鍋にウイスキーときび砂糖を入れて回しながら混ぜ、火をつけてフランベする。
②チロリに熱湯を入れて温め、グラスに移す(グラスも温める)。
③チロリにネルドリップで抽出したコーヒーを注ぎ、グラスに角砂糖を入れて①を注ぐ。
④グラスにチロリのコーヒーを加え、ラムとオレンジ・キュラソーを加えてホイップした生クリームをフロートする。

SPECIAL THANKS

HIROKAZU SATO
佐藤博和さん

趣味
スイミング

お気に入りの曲
J.S.バッハ
『平均律クラヴィーア曲集 第1巻 第8番』

MEMO

Jazz《ジャズ》 &《アンド》 Bar《バー》 Concert《コンセール》

JBLの大きなスピーカーから流れる音は、リクエストもレコード持ち込みもOK。アートが好きなら美術館や個展巡り、映画鑑賞が好きな店主と話が盛り上がるかも。

SHOP INFORMATION

東京都千代田区神田神保町1-62-4 和光ビルジング1F Tel.03-5283-7117
営業時間 17:00〜01:00（土16:00〜22:00）／日·祝·第4月曜 休み
チャージ　800円、サービス料なし／席数 14
カクテル1,200円〜、ウイスキー1,000円〜（税込）

味香　あれっ、ドアが開かないなぁ〜。＜……ガチャッ。扉が開く＞
佐々木茜さん（以下、佐々木）　こんばんは。どうぞこちらへ。
味香　ありがとうございます。
佐々木　扉が一般的なものとは逆で、押すタイプなんですよ。分かりづらくてごめんなさい。
味香　いえいえ、素敵なドアですね。
佐々木　前のオーナーが海外から持ち込んだそうです。
味香　お勧めのフルーツカクテルに金柑って書いてありますけど、どんなカクテルですか？
佐々木　ジン・トニックのライムを金柑に変えたものです。
味香　ライムを金柑に……それをください。
佐々木　かしこまりました。

―佐々木さんがカクテルメイキング―

味香　たっぷり金柑が入っていますね。
佐々木　大きい金柑が手に入ったので、それを2つ使っています。
＜ドライフルーツの盛り合わせを差し出す＞
味香　風邪に効きそう。グラスもかわいいですね。
佐々木　中央がふっくらしているので、結構ボリュームがありますね。モヒートも、このグラスでお作りしています。
味香　フルーツを使って、スタンダードカクテルをアレンジするのも面白いですね。
佐々木　金柑のほかに、すだちやかぼす、柚子などを使ったジン・トニックを出されているバーもありますよ。
味香　お勧めのフルーツカクテルは、ノンアルコールでも？
佐々木　はい。今日のお勧めは金柑のほかにミント、バナナ、ブドウ、キウイ、イチゴですが、すべてノンアルコールでお出しできます。お酒が召し上がれなくても、バーを愉しんで頂きたくて。
味香　今度、友達を連れてきます。バーが好きだけど、あまり飲めない子がいて。……いま流れているのは、そのレコードですか?

佐々木　ソニー・クラークの『クール・ストラッティン』です。

味香　リクエストもできたりします?

佐々木　こちらのリストにあるものなら、できますよ。レコードを持ち込まれるお客さまもいらっしゃいます。

味香　大きなスピーカーが2つもあるし、良い音で聞けますよね。ライブもされますか?

佐々木　不定期で月に1~2回、開催しています。

味香　あっ、ヘレン・メリルがある。

佐々木　かけましょうか?

味香　お願いします。あと、ボードに書いてあったホットカクテルを。

佐々木　カンチャンチャラですね。ラムベースですが、よろしいですか?

味香　はい。

―佐々木さんがカクテルメイキング―

味香　その黄色いラベルのボトルが、ラムですか?

佐々木　「ハバナクラブ」という3年熟成のホワイト・ラムです。

味香　これも風邪の予防になりそうですね。レモネードみたい。

佐々木　本来は夏に飲まれるもので、キューバの町・トリニダードの名物カクテルです。現地では、素焼きの壺のような器に入って出てくるそうです。

味香　それをホットにしたってことですね。

佐々木　私の師匠がホットで出していたので、真似てみました。

味香　バーにも、師弟関係があるんですね。どちらにいらしたんですか?

佐々木　銀座と溜池山王のバーにいました。ハバナクラブを使うのも、師匠の影響で。

味香　シェイクやステアも、流派があったりして。

佐々木　美術の世界のように○○派とか○○主義と分かれているわけではないですが、さまざまなスタイルがあることは確かです。師事したバーテンダーによって、カクテルに対する考えや作り方は変わるかもしれませんね。

味香　なるほど……。お店の名前を聞いてもいいですか?

佐々木　銀座は「BAR 保志」、溜池山王は「Bar Blossom」です。「Bar Blossom」はIT健保の福利厚生施設になります。

―『You'd be so nice to come home to』が流れ始める―

味香　美味しいカクテルにジャズ、幸せ~。飾られてある絵も素敵ですね。

佐々木　ありがとうございます。実は、父の絵なんです。

味香　えっ、お父さまの!?

佐々木　「いつかお店を始めたら絵を飾りたい」と、以前から父に言っていまして。そしたら、岩手の実家から送ってくれました。長い時間を過ごす場所なので、自分の家のようにしたかったんです。

味香　それはお父さまも嬉しいでしょうね。私も親孝行しなくちゃ!

本日のお会計

金柑のジン・トニック	1,800円
ホット・カンチャンチャラ	1,200円
チャージ	800円
	計 3,800円

※合計は税込価格です

※ドライフルーツの価格はチャージに含まれます

金柑を贅沢に使ったフルーティーなジン・トニック

旬のフルーツを使った、ジン・トニックのアレンジです。今回は宮崎県産の大きくて甘く、完熟した金柑「たまたま」を2つ使いました。その丸い形状ではなく、美味しい金柑が偶然にしか生らないことから名付けられたそうです。

その金柑の中に、レモン・ジュースとシロップの甘酸味が入るようペストルで潰します。力を入れると苦みが出てしまうので、軽めに。トニックウォーターは少し甘いので、ソーダで味わいを引き締めます。

たっぷり入れた金柑も召し上がって頂きたいので、スプーンを添えました。ジンを入れずに、ノンアルコールでお作りすることもできますよ。

[ジン・トニックのスタンダードレシピ]

- ドライ・ジン　45ml、トニックウォーター　適量
- 氷を入れたタンブラーにジンを注ぎ、冷やしたトニックウォーターで満たして軽くステアする。ライムまたはレモンを飾る。

「金柑のジン・トニック」佐々木さんレシピ

ジン(ゴードン)	45ml
金柑	大2個
レモン・ジュース	10ml
シンプル・シロップ	10ml
トニックウォーター	適量
ソーダ	適量

[作り方]

①金柑をカットして、グラスに入れる。
②レモン・ジュースとシロップを加えて、ペストルで潰す。
③氷を加えてジンを注ぎ、トニックウォーターとソーダで満たして軽くステアする。

COCKTAIL RECIPE

レモネードのような味わいのホットカクテル

カンチャンチャラは、キューバ・トリニダード発祥のカクテル。夏のイメージがありますが、冬でも愉しめるホット仕立てです。ラムのお湯割りをご注文されるお客さまがいらしたり、師匠の毛利隆雄（※）がホットで作っていたのを見て始めました。

メロウでフルーティなハバナクラブは、ラムベースのカクテルに最適です。師匠の代表的なオリジナルカクテル「ハバティーニ」でも使われていますし、馴染みがあるんですよね。現地の蜂蜜は濃厚なものらしいですが、溶けやすくさらっとしたものを使用しています。

寒い日に、風邪の予防として“おとなのホット・レモネード”はいかがですか？

※銀座の名バー「毛利」のオーナーバーテンダー。

[カンチャンチャラのスタンダードレシピ]

- ホワイト・ラム　45ml、ハチミツ　30ml、レモン　30ml、水　25ml
- 材料と氷を陶器カップに入れて、ステアする。マドラーを添える。

「ホット・カンチャンチャラ」佐々木さんレシピ

ラム(ハバナクラブ3年)	30ml
蜂蜜	15~20ml
レモン・ジュース	10ml
お湯	適量
(ガーニッシュ)	
レモン・スライス	1枚

[作り方]

①蜂蜜とレモン・ジュースを耐熱用グラスに入れて、少量のお湯で溶く。
②①にラムを注ぎ、お湯を加えてステアする。
③レモン・スライスを入れる。

SPECIAL THANKS

AKANE SASAKI
佐々木茜さん
趣味
美術館巡り、映画鑑賞
お気に入りの曲
Erroll Garner
『Misty』

MEMO

Column

はじめてのバー

はじめて開けるバーの扉は、とても重いですよね。どんな服装で行こうか、お酒は何を頼もうか、バーテンダーさんと何を話そうか……。でも、実はバーテンダーさんもはじめてのお客さまには何をお勧めしようか、話しかけて良いものかと考えています。緊張するのはどちらも同じ、そう考えたら肩の力が抜けませんか?

Q どんな服装で行けば良いですか?

A バーの雰囲気にもよりますが、重厚なオーセンティックバーであれば男性はポロシャツなどの襟付き、またはジャケットを羽織ると安心です。女性もオシャレして行けば、カウンターに座ったときに気分が上がるはず。〝バーにいる自分〟を愉しんでくださいね。

Q 荷物が多いとき、隣の席に置いても良いですか?

A 隣の席が空いているなら、バーテンダーさんに「お客さんが来るまで、隣の席に荷物を置いて良いですか」と、ひと言声をかけましょう。カウンターの上にバッグなどの荷物を置くのは控えたいですね。

Q 予約は必要ですか?

A 特に必要はありません。席を確保したい場合は、直前に電話で確認しましょう。忙しい時間帯のこともあるので、手短に内容を伝えられればお店側も助かります。

Q 5人以上では入れないバーがあると聞きました。

A カウンターのみのバーや、席数が少ないバー、静かで落ち着いた雰囲気を守っているバーなどは、少人数での利用を対象にしています。突然大人数で入っていくとお店側も困ってしまうので、電話で確認すると良いですね。5人以上で利用したい場合は、席数が多くゆったりとした造りのホテルバーへ行くのもお勧めです。

Column

Q 1杯目にどんなものを頼めばいいか、迷ってしまいます。

A バーテンダーさんに好みの味わいを伝えましょう。ドライ、甘め、炭酸あり・なし、好きなフルーツ、普段飲んでいるお酒など。喉が渇いているならロングカクテル、食後でおなかが膨れているならショートカクテル、寒ければホットカクテルなど、その時の状況に合わせてお勧めしてくれます。

Q 実は、お酒があまり飲めなくて……。

A 最近はホテルバーなど、モクテル（ノンアルコールカクテル）のメニューが充実しているお店が増えてきました。メニューがなくても、例えば「ジン・トニックを弱めに作ってください」と頼んでもいいですし、フルーツカクテルをアルコール抜きにしてもらっても。本書でも、モクテルやローアルコールカクテルのご紹介をしています。

Q チャージやサービス料って何ですか？

A チャージはシンプルに言えば席料のことで、座れば発生します。その席に暫くの間、座る料金だと考えてください。チャージには、お通し代が含まれている場合もあります。海外では、サービスを受けた際に飲食代とは別にいくらかチップを支払う習慣がありますが、日本には根付いていません。その代わりのようなものが、サービス料。代金の10％ほどをサービス料として設定しているところが多いようです。

Q 何軒か、通えるバーを見つけたいです。

A 一度きりではなく、通いたくなるバーはどんなバーでしょうか。置いてあるお酒の種類、お店の雰囲気、価格帯、カクテルの味、バーテンダーさんとの会話……。それは人それぞれですが、1軒見つけるだけでも意外と難しいですよね。もし自分に合うバーを見つけたら、そのバーテンダーさんにお勧めのバーを聞いてみてください。失礼にあたるかなと思われるかもしれませんが、バー業界は繋がりが強く、快くほかのお店を紹介してくれるはずです。紹介して頂いたバーへ訪れた際には、その旨を伝えましょう。

2月 February

寒さが続くこの時期は、ホットカクテルで身体を温めてみませんか？　ひと手間かかりますが、作る工程を眺めながら待つのも楽しいものです。ウイスキーやブランデーと、コーヒーやチョコレートの組み合わせもお勧め。バレンタインデー前後には、チョコレートを使ったカクテルや生チョコ、チョコレートケーキなどを提供するバーもあります。

LITTLE SMITH《リトルスミス》

今宵は、どこに座ろうか。4mを超える天井と楕円形のカウンター、そこに立つバーテンダーの姿は思わず息をのむ美しさ。この椅子に座ったら、帰りたくなくなります。

SHOP INFORMATION	
	東京都中央区銀座6-4-12 KNビルB2F Tel.03-5568-1993
	営業時間 18:00～03:00（土～01:00）／日曜・祝日休み
	チャージ 1,500円、サービス料なし／席数 25（+ウェイティングテーブルあり）
	カクテル 1,300円～、ウイスキー 1,300円～（税抜）

ジロー　ここの地下2階が、ときどき来てる「リトルスミス」だよ。
味香　銀座のバーは初めてだから、緊張します……。
＜エレベーターで地下へ＞
佐藤典之さん（以下、佐藤）　こんばんは。あっ、ジローさん。
味香　凄く素敵な造りですね。ひと目惚れしちゃいました。
ジロー　僕もこの雰囲気が気に入って来てるんだ。バーテンダーさんたちも素晴らしい人ばかりだし。
佐藤　ありがとうございます。お通しのコンソメスープをどうぞ。
ジロー　椅子をデザインされたのは、家具デザイナーのジョージ・ナカシマさんでしたよね。店舗全体のデザインは、どなたでしたっけ。
佐藤　東京都現代美術館や新国立劇場を設計された柳澤孝彦さんです。
味香　はぁ～、自然とため息が出ますね。急に喉が渇いてきちゃった。
佐藤　お食事はされてきました?
味香　近くの「佃喜知」へ行ってきました。
佐藤　ラムとグレープフルーツ・ジュースを使ったショートカクテルはいかがでしょう。
味香　お任せします。
ジロー　僕は、サイドカーで。

—佐藤さんがカクテルメイキング—

味香　ラムとグレープフルーツって、相性が良いですね。
佐藤　そうですね。ラムとグレープフルーツに、トニックウォーターを加えたロングカクテル「ソルクバーノ」も今度召し上がってみてください。神戸で生まれたカクテルです。＜野菜スティックを差し出す＞
ジロー　佐藤さん、もしかしてブランデーを入れてました?
佐藤　よくご覧になってましたね。隠し味程度に少し。
味香　これは何ていうカクテルですか?
佐藤　「ネバダ」です。アメリカ西部の州の名前が付いていて、ネバダ州といえば砂漠がある乾燥地帯ですよね。そこで喉の渇きを癒すために考案されたと言われています。

味香　野菜スティックも美味しい。器の中にソースと野菜を一緒に入れるスタイル、真似してみようかな。

佐藤　マヨネーズに味噌を混ぜています。

味香　いつもこのお通しですか？

佐藤　1993年の開店当初から、コンソメスープと野菜スティックの組み合わせですね。

ジロー　近くに「BAR 保志」というお店があるんだけど、そのオーナーバーテンダーさんがここの立ち上げをしたんだって。保志さんのバーもお勧めだよ。

味香　この間、神保町のバーテンダーさんが保志さんのお店に勤めていたって仰ってました。

ジロー　銀座には名バーテンダーと呼ばれる人が多いからね。あちこちにお弟子さんが数多くいらっしゃるのかも。もう一杯、何か飲む？

味香　ちょっと甘めのカクテルを頂きたいです。この間、アレキサンダーというカクテルを飲んで美味しかったので、ほかのも試してみたくて。

佐藤　カカオ・リキュールとミント・リキュール、生クリームで作る淡い緑色のカクテル「グラスホッパー」にしましょうか。

ジロー　僕はアレキサンダーをください。

―佐藤さんがカクテルメイキング―

味香　うわぁ～、チョコミントみたい。柔らかい口当たりで美味しいです。

佐藤　入っている材料はアレキサンダーと似ていますが、度数が低めでやさしいカクテルです。

味香　ジローさんは、ブランデーが本当にお好きですよね。

ジロー　うん、実は自分と同じ名前が付いているブランデーを偶然見つけて。飲んでみたら凄く美味しくてさ、それからハマっちゃったんだよね。

味香　同じ名前？

ジロー　そう、ポールジロー。生産している人の名前がそのまま銘柄になっていて、ブドウの剪定から収穫、醸造、蒸留、樽詰、熟成まで全部手作業らしいんだ。すごい労力だよね。年に一度、無添加のスパークリング・グレープジュースも販売していて人気なんだよ。

味香　どんな味なんだろう……。

ジロー　どこかで見かけたら、試してみてよ。明日は早いから、これを飲んだら行こうか。また来ますね、佐藤さん。

佐藤　お食事前でも、是非いらしてください。20時までは、お通しにドリンク1杯、お料理1品で3千円のお食事セットのご用意もあります。

味香　いいですね。今度はひとりで来られそう！

ジロー　おいおい、僕も呼んでくれよ～。

本日のお会計

ネバダ	1,400円
グラスホッパー	1,300円
チャージ	1,500円
	計 4,540円

※合計は税込価格です

※フードの価格はチャージに含まれます

ラムの風味を抑えたフルーティーなショートカクテル

アメリカ・ネバダ州の名が付いたカクテルで、砂漠がある乾燥地帯で喉の渇きを癒すために考案されたと言われています。一般的なレシピでお作りすると、ラムの風味がぐっと前面に出てきますが、グレープフルーツ・ジュースの比率を高くして飲みやすくしました。

スタンダードレシピにはないブランデーを少量加えたのは、味わいに厚みを出すため。シェーカーのボディから頭が出るギリギリまで氷を入れて、ゴクゴク飲めるような柔らかい口当たりに仕上げます。

当店では“ちょい足し”のレシピが多いのですが、こちらもそのひとつ。時代の流れでボトルの味わいが変わるので、それに合わせてスタンダードカクテルのレシピも自分なりに変えていくつもりです。

[ネバダのスタンダードレシピ]

● ホワイト・ラム　40ml、ライム・ジュース　10ml、グレープフルーツ・ジュース　10ml、砂糖　1tsp、アンゴスチュラ・ビターズ　1tsp
● 材料をシェイクして、カクテル・グラスに注ぐ。

「ネバダ」佐藤さんレシピ

ラム（バカルディ スペリオール）…… 30ml
グレープフルーツ・ジュース…… 30ml
レモン・ジュース…… 3ml
シンプル・シロップ…… 3ml
アンゴスチュラ・ビターズ…… 2drops
ブランデー（サントリー X・Oスリムボトル）…… 1/2tsp

[作り方]

①材料をシェイクして、カクテル・グラスに注ぐ。

COCKTAIL RECIPE

ふんわり軽い口当たりとチョコミントのような味わい

カカオとミント、色も個性も違う2つのリキュールを使用するカクテル。味わいがやや平面的になりがちなので、つなぎ役としてパッションフルーツ・リキュールを加えて立体感を出しました。ほかのフルーツリキュールでも良いかもしれません。

スタンダードレシピはリキュールと生クリームのみですが、目指しているのは軽い飲み口。動物性の生クリームではなく、植物性のホイップを使っています。冷凍庫から出したてではなく、少し時間の経った緩めの氷をシェーカーの9分目くらいまで入れて、長めにシェイクします。

しっかり混ぜるのはもちろんのこと、空気と水分をカクテルに取り込むようにシェイクするのがポイント。泡立ちが良くなり、ふんわりとしたテクスチャーの一杯が出来上がります。

[グラスホッパーのスタンダードレシピ]

● クレーム・ド・カカオ、クレーム・ド・ミント、生クリーム　各20ml
● 材料を充分にシェイクして、カクテル・グラスに注ぐ。

「グラスホッパー」佐藤さんレシピ

クレーム・ド・カカオ（エギュベル クレーム・ド・カカオ ホワイト）…… 20ml
クレーム・ド・ミント（ペパーミント ジェット27）…… 20ml
ホイップ…… 20ml
パッションフルーツ・リキュール（オルデスローエ　マラクーヤ）…… 1tsp

[作り方]

①材料を充分にシェイクして、カクテル・グラスに注ぐ。

SPECIAL THANKS

NORIYUKI SATO
佐藤典之さん

趣味
ボクシング、バレーボール

お気に入りの曲
Clifford Brown
『Clifford Brown With Strings』

MEMO

Bar《バー》 Brüder《ブリューダー》

ベートーヴェンとクリムトに包まれて過ごす、至福の時。扉を開けてステンドグラスの光を浴びた途端、皆“同志”となって良い空間を作り上げます。

SHOP INFORMATION	
	東京都新宿区新宿3-7-7　十字屋ビル3F　Tel.03-6457-4949
	営業時間 17:00~03:00／日曜 休み
	チャージ　1,080円、サービス料　5%／席数 11
	カクテル　1,080円～、ウイスキー　1,080円～（税込）

味香　こんばんは～。

菅野仁利さん（以下、菅野）　こんばんは。

味香　ジン・トニックをください。あと、何か軽いおつまみを。

菅野　「鴨ロースの生ハム」はいかがでしょう。カクテルに合いますよ。

味香　お願いします。

―菅野さんがカクテルメイキング―

味香　疲れが吹き飛ぶ美味しさですね。爽やかだけど、コクがあって……。

菅野　ありがとうございます。

味香　ジン・トニックって、よく出ますか？

菅野　そうですね。当店だけでなく、最もオーダーされるカクテルではないでしょうか。

味香　ジンにも、いろいろな銘柄がありますよね。

菅野　こちらの「ゴードン」は、世界で初めてジン・トニックを生んだ銘柄と言われています。重厚な味わいのするクラシカルなジンですね。いま、ジンはブームなので豊富に取り揃えているバーもあります。

味香　お酒にも流行りがあるんですね。

菅野　ウイスキーもハイボールで火がついてから、居酒屋さんのメニューにビールと並ぶようになりましたよね。〈鴨ロースの生ハムを差し出す〉

味香　塩加減が程よい感じ。

菅野　カクテルに合う生ハムをお出ししたくて、5年ほど前から作り始めました。

味香　ご自身で？　どうやって作るんですか？

菅野　まず、粉砕したジュニパーベリーを脂身に振りかけて、塩と砂糖をまぶして半日寝かせます。それから一度洗って拭き取って、晒（さらし）に巻いたら冷蔵庫へ。1週間から10日で出来上がります。

味香　バーに来るまで、バーテンダーさんがお料理をするイメージがなかったです。

菅野　お料理はカクテル作りに通じるところがありますからね。ちなみに、ジュニパーベリーはジンの香りづけに使われています。

味香　ジン・トニックに合うわけですね。〈奥の窓に目を向ける〉あれはステンドグラスですか？

菅野　映画『不滅の恋／ベートーヴェン』のワンシーンを切り取って、作って頂いた特注品です。店名の「ブリューダー」もベートーヴェンの第九交響曲、終楽章の詩「歓喜に寄せて」から拝借しました。

味香　ベートーヴェンがお好きなんですね。流れている曲も？

菅野　大抵はベートーヴェンですね。

味香　壁に掛かっているのは、クリムトですか？

菅野　テーブル席の前が『接吻』、バックバー中央が『ベートーヴェン・フリーズ』です。ベートーヴェンを尊敬していたクリムトが、第九へのオマージュとして描いたのがこの作品なんですよ。

味香　お酒を飲むだけじゃなくて、音楽や絵画も愉しめるなんてちょっと贅沢な気分。

菅野　店主の趣味が出ますから、面白いですよね。

味香　そうですね。次は、フルーツを使ったカクテルを頂けますか？

菅野　いまの時期ですと、フレッシュのザクロを使った「ジャック・ローズ」がございます。

味香　ザクロってあまり口にしたことがないかも。飲んでみます。

―菅野さんがカクテルメイキング―

味香　綺麗な色ですね。ベースのお酒は？

菅野　フランス・ノルマンディー地方で造られるリンゴの蒸留酒「カルヴァドス」です。ブランデーの一種ですね。一般的にブランデーといえばブドウが原料のもので、それ以外のフルーツで造られた蒸留酒は「フルーツ・ブランデー」と呼ばれます。

味香　じゃあ、カルヴァドスもブランデーなんですね。

菅野　その中でも、フランス北西部にあるカルヴァドス県を中心に3つの地域で造られたものは「カルヴァドス」と名乗れます。フランスのシャンパーニュ地方で造られたものだけが「シャンパン」と呼ばれるのと同じですね。

味香　カルヴァドスも、たくさん種類がありそう。

菅野　最近は、シードルも広まってきたので飲み比べると面白いかもしれません。リンゴの果汁を発酵させて造る醸造酒がシードルで、それを蒸留・熟成させたのがカルヴァドス。同じく大雑把に言うとですが、麦芽から造られるビールを蒸留するとウイスキー、ブドウから造られるワインを蒸留するとブランデー。原料の種類や工程、製法が違うのでそのままできるというわけではありませんが。

味香　カクテルを飲んでいると、いろいろなお酒に出会えますね。

菅野　そのうち、自分好みのカクテルやバーが見つかりますよ。

本日のお会計

ジン・トニック	1,080円
ジャック・ローズ	1,620円
鴨ロースの生ハム	860円
チャージ1,080円	サービス料5%
	計 4,800円（端数切り捨て）

※合計は税込価格です

爽やかさとコクを感じられるジン・トニック

軽さとコクという、相反するものが共存するジン・トニックを目指してレシピを考えました。ベースには、豊かなボタニカルの香味とまろやかなボディを持ちながら、アルコール感の優しいヘイマンズを使います。香りが立つ常温ではなく、冷凍してコクのある味わいに。

はじめに炭酸で氷の表面をリンスすると、仕上げでトニックウォーターを入れたときに互いの炭酸が混ざり合ってふわっとした軽さが引き立ちます。ウィルキンソンは甘味にキレがあって、バランスが良いですね。

ライムはカット面に切り込みを3つほど入れて、グラスの縁をひと回りさせたら横向きにして搾ります。1dropのビターズが、カクテルに奥行きを与えてくれます。

[ジン・トニックのスタンダードレシピ]

- ドライ・ジン　45ml、トニックウォーター　適量
- 氷を入れたタンブラーにジンを注ぎ、冷やしたトニックウォーターで満たして軽くステアする。ライムまたはレモンを飾る。

「ジン・トニック」菅野さんレシピ

ジン（ヘイマンズ ロンドン・ドライ・ジン）45ml
ライム …………………………… 1/6個
トニックウォーター（ウィルキンソン）‥ 90ml
アンゴスチュラ・ビターズ …………… 1drop

[作り方]

①氷を入れたタンブラーに少量の炭酸（分量外）を注ぎ、リンスする。
②アンゴスチュラ・ビターズ、ジン、ライムを入れて、ステアする。
③トニックウォーターで満たして、軽くステアする。

COCKTAIL RECIPE

自家製シロップで作る手の込んだ一杯

ザクロが旬の季節には、フレッシュの果実を使ってジュースとシロップを作ります。ジュースはその場で粒を布巾に包んで手搾り、シロップはあらかじめ仕込みます。ちょっと手間はかかりますが、美味しいですよ。

風味の強い自家製シロップを作れたので、樽感とコシのある、主張がしっかりしたデュポンをベースに選びました。泡の持続と風味付けで、卵白パウダーをごく少量加えています。

カクテルに空気を入れるというより、取り込むように上から振り下ろす形でシェイク。上下の軌道で、液体が氷を追いかけていくときのポテンシャルエネルギーを利用します。僕は理系だからか、それが理にかなっているように感じています。

※グレナデン・シロップ
ザクロに切れ目を入れて、水を張ったボウルの中で粒を取り出す。ザクロの果肉に対して30%のグラニュー糖を加えてよく混ぜ、ラップをして常温で半日ほど置く。浸透圧で出てきた果肉、果汁ごと鍋に入れて、焦がさないように弱火で煮込む。鍋の泡が大きくなってきたところで火を止める。

[ジャック・ローズのスタンダードレシピ]

- アップルジャック（またはカルヴァドス）　30ml、ライム・ジュース　15ml、グレナデン・シロップ　15ml
- 材料をシェイクして、カクテル・グラスに注ぐ。

「ジャック・ローズ」菅野さんレシピ

カルヴァドス（デュポン　VSOP）…… 30ml
ザクロ（粒）……………… 適量（25~30ml）
ライム ……………………… 1/4個（約5ml）
グレナデン・シロップ（自家製）………… 5ml
卵白パウダー………………………… ごく少量

[作り方]

①ザクロの粒を布巾に包んで、手で搾る。
②①と残りの材料をシェーカーに入れる。
③シェイクして、カクテル・グラスにダブルストレイン。

SPECIAL THANKS

HITOSHI KANNO
菅野仁利さん

趣味
美術館巡り、クラシック鑑賞

お気に入りの曲
ベートーヴェン
『交響曲第9番』
『交響曲第5番（運命）』
『ピアノ・ソナタ第32番』

MEMO

BAR《バー》 B.《ビー》B.《ビー》

無限に広がる可能性、それはまさしくバーのことかもしれません。必要のないものを省いたシンプルな漆黒の箱の中を、ちょっとのぞいてみませんか?

SHOP INFORMATION	
	東京都港区六本木5-2-11 パティオ六本木ビルB1F Tel.03-3408-7612
	営業時間 19:00~04:00／日曜 休み
	チャージ 1,000円、サービス料なし／席数 15
	カクテル 1,000円~、ウイスキー 1,000円~（税込）

凛　オールディーズ、やっぱりいいわぁ。

味香　こんなライブハウスがあるなんて、知りませんでした。

凛　「KENTO'S」は銀座、新宿、横浜にもあるよ。どこも楽しいし、踊れるっていいよね。

味香　『Be My Baby』とか『The End of the World』、いい曲ばかりだったなぁ。凛さん、先月も来てたでしょ。

凛　1月はエルヴィス・プレスリー特集があるからね。

味香　もう1軒、行きます?

凛　行きたいところなんだけど、明日朝イチで出張なのよ。

味香　それは帰らないとですね。このあたりで良いバーあるかなぁ。

凛　すぐ向かいに「B．B．」ってあるでしょ。青山の名店「ラジオ」出身のバーテンダーさんのお店だよ。

味香　そのビルですね。ありがとうございます。

凛　お付き合いできず、ごめんね。行ってらっしゃい!

味香　＜階段を下りていく＞こんばんは。

山田武善さん（以下、山田）　いらっしゃいませ。

味香　B．B．というのは、何の略ですか?

山田　BLACK BOXです。

味香　ソファもカーテンも黒い……。

山田　壁面は白いので、そのコントラストでより黒が主張されているかと。

味香　もしかして、黒いカクテルもあります?

山田　ブラック・ベルベット、ブラック・ルシアンなどがございます。

味香　飲みやすいほうをください。ちょっと喉が渇いちゃって。

山田　ブラック・ベルベットは黒ビールとシャンパンを半分ずつ混ぜますので、比較的飲みやすいと思います。

味香　それと、ナッツみたいな乾きものがあれば。

—山田さんがカクテルメイキング—

味香　そのシャンパン、見たことがあります。黄色いラベルが目を引いて。

山田　ヴーヴ・クリコのイエローラベルという銘柄です。商標登録された1877年当時、黄色いラベルはかなり珍しかったそうですよ。
味香　ピンク色のもありますよね。
山田　ロゼですね。イエローラベルに赤ワインを加えてアッサンブラージュ、ブレンドしたのがローズラベルです。＜オーガニックナッツを差し出す＞右から黒ゴマきな粉をまぶしたカシューナッツ、シラチャーソースをまぶしたアーモンド、ピスタチオの燻製、ドライフルーツです。
味香　あの、壁に飾られている写真は？
山田　アメリカの女性写真家、アニー・リーボヴィッツさんの作品です。
味香　有名な写真家ですか？
山田　多くの著名人を撮影されていたり、女性を被写体にした写真集『Ｗｏｍｅｎ』で知られています。書店で彼女の写真を見つけたときに、釘付けになってしまって。
味香　絵もいいけど、写真もいいですよね。そういえば、青山のバー「ラジオ」ご出身と聞きました。
山田　7年半ほどいました。お花やお茶、ペン習字や発声の練習まで本当にお世話になりましたね。
味香　バーテンダーさんなのに、お花やお茶を？
山田　いま習っているバーテンダーは多いですよ。バーテンディングに通じるところがあるので。所作やおもてなしといったものを、バーで体現できますし。
味香　それでセンスが磨かれるのかも……。次もシャンパンを使ったカクテルを頂けますか？
山田　今の時期ならザクロ、通年あるものでしたらオレンジ、グレープフルーツをシャンパンで割ったものがございます。
味香　フルーツを使わないものは？
山田　ブランデーを使った甘酸っぱいカクテルとか。
味香　それをお願いします。

―山田さんがカクテルメイキング―

味香　あれっ、シェーカーも黒いですね。
山田　塗装屋さんにお願いして、焼き付けて頂きました。メジャーカップも外側だけ黒くしてあります。こちらのカクテルは「フレンチ125」です。
味香　125？
山田　第一次世界大戦中にパリで「フレンチ75」というカクテルが生まれたと言われていて、数字は当時の兵器だった大砲の口径を表しています。75はジンベース、95はバーボンベース、そして125がブランデーベース。
味香　何だか強そうな名前だけど、飲みやすいですね。シャンパンって、華やかな気分になれていいなぁ。「ラジオ」が気になるんですけど、私でも行けますか？
山田　もちろんです。ほかのお客さまへの気遣いができれば、どんなバーでも行けますよ。

※六本木「KENTO'S」は、現在六本木4丁目に移転しています。

本日のお会計

ブラック・ベルベット	1,950円
フレンチ125	1,950円
オーガニックナッツ	900円
チャージ	1,000円
計	5,800円

※合計は税込価格です

黒ビールにシャンパンを合わせた紳士淑女のお酒

同時に注ぐ方法が知られていますが、2つのボトルの大きさが異なったり、ギネスをサーバーから提供している場合は順番に注ぎます。ギネスはより長く泡が立つので先に入れて、その上からシャンパンを加えてクリーミーな泡に仕上げました。自然に混ざるので、ステアはしません。

もし同時に注ぐなら、スタウトもシャンパンも小瓶を用意します。同じ量を均等に注ぐのは難しいので、練習が必要ですね。グラスが汚れていると必要以上に泡が立ってしまいますから、しっかり洗って綺麗に拭いておきます。

ギネスは男性的なお酒ですが、シャンパンと合わせることで紳士淑女に似合う品のあるカクテルに変わります。その名のとおり、滑らかな口当たりと喉越しを感じてみてください。

[**ブラック・ベルベットのスタンダードレシピ**]

- スタウト・ビール　1/2、シャンパン　1/2
- タンブラーまたはピルスナー・グラスに、スタウトとシャンパンを両手で同時に注ぐ。

「ブラック・ベルベット」山田さんレシピ

スタウト・ビール（ギネス）……………… 1/2
シャンパン
（ヴーヴ・クリコ イエローラベル）……… 1/2

[作り方]

①スタウト、シャンパンの順にグラスへ注ぐ。

COCKTAIL RECIPE

ブランデーベースの華やかで甘酸っぱいカクテル

ジャン・フィユー、ヴーヴ・クリコ共に、そのまま飲んでも充分美味しい銘柄ですよね。それらを混ぜるので、新しい味わいのする一杯として愉しんで頂きたいという気持ちでお作りしています。

ウイスキーなど、ほかのスピリッツは強めにシェイクしても腰が折れませんが、ブランデーは繊細。シェーカーの8分目くらいまで、3～4cmの氷を5～6個と2～3cmの氷を組み合わせて入れたら、優しくシェイクします。シロップは和三盆のようなコクのあるものではなく、カリブを選びました。

ちなみにフレンチ75はジン、95はバーボンベースですが、ジンはタンカレーNo.10、バーボンはメーカーズマークやアーリータイムズブラウンラベルのような、甘くまろやかなタイプを使っています。

[**フレンチ125のスタンダードレシピ**]

- ブランデー　45ml、レモン・ジュース　20ml、砂糖　1tsp、シャンパン　適量
- シャンパン以外の材料をシェイクして、氷を入れたコリンズ・グラスに注ぐ。冷やしたシャンパンで満たす。

「フレンチ125」山田さんレシピ

ブランデー
（ジャン・フィユー セブ・ドール）……… 40ml
レモン・ジュース……………………… 20ml
シンプル・シロップ…………………… 8ml
シャンパン
（ヴーヴ・クリコ イエローラベル）…… 適量

[作り方]

①シャンパン以外の材料をシェイクして、氷を入れたグラスに注ぐ。
②冷やしたシャンパンで満たす。

SPECIAL THANKS

BUZEN YAMADA
山田武善さん
趣味
マラソン、美術館巡り
お気に入りの曲
Keith Jarrett
『The Köln Concert』

MEMO

BAR《バー》 AdoniS《アドニス》

眩しいほどの白い大理石カウンターとバーコートが、渋谷の喧騒を一瞬にして忘れさせてくれます。テーマは人々を魅了してやまないリゾート、エーゲ海の風……。

SHOP INFORMATION

東京都渋谷区道玄坂2-23-13 渋谷デリタワー9F　Tel.03-5784-5868
営業時間 18:00～02:00／不定休
チャージ　1,000円、サービス料なし／席数 19
カクテル　1,200円～、ウイスキー　800円～（税込）

カオル　もう少しで着くよ。Bunkamuraの近くなの。
よしの　カオルもバーに行ってるとはね～。
カオル　雰囲気が好きなんだよね。飲めなくても、ノンアルコールとかローアルコールで作ってもらえるしさ。〈エレベータで9階へ〉
大沢智枝さん（以下、大沢）　いらっしゃいませ。
味香　3名ですけど、カウンターでもいいですか？
大沢　はい、こちらへどうぞ。
よしの　何を頼んだらいい？　いつもワインと日本酒だからなぁ。
カオル　ほら、そこにハーブ、スパイス、フルーツ、ベジタブルって書いてあるじゃん。あの中から素材を選んでもいいんだよ。
よしの　タラゴン、タイム、セージ……いっぱいあるね。バナナとかみかんはわかるけど、パクチーとか人参、大根まであるし！
味香　私は柚子を使ったカクテルをください。
大沢　かしこまりました。
味香　ん？　壁に飾ってあるのは何ですか？
大沢　「ベネンシア」と言いまして、シェリーを注ぐための道具です。
味香　シェリーかぁ。飲んでみたいな。
カオル　私はパプリカを使った弱めのカクテルを。
よしの　白ワインをベースにしたカクテルを頂けますか？　それから「スモークサーモンのタルタルとクリームチーズのカナッペ」を。
味香　「特製煮込みハンバーグ」もお願いします。

—大沢さんがカクテルメイキング—

大沢　柚子を使ったシェリー・トニックです。
味香　シェリーと、トニックウォーター？　ジン・トニックみたい。
大沢　そうですね。シェリーとトニックも美味しいですよ。それからパプリカを使った「スーズモーニ」と、白ワインベースの「オペレーター」です。
味香　シェリーは飲んだことがなくて。どんなお酒なんですか？

大沢　スペイン・アンダルシア州の南西にあるヘレス・デ・ラ・フロンテーラという町を中心に、限られた地域で造られる白ワインの一種です。ブドウ由来のアルコールを足す酒精強化をして、ソレラ・システムという独特の熟成をします。

味香　ソレラ・システム？

大沢　貯蔵庫に樽が何段か積み上げられていて、ソレラと呼ばれる一番下の樽から取り出されたシェリーが出荷されます。取り出して減った分は、その上の樽から継ぎ足されます。基本的には上から下に継ぎ足されていくので、樽からシェリーがすべて抜かれることはありません。よく焼鳥屋さんや鰻屋さんのタレに例えられますね。

味香　あ～、わかりやすいです。

大沢　ですから、まず何年ものという表記はありません。

＜特製煮込みハンバーグを差し出す＞

よしの　ワイン好きとしては、シェリーも見逃せないなぁ。

カオル　私、次を頼んでもいい？　黒豆って書いてあるけど、どんなカクテルになるんだろう。

大沢　ラムと甘口のシェリー、生クリームと甘く煮た黒豆をブレンダーにかけて、柔らかいフローズン状にしたデザートカクテルになります。

味香　聞いただけで美味しそう。

カオル　それにします。シェリーも入ってるし。

よしの　強くて飲めなかったら、私が飲んであげる。

カオル　え～っ、飲めるよ多分。

味香　あはは。こうやって3人で久しぶりに集まれて嬉しいな。

よしの　もう20年くらいの付き合いだもんね。私は赤ワインベースのカクテルを頂けますか？

味香　私はウイスキーベースのショートカクテルで。

―大沢さんがカクテルメイキング―

大沢　お待たせいたしました。黒豆のカクテルと、赤ワインにカシス・リキュールを合わせた「カーディナル」、ウイスキーベースの「オールド・パル」です。

味香　マンハッタンに似ているけど、飲みやすいですね。

大沢　カンパリが入っていて、ウイスキーの割合もマンハッタンに比べて抑えてありますからね。

カオル　そういえば、21時まではドリンクとフード1品ずつにチャージ込みで2500円のセットがあって、それを目指してたまに来てるの。

味香　このハンバーグも食べられるんだね。ピザとかパスタ、リゾットもある。

よしの　仕事が早く終われば行けるね。

味香　またみんなで来ようよ。う～ん、オールド・パルいいですね。覚えておきます。

大沢　ちなみにオールド・パルは「古くからの仲間」「懐かしい友人」という意味があるんですよ。

味香・カオル・よしの　私たちのことだ～！

本日のお会計

柚子のシェリー・トニック	1,500円
オールド・パル	1,500円
特製煮込みハンバーグ	1,300円
チャージ	1,000円
計	5,300円

※合計は税込価格です

柚子の風味を利かせた爽やかなシェリー・トニック

シェリーの銘柄は常時変えていまして、今回は知名度の高いゴンザレス・ビアス社のティオ・ペペを選びました。柚子はジン・トニックのアレンジで使うことが多いのですが、シェリーとの相性もいいですよ。

店名になっているシェリーベースのカクテル「アドニス」も、よくご注文頂きます。基本はフィノですが、マンサニージャでお作りすることもありますね。ご来店される度に、異なる味わいがお愉しみ頂けると思います。

ほかにも、シェリーをアップルタイザーで割ったオリジナルの「レブヒート」や、ジン・アンド・イットならぬ「ジン・アンド・ヘレス」と名付けたカクテルもお勧めです。スニフターグラスにジンを入れて、ペール・クリームをベネンシアでグラスに注ぎながら混ぜて作ります。

[シェリー・トニックのスタンダードレシピ]
- ドライ・シェリー　45ml、トニックウォーター　適量
- 氷を入れたタンブラーに材料を注ぎ、軽くステアする。

「柚子のシェリー・トニック」大沢さんレシピ

ドライ・シェリー（ティオ・ペペ）………… 40ml
柚子……………………………………… 1/2個
トニックウォーター（フィーバーツリー） 80ml

[作り方]
①氷を入れたタンブラーに、シェリーを注ぐ。
②柚子を搾り、トニックウォーターを加えて軽くステアする。
③②で搾った柚子を飾る。

COCKTAIL RECIPE

マイルドで飲みやすいウイスキーベースのカクテル

カナディアンクラブをベースにした、マイルドなオールド・パルです。柔らかい口当たりながらコクがあって、バランスの良いウイスキーですね。レシピの比率はスタンダードどおりで、変えていません。

ベルモットは、マンチーノのセコとビアンコを3:1の割合で混ぜて使っています。さまざまなハーブの香りと苦味、甘味のバランスが絶妙ですね。ミキシング・グラスに大きい氷をひとつ、その上にちょうど収まるほどの氷を2つ入れてステアします。大きすぎると回しづらいですし、小さすぎると水っぽくなってしまいます。

ステアは軽めにして、心地良い香りがふんわりと漂うように仕上げます。一般的なオールド・パルより、爽やかで飲みやすいかもしれませんね。

[オールド・パルのスタンダードレシピ]
- ライ・ウイスキー　20ml、ドライ・ベルモット　20ml、カンパリ　20ml
- 材料をステアして、カクテル・グラスに注ぐ。

「オールド・パル」大沢さんレシピ

ウイスキー（カナディアンクラブ クラシック12年）………… 20ml
ベルモット（マンチーノ）………… 20ml
カンパリ……………………………… 20ml

[作り方]
①材料をミキシング・グラスに入れて、ステアする。
②カクテル・グラスに注ぐ。

SPECIAL THANKS

TOMOE OOSAWA
大沢智枝さん
趣味
クラリネット
お気に入りの曲
モーツァルト
『クラリネット協奏曲』

MEMO

BAR《バー》 SMoke salt《スモーク ソルト》

アイラ島のウイスキーをベースにしたハイボールに、燻製の肴なんて堪らない。このスモーキーな香りに一度ハマったら、なかなか抜け出せませんよ。

SHOP INFORMATION	
	東京都中野区東中野1-14-26 高山ビル1F Tel.03-5937-5615
	営業時間 18:00~02:00／無休
	チャージ　600円、サービス料なし／席数 6
	カクテル　800円~、ウイスキー　800円~（税抜）

味香　こんばんは。看板に書いてある「アイラハイボール」って何ですか？

佐々木剛さん（以下、佐々木）　スコットランドにアイラ島という場所がありまして、そこで造られたウイスキーをベースにしたハイボールです。

味香　初めて聞きました、アイラ島。

佐々木　アイラ島のウイスキーは、独特なヨード臭とスモーキーさが特徴です。ハイボールはその香りを活かした、ややしっかりめの味わいですね。強めの炭酸を使っているので、爽快感もあります。

味香　ヨード？　スモーキー？

佐々木　ヨードは薬品、消毒のような匂いです。スモーキーは燻製香。人によって、好き嫌いはあるかもしれません。

味香　そのアイラハイボール、飲んでみたいです。

—佐々木さんがカクテルメイキング—

味香　なんだろう、コクがあるけど爽やかな感じ。

佐々木　仕上げにウイスキーを少しフロートしたので、より香りが広がっていると思います。

味香　これがヨードとか、スモーキーと言われる香りなんですね。

佐々木　アイラ島にはピートと呼ばれる草や樹木が堆積してできた層があって、それが一般家庭で燃料として使われてきました。ウイスキー造りでは原料の麦芽を乾燥させる際に焚いていまして、そのときの香りがウイスキーにスモーキーさを与えています。島には蒸留所が8つあって、海辺に建っているからか潮や海藻の香りがウイスキーにつくとも言われているんですよ。それがヨード臭につながるのかもしれません。良かったら、隣に添えた塩をかじりながら飲んでみてください。

味香　粒が大きいですね。

佐々木　ヒマラヤ産のピンクソルトを燻製しました。

味香　塩を燻製!?　あっ、スモークソルト！

佐々木　気づきました？　日本酒の升酒に塩が添えられるように、

当店のハイボールも燻製塩を添えています。

味香　黒板メニューにも燻製がありますね。ハイボールに合うおつまみをお願いします。

佐々木　かしこまりました。＜おつまみを差し出す＞「すじこの燻製」と「牡蠣のオイル漬け」です。

味香　えっ、すじこを燻製？

佐々木　開店当初からの人気メニューです。アイラ島のウイスキーにも感じる、塩気やオイリーさが合いますね。

味香　どちらで燻製されているんですか？

佐々木　店の前で燻製しています。通りがかった人に声をかけられたりして。

味香　いい香りがするんでしょうね。「スモークチーズ」とか「煙チョコ」もあるし。次は、フルーツを使ったさっぱりめのショートカクテルを頂けますか？

佐々木　ウォッカとグレープフルーツ・ジュースを使った「ソルティ・ドッグ」にしましょうか。

―佐々木さんがカクテルメイキング―

佐々木　カクテルを飲んだ後に、グレープフルーツの房を口に含んでみてください。

味香　最後に何か、かけてましたよね？

佐々木　アブサンをフランベして、房にかけました。

味香　アブサンって強いお酒の？

佐々木　度数が高いものもありますが、少量をフランベしていますので。かつてゴッホやピカソといった芸術家が愛飲して、中毒症状が出たことから「禁断の酒」なんて言われたのでちょっと危険なイメージがあるのかもしれませんね。今は美味しいアブサンがたくさん販売されていて、ファンも多いですよ。

味香　グレープフルーツにアブサン、って思いつきませんよね。

佐々木　フレンチのシェフが、グレープフルーツとペルノのグラニテを作っていたのをヒントにしました。アブサンをグレープフルーツで割る飲みかたもありますよ。

味香　さっきのハイボールと塩もそうでしたけど、こうやって食べ物と合わせて飲むのもいいですね。

佐々木　もともとハイボールを飲みながら何かつまんでほしい、というコンセプトで始めました。お酒単体と食べ物の組み合わせはずっと前からありましたが、最近はカクテルとフードのペアリングも登場してきています。

味香　カクテルを飲むとき、食べ物ってあまり意識してなかったです。

佐々木　いま和牛や蝦夷鹿肉の昆布締めを作っていまして、サイドカーやブランデーをベースにしたマンハッタン、ウイスキーの水割り、ホワイトレディなどを合わせています。

味香　お肉とカクテルのペアリングかぁ。今度から、ちょっと気にしてみますね。

※「すじこの燻製、牡蠣のオイル漬け」は通常、おつまみ盛り合わせ８００円～で提供。時期により内容は異なる

本日のお会計

ハイボール	800円
ソルティ・ドッグ	1,000円
すじこの燻製、牡蠣のオイル漬け	500円
チャージ	600円
計	3,100円（端数切り捨て）

※合計は税込価格です

スモーキーな味わいが際立つキレのある一杯

「アイラハイボール」と看板に掲げているように、開店当初からスコットランド・アイラ島のウイスキーをベースにしたハイボールをお出ししています。以前はラフロイグ10年でしたが、現在はアイラ島のウイスキー3種類をブレンドしています。

ニッポンタンサンはガス圧が強く、ドライな喉越しで、爽快感だけでなくウイスキーの味わいを引き立たせてくれます。冬場は最後に蓋をするようにベースのウイスキーをフロートさせて、しっかりとした味わいと香りに。夏場はウイスキーをスプレーで4～5回ほど噴きかけて、嗅覚を刺激する爽やかな一杯に仕上げます。

レモン・ピールをするお店もありますが、アイラウイスキーの香りを前面に出したいので当店ではしていません。スモークしたヒマラヤ産のピンクソルトをガリガリとかじりながら、お愉しみください。

[ハイボール（ウイスキー・ソーダ）のスタンダードレシピ]

● ウイスキー　45ml、ソーダ　適量
● 氷を入れたタンブラーにウイスキーを注ぎ、ソーダで満たして軽くステアする。

「ハイボール」佐々木さんレシピ

ウイスキー……………………………… 35ml
炭酸（ニッポンタンサン）…………… 90ml

[作り方]

①氷を入れたタンブラーにウイスキー（30ml）を注いで、軽くステアする。
②炭酸で満たして、軽くステアする。
③ウイスキー（5ml）をフロートする。

COCKTAIL RECIPE

果実の風味を最大限に活かしたソルティ・ドッグ

グレープフルーツの果実から水分を抜いて、ウォッカに半年ほど浸け込みました。これを最初にブランデーグラスでスワリングして雑味を取り除くと、グレープフルーツの香りが前面に出てきます。

ジュースはグレープフルーツの皮を丸ごと剥いて、マッサージするように丁寧に手搾りします。果汁の香りが飛んでしまうので、ジュースを加えた後のスワリングは3回程度。甘味や苦味はさほど飛ばないものの、酸味はスワリングすると飛んでしまいます。ウォッカとグレープフルーツを冷やしたミキシング・グラスに移したら、しばらく置いた後にごく軽くステアします。

以前はグレープフルーツの房を入れてシェイクしていましたが、別で添えるようにしました。房には、バー・スプーンにアブサンを垂らしてフランベしたものをかけています。カクテルを口に含んだ後に、グレープフルーツを食べるとソルティ・ドッグが完成します。

[ソルティ・ドッグのスタンダーレシピ]

● ウォッカ　45ml、グレープフルーツ・ジュース　適量
● 塩でリムドしたオールド・ファッションド・グラスに氷を入れ、材料を注いでステアする。

「ソルティ・ドッグ」佐々木さんレシピ

ウォッカ（アブソルート／グレープフルーツインフュージョン）………………… 23ml
グレープフルーツ・ジュース………… 45ml
アブサン ……………………………… 1tsp
塩（マルガリータソルト）……………… 適量
（ガーニッシュ）グレープフルーツ……… 3房

[作り方]

①スワリングしたウォッカに、グレープフルーツ・ジュースを加えて軽くスワリング。
②ミキシング・グラスで①をステア。
③塩をリムド（ハーフ）したカクテル・グラスに②を注ぐ。
④ガーニッシュを飾る。

SPECIAL THANKS

GO SASAKI
佐々木剛さん

趣味
料理

お気に入りの曲
チャイコフスキー
『交響曲第5番』

MEMO

3月 March

春の訪れを感じるオリジナルカクテルを2作品、この月に登場するお店でご紹介します。桜の花をグラスに沈めたウォッカベースの「吉野」、かすかに白濁した淡い緑色で雪解けを表現した「早蕨」。どちらもこの時期にぴったりのカクテルです。お花見の後、その余韻を噛み締めながらふらっとバーへ立ち寄るのも良いですね。

バー《》BAR《バー》 CIELO《チェロ》

2階はクラフトジンとボタニカルカクテル、3階はシングルモルトとクラシックカクテル。ほぼ手作りのバーをハシゴすれば、さまざまなお酒と音楽に出会えます。

SHOP INFORMATION

東京都世田谷区太子堂4-23-5 ファントビル2F Tel.03-3413-7729
営業時間 18:00～05:00／無休
チャージ 500円、サービス料なし／席数 14
カクテル 1,000円～、ウイスキー 1,000円～、ジン 900円～（税抜）

味香　こんばんは。
稗田浩之さん（以下、稗田）　いらっしゃいませ。
味香　この間ランチを頂いて、夜にも来てみたいなと思って。キーマカレー、美味しかったです。
稗田　ありがとうございます。＜メニューを差し出す＞
味香　「ペルノヨーグルト」は、ヨーグルトのカクテルですか？
稗田　アニスリキュールの「ペルノ」とヨーグルトを使ったカクテルです。ほかにジンやカルダモンが入ります。
味香　ペルノ？
稗田　ほのかな甘さと、エキゾチックな香りを持つスパイス「アニス」を使ったリキュールです。黄緑色をしていて、加水すると白濁します。
味香　加水すると、白濁……。
稗田　アルコール度数が低くなると、水に溶けにくい精油成分が膜を作って光を乱反射させます。それで白く濁って見えるんですよ。度数の高いアルコールを足せば元に戻ります。
味香　実験みたいですね。ペルノヨーグルトを頂けますか？
―稗田さんがカクテルメイキング―
稗田　ペルノが効いていて、独特な味わいに感じられるかもしれません。
味香　でも、ヨーグルトが入っているからか飲みやすい。
稗田　ご要望があれば、ペルノをアブサンに代えてお作りしています。ちょうど今、アブサンを練り込んだ生チョコもございます。
味香　アブサンの生チョコ、食べたいです。ペルノとアブサンは、どう違うんですか？
稗田　アブサンはかつてゴーギャンやロートレックといった芸術家を虜にしたリキュールで、当時は安い模造品が出回るほどでした。ただ、アブサンの主原料ニガヨモギに含まれるツヨンという成分が幻覚症状を引き起こすとして、1915年に製造と飲用が禁止されてしまいます。それを受けて、アブサンの色や香りを再現したのがペルノ。

今ではその幻覚症状は誤解だったとして、スイスでは2005年に、フランスでは2011年にアブサンの製造が解禁されています。銘柄は違いますが、どちらもアニスリキュールです。

味香　そういう歴史があったなんて。

稗田　ゴッホはその名も『アブサン』、ピカソは『アブサンを飲む女』という絵を描いています。＜アブサン入り生チョコを差し出す＞

味香　生チョコには、ほかのお酒を入れることも?

稗田　ブランデーやアマレット、グランマルニエなどの生チョコも作ります。＜カウンター横の棚をスライドさせる＞

味香　その棚、動くんですね。

稗田　動くとは思わずに、びっくりされるお客さまもいらっしゃいます。

味香　デザイナーさんが、そういう設計にされたとか?

稗田　その棚からバックバー、壁や扉などほとんど自分で作りました。木を買って塗装したりして。どこかで学んだわけではないのですが、こういうのが好きで。

味香　あの窓ガラスも素敵だし、入口も印象的ですよね。

稗田　ありがとうございます。入口は業者の方に作って頂きましたが、デザインは自分で考えました。白い壁で、少しかがまないと入れないようになっていますよね。あれは、『トム&ジェリー』でジェリーが逃げ込む穴をイメージしました。

味香　あ〜っ、あの穴ですね。次はどうしようかな……。その黒いボトルは何ですか?

稗田　コーヒーリキュールです。

味香　それを使ったカクテルをください。ちょっとドライな感じで。

稗田　ウォッカと合わせたカクテルはいかがでしょう。

味香　お願いします。

—稗田さんがカクテルメイキング—

味香　ん〜、いい香り。

稗田　ウォッカとコーヒーリキュールを混ぜたカクテル「ブラック・ルシアン」です。

味香　いま気づいたんですけど、そのスピーカーもちょっと変わってますね。

稗田　パイオニアの古いスピーカーです。

味香　そうだ、3階もありましたよね。2階と3階で、音楽は違うものを?

稗田　2階はポップスやロック、3階はクラシックを流しています。

味香　同じスピーカーですか?

稗田　3階はイギリスのメーカー、タンノイの「エジンバラ」モデルを入れています。上はモルトウイスキーを中心に置いているので、スコットランドの首都の名前が付いたスピーカーに惹かれてしまって。

味香　そのスピーカーから流れる音を聴きながら、ウイスキーなんて良いかも。

稗田　20時から開いていますので、よろしければ。

味香　〆のウイスキー、選んでくださいね。

本日のお会計

ペルノヨーグルト	1,400円
ブラック・ルシアン	1,100円
自家製アブサン入り生チョコ	800円
チャージ	500円
計	4,100円（端数切り捨て）

※合計は税込価格です

ジンベースのヘルシーなヨーグルトカクテル

ヘルシーなヨーグルトカクテルを作りたい、という発想から創作したオリジナルカクテルです。当店2階のコンセプトがクラフトジンとボタニカルカクテルなので、ベースはジンに決めていました。

ジンは、タンカレーを2種類。No.10を加えると、フルーティで華やかな味わいになります。ジンより少量でも存在感のあるペルノは、主張が強いお酒。カクテル名が「ジンヨーグルト」でないのは、そのためです。

まず、カルダモンホールの鞘を剥いて種子を取り出し、みじん切りにします。それからヨーグルト以外の材料をシェーカーに入れて、カルダモンの香りをお酒に移すようバースプーンで潰し混ぜます。ヨーグルトを加えたら、よく溶かしてからやや強めにシェイク。アブサンが好きなお客さまには、ペルノの代わりにアブサンを使ってお作りすることもあります。

「ペルノヨーグルト」稗田さんレシピ

ジン（タンカレー）	25ml
ジン（タンカレーNo.10）	10ml
アニス・リキュール（ペルノ）	15ml
カルダモンホール	7粒
シンプル・シロップ	2tsp
レモン・ジュース	1tsp
ヨーグルト（オイコス）	50g
（ガーニッシュ）カルダモンホール）	3粒

［ 作り方 ］
①材料をシェイクし、カクテル・グラスにダブルストレイン。
②ガーニッシュを飾る。

COCKTAIL RECIPE

コーヒー・リキュールのフレーバーが心地良い

ブラック・ルシアンは、ウォッカとコーヒー・リキュールのみのシンプルなレシピ。その比率によって辛口にも甘口にもなるので、普段召し上がっているものや直前に頼まれたカクテルなど、お客さまの舌を探りながらお作りしています。

例えば直前にバナナとベイリーズのカクテルをお出しして、甘いものがお好きだとわかればコーヒー・リキュールを多めに入れますし、そうでなければ基本的にブラック・ルシアンはドライに仕上げます。

コーヒー・リキュールのフレーバーが味わいを大きく左右しますので、銘柄の選択がポイント。パトロン XO カフェは甘さ控えめでアルコール度数が高く、コクがあるので最適だと考えています。

［ ブラック・ルシアンのスタンダードレシピ ］
● ウォッカ　40ml、コーヒー・リキュール　20ml
● 氷を入れたロックグラスに材料を注いで、ステアする。

「ブラック・ルシアン」稗田さんレシピ

ウォッカ（ケテルワン）	30ml
コーヒー・リキュール（パトロン XO カフェ）	12ml

［ 作り方 ］
氷を入れたロックグラスに材料を注いで、ステアする。

SPECIAL THANKS

HIROYUKI HIEDA
稗田浩之さん

趣味
サーフィン、ゴルフ、旅行

お気に入りの曲
ジョルディ・サヴァールの曲

MEMO

BAR《バー》 漆《うるし》

恵比寿神社の近く、小さな行灯の先を上ってみてください。ジャパニーズウイスキーと、和の素材を使ったスイーツカクテルを得意とするバーテンダーが待っています。

SHOP INFORMATION

東京都渋谷区恵比寿西1-12-9 内田ビル2F Tel.03-6416-4518
営業時間 19:00~03:00／日曜 休み（月曜が祝日の場合は日曜営業、月曜休み）
チャージ　1,000円、サービス料なし／席数 13
カクテル　1,200円～、ウイスキー　1,200円～（税抜）

さとる　あー飲んだ、飲んだ。でもまだ飲めるぞ！
味香　ビール好きだねぇ。居酒屋とかパブもいいけどさ、たまにはバーに行かない？
さとる　バーって行ったことないし、カクテルとかよくわからないよ。
味香　だったら行ってみようよ。最近行き始めたら、すっかり気に入っちゃって。
さとる　どこか知ってる店あるの？
味香　このあたりは知らないけど、歩けばあるかも。
さとる　神社の向こう側に回ってみるか。
味香　……灯りがあるよ。「BAR 漆」だって。
さとる　大丈夫かなぁ。まっ、行ってみるか！
高橋隆弘さん（以下、高橋）　いらっしゃいませ。
味香　こんばんは。さっぱりしたショートカクテルをください。アルコール度数は高くても大丈夫です。
さとる　俺、どうしよう。ビールじゃダメだよな。
高橋　ビールでも、もちろん大丈夫ですよ。
さとる　でもせっかくだし、何かカクテルをお願いします。全然わからないので、お任せします。
高橋　では、ジン・トニックでよろしいですか？
さとる　はい。それなら飲んだことがあります。

―高橋さんがカクテルメイキング―

味香　綺麗な色……。
高橋　「ホワイト・レディ」です。この色から、貴婦人をイメージして創られたカクテルと言われています。
味香　飲んだら貴婦人になれるかな？
さとる　やれやれ。ん？　ジン・トニック、すっごく美味しい！
味香　〈バックバーを見て〉漢字のラベルが多いですけど、日本のウイスキーですよね。

高橋　当店ではジャパニーズウイスキーを推していますので、よろしければ試してみてください。そのままだと抵抗があるなら、カクテルにもできますよ。たとえば、黒板にある「きな粉」のカクテルは竹鶴ピュアモルトがベースになっています。
味香&さとる　きな粉!?
高橋　ちょっと甘めのデザートカクテルです。
味香　飲んでみたいです。あと、何か軽くつまめるものを。
高橋　ウイスキーに合わせて、いぶりがっことクリームチーズをお出ししますね。

―高橋さんがカクテルメイキング―

味香　本当にきな粉の味がする。牛乳も入れてましたよね?
高橋　意外かもしれませんが、ウイスキーと牛乳って合うんですよ。
味香　いぶりがっことクリームチーズも美味しい。
高橋　醤油を少し垂らして、混ぜています。
味香　「竹鶴ピュアモルト」かぁ。ピュアモルト、って何だろう。
高橋　モルトは大麦麦芽のことで、それを100%原料にしたのがモルトウイスキーです。一方、大麦麦芽以外にトウモロコシや小麦なども使うのがグレーンウイスキー。グレーンは穀物のことで、販売されているほとんどのウイスキーは、モルトとグレーンを混ぜたブレンデッドウイスキーです。モルトウイスキーの中でもひとつの蒸留所で造られたものはシングルモルトウイスキーと呼ばれますが、竹鶴ピュアモルトは北海道の余市蒸溜所と仙台の宮城峡蒸溜所のモルトウイスキーをブレンドしていて、グレーンは使っていませんし、ひとつの蒸溜所で造られていないのでピュアモルトと表記してあるのではないでしょうか。
さとる　いいなぁ、俺もウイスキーを飲んでみたい。
高橋　ウイスキーはストレート、ロック、水割り、ソーダ割りなどいろいろな飲み方がありますのでお申し付けくださいね。
さとる　カクテルだったら、どういうものがありますか?　強くてもいいので、ちょっと甘めで。
高橋　ウイスキーとドランブイをステアして作る「ラスティ・ネイル」はいかがでしょう。ドランブイは、スコッチウイスキーにハーブやスパイス、蜂蜜をブレンドしたリキュールです。
さとる　それでお願いします。
高橋　先ほどのカクテルはジャパニーズウイスキーがベースでしたが、スコッチウイスキーで飲みやすいブレンデッドをベースにしてお作りしますね。
味香　ビール以外に飲めるものができて、良かったね。
さとる　なんか俺、すごく大人になった気分。
高橋　バーって楽しいでしょう?
さとる　思った以上に楽しんでます。カクテルも美味しいし、また来たいな。
味香　良かった、連れてきて!

本日のお会計

ホワイト・レディ	1,500円
ウイスキー&ソイ・フラワー	1,800円
いぶりがっことクリームチーズ	800円
チャージ	1,000円
計	5,500円（端数切り捨て）

※合計は税込価格です

酸味と甘みのバランスが取れた爽やかな一杯

キーボタニカルに、レモン・ピールが使われているビーフィーター。レモン・ジュースとの相性を考えて、ベースに選びました。ボトルが常温なのは、シェイクする際に空気が入りやすく、副材料が混ざりやすいから。冷凍するとアルコール感が出て、硬くなる気がします。基本的にシェイクは常温、ステアは冷蔵したボトルを使います。

ホワイト・キュラソーは、エギュベル。甘味が柔らかく、酸味とのバランスが取りやすいですね。氷はキューブ・アイスよりやや小さめで、シェーカーの7～8分目くらいまで入れています。

目指しているのは、どの材料も前に出過ぎずバランスの取れた味わい。かつ、しっかりと空気を入れてふわっとした仕上がりにしたいですね。

[ホワイト・レディのスタンダードレシピ]

- ドライ・ジン　30ml、ホワイト・キュラソー　15ml、レモン・ジュース　15ml
- 材料をシェイクして、カクテル・グラスに注ぐ。

「ホワイト・レディ」高橋さんレシピ

ジン（ビーフィーター　47度）……… 35ml
ホワイト・キュラソー（エギュベル トリプルセック）……… 15ml
レモン・ジュース……… 10ml

[作り方]

材料をシェイクして、カクテル・グラスに注ぐ。

COCKTAIL RECIPE

きな粉の風味を活かした和のデザートカクテル

国産の素材を使って、甘口のデザートカクテルを創作しました。きな粉や和三盆がよく混ざるよう、まずはブレンダーにかけて撹拌します。きな粉は丹波の黒豆から作られていて、香りと味の深み、色がしっかりと出ます。

甘味を整えるのは、バニラ・シロップ。黒蜜でも試しましたが、後味に少しえぐ味が出てしまいました。竹鶴ピュアモルトはまろやかで飲みやすく、キレが良いのでベースに使いやすいですね。コクが出るよう、牛乳は濃度の高いものを。

あらかじめブレンダーで混ぜているので、冷やす目的でシェイクします。女性だけでなく、男性にもよく飲まれているオリジナルカクテルです。

「ウイスキー&ソイビーン・フラワー」高橋さんレシピ

ウイスキー（竹鶴ピュアモルト）……… 25ml
バニラ・シロップ（モナン）……… 10ml
きな粉……… 2tsp
和三盆……… 1tsp
牛乳……… 60ml

[作り方]

①材料をブレンダーで撹拌する。
②①をシェイクして、氷を入れたオールドファッションド・グラスに注ぐ。

SPECIAL THANKS

TAKAHIRO TAKAHASHI
高橋隆弘さん

趣味
バイク、キックボクシング

お気に入りの曲
加山雄三『光進丸』

MEMO

Bar《バー》 Scotch《スコッチ》 Cat《キャット》

猫とカクテルの看板を目指して、平塚駅北口から歩くこと1分。毎日変わるお通しは、ほっとする家庭のお総菜を思わせます。これを楽しみに来店する人も多いはず。

SHOP INFORMATION

神奈川県平塚市紅谷町6-24 添田土地第一ビル3F　Tel.0463-24-1910
営業時間 18:00～00:00／日曜、第1月曜休み
チャージ　500円、サービス料なし／席数 12
カクテル　750円～、ウイスキー　650円～（税込）

高橋妙子さん（以下、高橋）　いらっしゃいませ。

味香　こんばんは。猫とカクテルの看板、かわいいですね。

高橋　ありがとうございます。お仕事帰りですか？

味香　はい、近くで仕事があって。初めて平塚で降りました。

高橋　お疲れさまです。

味香　ちょっと喉が渇いているので、軽めのロングカクテルを頂けますか？　ウイスキーベースで。

高橋　かしこまりました。

―高橋さんがカクテルメイキング―

高橋　「カリフォルニア・レモネード」です。アメリカ生まれのカクテルと言われているので、アメリカ産のライ・ウイスキーをベースにしました。こちらは今日のお通しで「鶏肉のレモンソルトソテー」です。

味香　店名の「スコッチ」は、ウイスキーのスコッチですよね。スコッチと、猫？

高橋　スコットランドの蒸留所では、原料の大麦を食べてしまうネズミや鳥を駆除するために猫が飼われてきました。本来は「ウイスキーキャット」と呼ばれますが、私がバーテンダーになる前に通っていたバーで耳にしたのが「スコッチキャット」という言い方で。その頃、鎌倉に同じ名前の猫グッズのお店があって、なんとなく頭の片隅に残っていたんですよね。

味香　そういえば猫の置物があちこちに。蒸留所で猫が活躍していたんですね。

高橋　たとえばスコットランド・ハイランド地方のグレンタレット蒸留所には、タウザーという名前の有名な猫がいました。彼女はネズミ捕りの数でギネスブックに載るほどで、横顔のアップや樽に乗ったラベルがあります。あとは同じハイランドで、クライヌリッシュ蒸留所のラベルには山猫が描かれていますね。＜お通しのお皿を下げる＞

味香　カクテルもお通しも、さっぱりしていて美味しかったです。も

う1杯、ウイスキーのカクテルをお任せしていいですか?。今度はショートカクテルで。

高橋 ウイスキーとドランブイ、オレンジ・ビターズをステアしたカクテル「スコッチ・キルト」をお作りしますね。

味香 あと、何かおつまみもください。

—高橋さんがカクテルメイキング—

高橋 ベースはスコッチのブレンデッドで「チェイヴェック」という銘柄です。ゲール語で「かわいいお嬢さん」という意味なんですよ。それからちょっとオイリーですが、ウイスキーに合うので「鱈の燻製レバー」をご用意しました。

味香 これはお酒が進んじゃいますね。

高橋 最近は「ホタルイカの丸干しの燻製」もお出ししていまして、アイラウイスキーが止まらなくなります。

味香 あはは、それは恐ろしい~。〈壁に掛かった賞状を見て〉その賞状は何ですか?

高橋 2014年に開催された「横濱インターナショナルカクテルコンペティション」で頂きました。

味香 優勝されたんですね。何ていう作品ですか?

高橋 「プルメリア」です。マンゴスティーナとヨーグリートという2つのリキュールと、エルダーフラワー・シロップ、グレープフルーツジュースをシェイクします。

味香 コンペって、練習とか大変でしょうね。

高橋 そのコンペは体調を崩した後だったのと、その前身の「横浜市長杯」から数えて9回目の挑戦だったので本当に嬉しかったです。

味香 諦めないで挑戦し続けるって、かっこいいなぁ。私も見習わなきゃ。いつかコンペの観戦もしたいです。

高橋 バー業界はいろいろなイベントがあって、カクテルメイキングの体験ができるカクテルフェスタもあります。

味香 それは楽しそうですね。自分で作ってみたいなぁ。

高橋 シェイク、ステア、ビルドとブースに分かれて、バーテンダーが丁寧に教えてくれます。各メーカーが販売するお酒や、カクテルコンペで優勝したカクテルを試飲することもできますよ。夏に開催しているので、是非いらしてください。

味香 はい、伺います。あれっ、賞状の向こうにあるベルは?

高橋 ふふふ、気づいてしまいましたね。あれを鳴らすと、ここにいるすべての人に一杯ご馳走するというお約束になっています。

味香 えぇ~っ、何ですかそれは!

高橋 前に勤めていたバーにも付いていて、船乗りの間では古くからの慣習になっています。

味香 そういう遊び心があるのも、大人の社交場って感じがするなぁ。まだまだバーって奥が深いですね。

本日のお会計

カリフォルニア・レモネード	850円
スコッチ・キルト	950円
鱈の燻製レバー	800円
チャージ	500円
	計 3,100円

※合計は税込価格です

ウイスキーが苦手でも飲みやすいロングカクテル

レモン・ジュースとライム・ジュースが両方入るカクテルは珍しいですよね。スタンダードレシピは酸味がやや強いので、シロップの量を増やして甘酸味のバランスを取りました。

ベースはバーボン、ライ、カナディアンと作り手によって異なりますが、私が使っているのはクセがなく香りの良いオールド・オーバーホルト。3~4cm角のダイヤアイスをシェーカーの8分目くらいまで入れて、シェイクします。

振っていると、徐々に冷えて中から反発してくるような感覚があります。シェイクは、その手応えを感じるまで。爽やかな味わいで、ウイスキーが苦手な方でも飲みやすいカクテルだと思います。

[カリフォルニア・レモネードのスタンダードレシピ]

- バーボン・ウイスキー　45ml、レモン・ジュース　20ml、ライム・ジュース　10ml、砂糖 1tsp、グレナデン・シロップ　1tsp、ソーダ　適量
- ソーダ以外の材料をシェイクして、氷を入れたタンブラーに注ぐ。ソーダで満たして、軽くステアする。

「カリフォルニア・レモネード」高橋さんレシピ

ライ・ウイスキー（オールド・オーバーホルト）	45ml
レモン・ジュース	20ml
ライム・ジュース	10ml
シンプル・シロップ	2tsp
グレナデン・シロップ	1tsp
ソーダ	適量

[作り方]

①ソーダ以外の材料をシェイクして、氷を入れたタンブラーに注ぐ。

②ソーダで満たして、軽くステアする。

COCKTAIL RECIPE

同郷のスコッチとドランブイの組み合わせ

ドランブイが甘口なので、ややスパイシーでコクのあるチェイヴェックをベースに選びました。タリスカーがキーモルトで、同じスカイ島にある「ブロードフォード・ホテル」で誕生したドランブイとは同郷の組み合わせになります。

ミキシング・グラスは、BIRDY.製。熱伝導率が高く、とてもよく冷えるため、ウイスキーなど常温で管理するボトルをベースにしたカクテルに使っています。ただ、気を付けたいのは冷えると同時に氷も早く溶けてしまうこと。水っぽくならないよう、液面から出ない程度の氷を入れて、手早くステアしています。

ウイスキーとドランブイが3対1の割合ですが、場合によってはドランブイを少し減らします。入れ過ぎるとドランブイの味が強くなってしまうので、しっかりとウイスキーを感じられるようバランスを考えてお作りしています。

[スコッチ・キルトのスタンダードレシピ]

- スコッチ・ウイスキー　45ml、ドランブイ　15ml、オレンジ・ビターズ　2dashes
- 材料をステアして、カクテル・グラスに注ぐ。レモン・ピールをかける。

「スコッチ・キルト」　高橋さんレシピ

スコッチ・ウイスキー（チェイヴェック）	45ml
ドランブイ	15ml
オレンジ・ビターズ	2dashes
レモン・ピール	1片

[作り方]

①レモン・ピール以外の材料をステアして、カクテル・グラスに注ぐ。

②レモン・ピールをかける。

SPECIAL THANKS

TAEKO TAKAHASHI
高橋妙子さん

趣味
料理、ホームパーティ

お気に入りの曲
グレース・マーヤ
『Last Live at DUG』

MEMO

Bar《バー》 Gemstone《ジェムストーン》

季節ごとに色を変える並木道を抜けて、“宝石”が光るバックバーへ。カクテルコンペで2連覇を果たした2人のバーテンダーが、気さくに話しかけてくれます。

SHOP INFORMATION	
	東京都国立市東1-18-7 ぐらんぼると国立1F　Tel.042-575-7728
	営業時間 17:30～03:00（日･祝～01:00）／不定休
	チャージ　600円、サービス料なし／席数 22
	カクテル　1,000円～、ウイスキー　800円～（税抜）

凛　こんばんは～。

高野亮さん（以下、高野）　こんばんは。凛さん、お久しぶりですね。

味香　桜が綺麗ですね。途中まで大学通りを歩いてきました。

高野　この季節の大学通りとさくら通りは、お花見で賑わっています。桜並木が見事ですよね。

凛　春は桜でピンク色に染まるけど、秋はイチョウで黄色や橙色に変わってそれもまた素敵なの。先に頼んじゃうね。ジン・トニックをください。

味香　私はどうしようかな。春とか、桜にまつわるカクテルってありますか?

高野　ジンベースですっきりした味わいのショートカクテル「スプリング・フィーリング」や、横浜生まれの「チェリー・ブロッサム」などでしょうか。私のお勧めは、師匠が創作した「吉野」です。

味香　どんなカクテルですか?

高野　ウォッカをベースに、チェリー・ブランデーとグリーンティー・リキュールを少量ずつ加えてシェイク、桜の花を沈めます。アルコール度数が高めのカクテルです。

味香　桜の花を……。それをお願いします。

―高野さんがカクテルメイキング―

味香　ほんのり緑がかって、綺麗ですね。

凛　高野さんのオリジナルカクテル「オンブラージュ」（※）もお勧めだよ。あれも確か、緑色でしたよね?

高野　そうですね。ウォッカをベースに、桃のリキュールとグレープフルーツ・ジュース、グリーンアップル・シロップ、それからミントを少量効かせたショートカクテルです。

凛　その作品をカクテルコンペで披露した翌年に、グランプリを受賞されたんだよ。

味香　グランプリ!

高野　「ラ・コリーヌ」という作品で、それも緑色です。緑が好きで。

味香　カクテルコンペティション、楽しそうですね。

凛　観客からしたら楽しいけど、バーテンダーさんは大変じゃないかな。グランプリを獲るなんて、並大抵じゃできないしね。しかも、高野さんの翌年に川島さんがグランプリを獲って。

川島健太郎さん（以下、川島）　ありがとうございます。

味香　2年連続で同じお店からって、凄いですね。

凛　せっかくだし、2杯目は「オンブラージュ」を頂こうかな。

味香　私は何かおつまみをください。〈メニューを見て〉「ヒゲさんの作ったシャラン鴨の燻製」？

高野　大学通りにあるフレンチのシェフに作って頂いています。髭が生えているから「ヒゲさん」。ザワークラウトを添えます。

味香　それと、ウォッカベースのカクテルを頂けますか？　さっきとはまた違った、色の綺麗なカクテルを。

高野　クランベリー・ジュースを使ったカクテルにしましょうか。甘さはどうしましょう？

味香　それほど甘くないほうがいいです。

―高野さんがカクテルメイキング―

高野　お待たせいたしました。「コスモポリタン」です。

味香　さっきのウォッカとは、違う銘柄ですね。

高野　「吉野」はシロックで、「コスモポリタン」はソビエスキーでお作りしました。シロックはフランス産、ソビエスキーはポーランド産。ウォッカのほとんどは穀物を原料に蒸留されていますが、シロックはブドウから造られているのがユニークですね。ソビエスキーはリーズナブルで使いやすいので、ハウスウォッカにしているお店が多いかもしれません。

味香　ハウスウォッカ？

高野　お店でメインに取り扱うウォッカのことです。

味香　ハウスウイスキーとか、そういう意味だったんだ。コスモポリタン、甘酸っぱくて美味しいです。

凛　ジャック・ローズもそうだけど、赤色のカクテルって色気があっていいよね。

川島　ジンベースの「パリジャン」もお勧めです。ドライ・ベルモットとクレーム・ド・カシスを加えてシェイクするカクテルで、コスモポリタンと同じように甘さの調整もできます。

味香　凛さん、川島さんがグランプリを受賞された大会も観戦してたんですか？

凛　うん、ほぼ毎年行ってるよ。メーカーブースでいろいろなお酒が試飲できるし、バーテンダーさんにもたくさん会えるから。お酒と人、人と人、お酒とお酒が出会う場所って感じ。

味香　いいなぁ～。今度連れてってください！

凛　うん、一緒に行こう！

※オンブラージュ（Ombrage～木陰～）
PBO（プロフェッショナル・バーテンダーズ機構主催「全国バーテンダーズ・コンペティション2013」で、特別作品賞を受賞したカクテル。

本日のお会計

吉野	1,500円
コスモポリタン	1,200円
ヒゲさんの作ったシャラン鴨の燻製	900円
チャージ	600円
計	4,540円（端数切り上げ）

※合計は税込価格です

桜の花が春の訪れを感じさせるカクテル

奈良の桜の名所、吉野山から名付けられたカクテルです。銀座「毛利バー」の毛利隆雄さんによる創作で、ほんのり緑がかった色に桜の花が綺麗ですよね。1983年4月に開催されたANBA（※）のカクテルコンペティション関東大会で2位に入賞した作品で、甘いカクテルが主流だった時代にかなりドライなレシピで競ったことがわかります。

ベースは、爽やかな風味かつコシのあるシロックを冷凍で。毛利さんは僕の師匠で、このカクテルを作るときには「いつもより強めに振るように」と言われています。恐らく、ある程度飲みやすくすっきりさせるためですね。

桜の花の塩漬は、沸騰したお湯に入れてピンセットなどで花を開かせながら塩を抜いたら、水に浸けて出番を待ちます。これを日本酒ベースに変えると、「フィオナ」というカクテルになります。

※ANBA：全日本バーテンダー協会。現NBA（日本バーテンダー協会）の前身組織のひとつ。

[吉野のスタンダードレシピ]

- ウォッカ　60ml、キルシュワッサー　1/2tsp、グリーンティー・リキュール　1/2tsp
- 材料をシェイクして、カクテル・グラスに注ぐ。塩漬の桜の花を熱湯で塩抜きして、グラスに沈める。

「吉野」高野さんレシピ

ウォッカ（シロック）…… 60ml
キルシュワッサー（マスネ　オー・ド・ヴィ・ド・キルシュ）…… 1/2tsp
グリーンティー・リキュール（ヘルメス）…… 1/2tsp
（ガーニッシュ）
塩漬の桜の花 …… 適量

[作り方]

①材料をシェイクして、カクテル・グラスに注ぐ。
②熱湯で塩抜きした桜の花をグラスに沈める。

COCKTAIL RECIPE

甘みと酸味のバランスが決め手の華やかな一杯

15年ほど前にニューヨークへ旅行した際、行く先々でコスモポリタンを飲みました。その時感じたのが、海外のクランベリー・ジュースは甘くて濃厚だから、それに合わせて酸味を強くしなければバランスが取れないということ。日本で作るなら、もっと酸味を抑えても良いと思いました。従って、ライム・ジュースは1tspしか使用していません。

シェーカーには、氷をなみなみと入れます。小・中・大と3種類のサイズを組み合わせて、しっかり冷やし混ぜられるよう、氷をいかに中で動かすかを意識してシェイクします。スピリッツを基本的に冷凍しているのは、シェーカーに材料ではなく氷を先に入れるから。常温だと氷の上から注いだ途端に溶けていってしまいます。

もう少し甘めで、と言われたときはウォッカ、コアントロー、クランベリー・ジュースを各20ml、ライム・ジュース1tspでお作りします。お客さまのお好みに合わせやすいカクテルですね。

[コスモポリタンのスタンダードレシピ]

- ウォッカ　30ml、コアントロー　10ml、クランベリー・ジュース　10ml、ライム・ジュース　10ml
- 材料をシェイクして、カクテル・グラスに注ぐ。

「コスモポリタン」　高野さんレシピ

ウォッカ（ソビエスキー）…… 40ml
ホワイト・キュラソー（コアントロー）…… 10ml
クランベリー・ジュース …… 10ml
ライム・ジュース …… 1tsp

[作り方]

材料をシェイクして、カクテル・グラスに注ぐ。

SPECIAL THANKS

RYO TAKANO
高野亮さん

趣味
野球、バー巡り

お気に入りの曲
大野雄二
『サンバ・テンペラード』
（川島さん選曲）

MEMO

Clobhair-ceann《クルベルキャン》

石窯で焼いたピッツァやお肉、野菜と共にワインやカクテルはいかがですか？　鎌倉・小町通りをちょっと入れば、隠れ家のような“美味しいBar”がそこに。

SHOP INFORMATION

神奈川県鎌倉市小町2-9-14　植山ビル20B　Tel.0467-23-7737
営業時間 15:00~00:00（23:30L.O）／無休
チャージ、サービス料なし／席数 24
カクテル　1,000円～、ウイスキー　1,000円～、ワイン　900円～（税込）

味香　すごい人混みだった～。観光地だからかな？＜鎌倉・小町通りの脇道を入って、ビルの階段を上る＞

秋山正治さん（以下、秋山）　いらっしゃいませ。

味香　こんにちは。そこの通り、とても賑わってますね。

秋山　今日は特に人出が多いです。春休みで学生さんもいらっしゃいますし。

味香　お花見で来られる人も多いでしょうね。

馬場淳也さん（以下、馬場）　メニューをどうぞ。

秋山　どちらかお花見は行かれました？

味香　鶴岡八幡宮の参道で、車道より一段高くなっている歩道がありますよね。あの辺りをぶらぶらと散歩してきました。

秋山　段葛ですね。

馬場　源氏山公園までのハイキングもお勧めですよ。

味香　ハイキングかぁ、いいですね。さっぱりしたロングカクテルを頂けますか？　炭酸は入らないほうがいいです。

秋山　ワインは苦手ではないですか？

味香　大丈夫です。それから「マッシュルームの石窯グリル」を。

―秋山さんがカクテルメイキング―

秋山　お待たせいたしました。「アメリカン・レモネード」です。

味香　2層になっていて綺麗。どうやって飲めばいいですか？

秋山　下の層はレモネードなのでノンアルコールです。まずはそちらを召し上がってから、上の層にある赤ワインを混ぜてみてください。

味香　ストローが2本付いているのはどうしてですか？　いつも不思議で。

秋山　クラッシュド・アイスを使っているので、ストローの中で詰まってしまったときのために2本お付けしています。詰まりやすいものが入っているときに使いますね。

味香　なるほど～。＜メニューの冒頭を見て＞お店の名前は酒蔵の妖精からきてるんだ……。カクテルもフードもメニューが豊富で迷っちゃいますね。石窯があるバーも珍しい。
秋山　レストランバーということもありますが、店を始めるときにシェフがどうしても石窯を入れたいというので。
味香　イタリア製ですか？
秋山　いえ、日本製なんです。三重県で作られた石窯です。
澤木良太さん（以下、澤木）　失礼いたします。＜丸ごとマッシュルームの石窯グリルを差し出す＞
味香　上に乗っているのは何ですか？
澤木　オリーブとアンチョビのソースです。
味香　ピザやパスタも人気でしょうね。
秋山　ピザは「マルゲリータ ブッファラ」や「クアトロフォルマッジ」、パスタは「ウニのクリームソース」や白トリュフの香りを加えた「カルボナーラ」がよく出ますね。
味香　ワインリストもあるし、ボトルを頼んでゆっくり飲めそう。
秋山　ワインはご注文頂くことが多いので3～4カ月ごとに品揃えを変えています。シェフが食事に合わせて選んでいます。
味香　ボトルの写真付きで解説もあるし、わかりやすいですね。アブルッツォ州、オルトーナ……って、どこだろう。
秋山　イタリアです。当店で扱っているワインは全てイタリア産です。
味香　ワインも飲んでみたいけど、せっかくだしここに書いてあるオリジナルカクテルを頂きます。早蕨、春の輝きかぁ。
澤木　そちらは秋山が「PBOカクテルフェスティバル2014」で金賞を頂いた作品です。
味香　わぁ、そうなんですね。それをお願いできますか？
秋山　ありがとうございます。

―秋山さんがカクテルメイキング―

味香　とても良い色合いですね。このボトルは？
秋山　焼酎の「鏡月」をベースに、柚子の風味を加えたリキュールです。ほかにアセロラやライチ、梅フレーバーも販売されています。
味香　それもリキュールですか？　さっきのカクテルでも見かけたような。
秋山　フランスのモナンという会社のシロップです。こちらはグリーンバナナ、先ほどのカクテルにはローズ・シロップを使いました。
味香　シロップにもたくさん種類がありそうですね。
秋山　ご覧頂いているメニューのオリジナルカクテルにも、パッションフルーツや栗のシロップを使っています。
味香　フードメニューがこれだけあったら、サラダからメイン、デザートとコースができそう。
秋山　ご予約を頂ければ、コースもご用意できますよ。
味香　本当ですか!?　今度は友達とワインを飲みに来ます。

※馬場さんは、現在退職されています。

本日のお会計

アメリカン・レモネード	1,100円
早蕨～春の輝き～	1,400円
丸ごとマッシュルームの石窯グリル	800円
計	3,300円

※合計は税込価格です

上下の層を混ぜながら、味わいの変化を楽しんで

ローズフレーバーが香るレモネードの上に、赤ワインを重ねました。一般的にはビルドで作りますが、砂糖ではなくシロップを多めに使うのとワインを冷やすためにシェイクしています。

今回の赤ワインはプルーンなどを思わせる凝縮した果実香があって、バランスが良いタイプですね。ワインメニューは都度変えていまして、上の層の風味もその時々で変わります。

アルコール度数が低めで飲みやすく、すっきりとしたカクテル。バラの香りと赤ワインが混ざると、まるでぶどうジュースのような風味が生まれるので、徐々に混ぜながらその変化をお愉しみください。

[アメリカン・レモネードのスタンダードレシピ]

- 赤ワイン　30ml、レモン・ジュース　40ml、砂糖　3tsp、水　適量
- タンブラーにレモン・ジュースと砂糖を入れて溶かす。氷を加えて、冷えた水で満たしてステアする。冷えたワインをフロートする。

「アメリカン・レモネード」秋山さんレシピ

赤ワイン（オルトネーゼ モンテプルチアーノ ダブルッツォ DOC）…… 45ml
レモン・ジュース …… 10ml
ローズ・シロップ（モナン）…… 25ml
ミネラルウォーター（軟水）…… 60ml

[作り方]

①赤ワイン以外の材料をシェイクして、クラッシュド・アイスを入れたグラスに注ぐ。
②赤ワインをフロートして、ストローを2本挿す。

COCKTAIL RECIPE

春の到来を表現したフルーティーなショートカクテル

冬が終わり、春が始まることを告げる新芽。雪が解けて、ワラビの芽が出てくる場面を思い浮かべて創作しました。オリジナルカクテルを作るとき、ネーミングやベースなど、何から取り掛かるかはさまざま。このカクテルは、まず色から決めました。

淡い緑色がかすかに白濁しているのは、ヨーグルト・リキュールを少量加えているから。この白濁は、雪解けを表現しています。柚子とレモンのフレーバーでほぼ構成されていますが、グリーンバナナを効かせて色合いと甘酸味のバランスを取りました。

多くのお客さまに支えられながら完成した、思い入れのある一杯。春を感じるようになったら、是非召し上がって頂きたいですね。

「早蕨～春の輝き～」秋山さんレシピ

柚子リキュール（ふんわり鏡月　ゆず）…… 30ml
レモンフレーバー・ラム（バカルディ　リモン）…… 10ml
グリーンバナナ・シロップ（モナン）…… 10ml
レモン・ジュース …… 10ml
ヨーグルト・リキュール（ボルス）…… 1tsp

[作り方]

材料をシェイクして、カクテル・グラスに注ぐ。

SPECIAL THANKS

SEIJI AKIYAMA
秋山正治さん

趣味
バスケットボール

お気に入りの曲
Sergio Mendes
『What Is This?』

MEMO

Column

カクテルの大会、バー業界のイベント

バーテンダーの育成や飲料文化の発展を目的とした各協会、各メーカー、バーやカクテルのトレンドを発信するWebマガジン、特定のお酒の魅力を伝える団体などが主催し、年間を通して各地でさまざまなイベントが開催されています。その中の一部をご紹介します。

※毎年開催されるおよその時期です。詳しくは、各HPなどでご確認ください。

2月

●**バカルディ レガシー カクテル コンペティション 日本大会**

モヒート、キューバリブレに続く、次世代の定番となるカクテルを募集。代表に選ばれたバーテンダーは、世界大会へ。バカルディジャパン主催。

●**YOKOHAMA BAR'S DAY**

横浜にバーが誕生した2月24日を祝うカクテルパーティ。横浜発祥のカクテルが愉しめるほか、カクテルコンペティションも。

3月

●**全国バーテンダーズ・コンペティション**

PBO（プロフェッショナル・バーテンダーズ機構）が主催する最高栄誉の大会。「MVBカップ」での模擬カウンターによる接客審査は毎年盛り上がる。

●**ボルス・アラウンド・ザ・ワールド**

アサヒビール株式会社が販売するリキュール「ボルス」の製造会社、ルーカス・ボルス社が主催する世界規模のバーテンダーコンペティション。大会10周年を祝う2019年は、1チーム2～3名のチーム戦に。

4月

●**東京カクテル7デイズ**

都内のバー60店舗以上が参加するクラフトカクテルの祭典。2019年のカクテルテーマは〝ジャポニカ〟。

5月

●**東京 インターナショナル バーショー**

酒類・バー業界のビッグイベントで、毎年東京ドームシティで開催されている。さまざまなコンテンツがあり、女性バーテンダーによる「なでしこカップ」が好評。

6月

●**ワールドクラス　日本大会**

〝Raising the Bar〟をコンセプトに、キリン・ディアジオ株式会社が主催する世界最大級の

大会。秋には各国の優勝者が競い「ワールドクラス バーテンダー　オブ ザ イヤー」が選ばれる。

7月

●HBAクラシック創作カクテルコンペティション・チャンピオンシップ&カクテルフェスティバル

HBA（一般社団法人日本ホテルバーメンズ協会）主催のイベント。歴代チャンピオンや名バーテンダーのカクテルも試飲できる。

●PBOカクテル&バーフェスタ

名バーテンダーによるカクテル提供やトークセッション、カクテルコンペ優勝作品の試飲、バーテンダー体験など盛りだくさんのお祭り。

●ヨコハマカクテルコンペティション

N.B.A.（一般社団法人 日本バーテンダー協会）横浜支部が主催。伝説のバーテンダーの名前を冠した「金山二郎賞」や「澤井慶明メモリアル賞」などが設けられている。

9月

●全国バーテンダー技能競技大会

N.B.A.が主催する大会で、優勝者は10月に行われる世界大会（WCC）出場権が与えられる。「全国フレア・バーテンダー技能競技大会」も同時開催。

●サントリー ザ・カクテルアワード

サントリースピリッツ株式会社主催のカクテルコンペティション。1994年から毎年実施されている。

10月

●ワールド・カクテル・チャンピオンシップス（WCC）

世界最大のバーテンダー協会・IBA（国際バーテンダー協会）の大会。世界各国から代表選手が集い、世界一を目指して競技する。

●横濱インターナショナルカクテルコンペティション

山下公園前の「ワークピア横浜」で開催される大会。フレア部門もあり、海外からの参加者も。

11月

●ウイスキーフェスティバル in 東京

世界中のウイスキーが集まる展示試飲イベント。ウイスキー文化研究所主催。

その他、日本ラム協会&日本カシャッサ協会による「JAPAN RUM CONNECTION TOKYO」やJUASTがプロデュースする「TEQUILA FESTA / TEQUILA LOUNGE」などが開催されています。

4月 April

フルーツの種類が少ない時期ですが、そんな時はスタンダードカクテルを愉しみましょう。通年出回っているフルーツを用いたスタンダードカクテルや、野菜を使った一杯を注文してみても。人参やキュウリ、パプリカなど、野菜も美味しいカクテルに変身します。胡麻やチーズもカクテルに使えるって、ご存知でした?

JBA《ジェイビーエー》 BAR《バー》 SUZUKI《スズキ》

1967年創業、銀座の老舗バーはどこか温かい。故・鈴木マスターから受け継がれた1000種類以上のお酒と食事を約8mのロングカウンターでじっくり味わいたいですね。

SHOP INFORMATION

東京都中央区銀座5-4-15 ソニー通り西五ビル4F Tel.03-3572-0546
営業時間 18:00〜02:00（土·日·祝〜00:00）／無休
チャージ1,500円（ポテトチップスと焼きチーズの2品付き）、サービス料なし／席数 20
カクテル 1,250円〜、ウイスキー 1,150円〜（税込）

よしの　銀座のバーなんて、初めてだよ。は〜っ、緊張する。

味香　バーに詳しい先輩が勧めてくれたお店だから、安心して。老舗バーだけど、リラックスして飲めるって。〈扉を開ける〉

味香&よしの　こんばんは。

久野修平さん（以下、久野）　こんばんは。こちらの席へどうぞ。

味香　〈黒板を見て〉ひのき、オレンジ、グレープフルーツのジン・トニックかぁ。「鈴木マスター時代の味わい」って何だろう。

久野　そちらはレモンを使ったジン・トニックです。故・鈴木昇マスターが当店を創業した頃はライムがとても貴重な時代で、レモンの粉末を水で溶いてジン・トニックに入れていたそうです。今はフレッシュのレモン・ジュースを使っています。

よしの　私、それにしてみようかな。

味香　野菜のカクテルもあって、悩むわ。

よしの　「カブのジン・トニック」とかね。

味香　「アスパラのスーズトニック」や「タケノコのフローズンカクテル」も、想像がつかない。

久野　アスパラガスはスロージューサーでジュースにして、スーズと合わせます。アスパラギン酸は栄養ドリンクにも含まれていて、疲れているときにお勧めですね。タケノコはオロロソシェリーをベースに、鰹節を加えます。土佐煮をイメージして創作しました。

味香　どうしよう。う〜ん、「人参のファジー・ネーブル」にします。

—久野さんがカクテルメイキング—

よしの　レモンで作るジン・トニックもいいね。何か食べる？　「5日間煮込んだ鈴木のカレー」とか、パスタとか。

味香　私は「塩カツサンド」が気になる。ハーフで頂けますか？

久野　かしこまりました。

味香　あの、入り口のほうにトロフィーが置いてありますよね。もしかしてPBOカクテルコンペのですか？

久野　はい。ありがたいことに優勝させて頂きました。7回目の挑戦で、なんとか。
味香　実は先輩と一緒に観戦していました。最後の仮設バーでの審査、私までドキドキしちゃいましたよ。
久野　いらしてくださったんですね。ありがとうございます。
味香　トロフィーは、優勝されたバーテンダーさんが持ち回りで1年間預かっていると国立のバーで聞きました。
久野　「Bar Gemstone」の高野さんと川島さんですね。
よしの　カクテルコンペ、私も行ってみたい。優勝されたときのカクテルは、お店でも飲めますか?
久野　もちろんです。バナナクリーム・リキュールがベースで、少し甘めのカクテルです。
よしの　それをお願いします。
味香　私は薬膳カクテルメニューから「黒ゴマと豆乳のフロマージュカクテル」を。
よしの　養命酒のカクテルもある!
久野　養命酒は1日3回、20 mlずつ飲むと効果があると言われていますので、カクテルにも20 ml使っています。＜鈴木の塩カツサンドを差し出す＞
よしの　肉厚だね。テイクアウトもできるって書いてあるよ。
味香　さっぱりしてて、良いおつまみ。もっと食べられそう。

―久野さんがカクテルメイキング―

味香　フロマージュということは、チーズを使っているとか?
久野　マスカルポーネが入っています。エスプレッソ・リキュールとチョコレート、牛乳、オレオ、マスカルポーネを混ぜたティラミス風カクテルもありますよ。
よしの　オレオってクッキーの?　チーズやクッキーもカクテルに使えるんですね。優勝されたカクテルも美味しい。
味香　カクテルを創作するって凄いよね。
よしの　簡単なカクテルでいいから、自分で作ってみたいな。
久野　毎月第3土曜日の夕方からカクテルスクールを開講していますので、よろしければご参加ください。その月によってテーマが変わりまして、毎回3種類のカクテルを作ります。お客さまのオリジナルカクテル大会もございます。
よしの　参加してみたいね。
味香　カクテルスクールで勉強して、飲んで、カツサンドをお土産に持って帰ろうかな。
よしの　弟くんに?
味香　そうそう。来年就活だけど、どんな業界に入りたいか決まってないみたいでさ。話を聞いてほしいって言うから、今度バーに連れていってゆっくり聞こうと思って。
よしの　家だと話せないことが、バーなら話せたりするかもね。

本日のお会計

人参のファジー・ネーブル	1,550円
黒ゴマと豆乳のフロマージュカクテル	1,350円
鈴木の塩カツサンド ハーフサイズ	1,050円
チャージ	1,500円
計	5,450円

※合計は税込価格です

フレッシュ野菜を使ったヘルシーな一杯

健康志向を取り入れたカクテルのひとつで、今回は人参を使ってファジー・ネーブルをお作りしました。スロージューサーで皮つきのまま人参をすり潰して、コールドプレスジュースを作ります。人参はβカロテンが豊富で、免疫力の向上や抗酸化作用などの効果があります。

これに、完熟した白桃で造られた華やかなピーチ・リキュールを合わせます。オレンジ・ジュースにレモン・ジュースを加えたのは、味の輪郭をはっきりとさせるため。フレッシュで、飲みやすい一杯に仕上げました。

ほかにもパプリカのスプモーニや大根のブラッディ・シーザー、スイートコーンのピニャコラーダなどもございますので、いろいろと試してみてくださいね。

[ファジー・ネーブルのスタンダードレシピ]

- ピーチ・リキュール　45ml、オレンジ・ジュース　適量
- 氷を入れたタンブラーまたはゴブレットにピーチ・リキュールを注ぎ、オレンジ・ジュースで満たしてステアする。

「人参のファジー・ネーブル」久野さんレシピ

ピーチ・リキュール
(レジーナ ホワイトピーチ リキュール)‥ 30ml
人参ジュース………………………… 45ml
オレンジ・ジュース6:レモン・ジュース1の
比率で混ぜたもの…………………… 40ml

[作り方]

材料をタンブラーに入れ、氷を加えてステアする。

COCKTAIL RECIPE

薬膳効果も期待できる身体に優しいカクテル

マスカルポーネでティラミス風のカクテルを作ったことがきっかけで、チーズをカクテルに使い始めました。風味の良さだけでなく、薬膳効果も狙って黒ゴマをインフュージョンしたウォッカをベースにしています。黒ゴマは軽く炒って浸け込めば、1日で香りが出ます。

豆乳は飲みやすいように調製されたものもありますが、大豆と水のみで作られた無調整豆乳を選びました。大豆イソフラボンは、がんや骨粗鬆症予防になると言われていますよね。そのままでは少し飲みづらくても、こうしてカクテルにすれば美味しく頂けます。

シナモン・シロップで黒ゴマの風味を際立たせた、クリーミーなデザートカクテル。当店ではお食事にもチーズをご用意していますので、これからも新しいチーズカクテルを創作していきたいですね。

「黒ゴマと豆乳のフロマージュカクテル」久野さんレシピ

ウォッカ(ピナクル/黒ゴマインフュージョン)
……………………………………… 20ml
豆乳(無調整)……………………… 30ml
シナモン・シロップ(モナン)………… 15ml
(ガーニッシュ)
マスカルポーネ…………………… 1tbsp

[作り方]

材料とクラッシュド・アイスをブレンダーにかけて、カクテル・グラスに注ぐ。

SPECIAL THANKS

SHUHEI HISANO
久野修平さん

趣味
サッカー観戦

お気に入りの曲
平井 大『Slow & Easy』

MEMO

BAR《バー》 R《アール》

寿屋チェーンバーのプレートがぶら下がる、歴史あるバーが開店したのは1946年のこと。現在3代目が守る店内に、金銭登録機の音がチーンと鳴り響きます。

SHOP INFORMATION

神奈川県横浜市中区野毛町1-15 1F Tel.045-253-2588
営業時間 18:00~01:00／日曜休み
チャージ500円、サービス料なし／席数 30
カクテル　900円~、ウイスキー　800円~（税抜）

塚田浩司さん（以下、塚田）　こんばんは。いらっしゃいませ。

味香　こんばんは。あれっ、向こう側にもドアがありますね。

塚田　カウンターの左右、どちら側からでも入ったり出たりできるような造りになっています。〈メニューを差し出す〉

味香　この間、国立のバーで横浜発祥のカクテルがあると聞いて……何だったっけ。

塚田　バンブー、ヨコハマ、チェリー・ブロッサム、ミリオン・ダラーのいずれかでしょうか。

味香　そう、チェリー・ブロッサムでした。バンブーというのは？

塚田　ドライ・シェリーとドライ・ベルモット、オレンジ・ビターズで作る、ややドライでキリッとした味わいのカクテルです。

味香　バンブーをお願いします。それと、「シーザーサラダ」を。

—塚田さんがカクテルメイキング—

味香　バンブーは、どなたが創作されたカクテルですか？

塚田　横浜グランドホテルの支配人だったルイス・エッピンガーさんが、1890年に創作したと言われています。日本で生まれて世界的に有名になった初めてのカクテルですね。ミリオン・ダラーもエッピンガーさんによるものとされていますが、本当のところはわかっていません。

味香　チェリー・ブロッサムは？

塚田　伊勢佐木町にあったバー「カフェ・ド・パリ」の田尾多三郎さんが考案されました。いまは常盤町に移転して「パリ」という店名になっています。

味香　ヨコハマも気になります。

塚田　横浜港の日の出をイメージしたカクテルと言われていまして、創作者は不明です。ジンとウォッカを両方使う珍しいカクテルですね。〈シーザーサラダを差し出す〉

味香　このあたりは昔からバーが多かったんでしょうね。

味香　横浜はバーの街ですからね。ここも1946年、昭和21年から営業しています。
塚田　ということは、もう70年以上？　老舗ですね。
味香　親子三代で通ってくださるお客さまもいます。
塚田　＜メニューを見て＞「エイヒレ」「キュウリの梅こぶ和え」なんて、なかなか渋いメニュー……。
味香　ご年輩のお客さまが、ハイボールのおつまみにエイヒレをご注文されます。
塚田　クジラベーコンもありますね。
味香　それは、近隣のお寿司屋さんが持ってきてくださったのがきっかけで。野毛はクジラを提供するお店が多いんですよ。
塚田　そうなんですね。さっき教えて頂いたヨコハマを頂けますか？

―塚田さんがカクテルメイキング―

味香　思ったより甘くて飲みやすいですね。
塚田　ジンとウォッカが入っている割りには、口当たりがいいと思います。
塚田　塚田さん、お会計をお願いします。
客A　かしこまりました。＜レジ横の取っ手をくるくると回すと、チーンという音が鳴る＞
塚田　ご馳走さまでした。
客A　あまり見かけないレジですね。
味香　昭和初期に、日本NCRが創った金銭登録機です。
塚田　バックバーに下がっているプレートは？
味香　サントリーさんから送って頂いたチェーンバーのプレートです。〝KOTOBUKI-YA CHAIN BAR〟とあるように、当時は寿屋でした。1963年から頂いたプレートを繋げていますが、すべて繋げるとかなり長くなってしまうので飾ってあるのは一部です。
塚田　レジといいプレートといい、歴史を感じますね。
味香　＜ピアニストが歩いてくる＞
味香　これからピアノの演奏ですか？
塚田　ちょうど今日はピアノの日で。毎月第3火曜日は、20時から3ステージあります。
味香　1ステージ聴いて、出ようかな。さっきこの界隈を歩いていたら、気になるお店ばかりで迷っちゃいました。焼鳥屋の「末広」とか、バルの「バジル」とか。
塚田　どちらも人気店ですね。最近は若い人も野毛にいらっしゃいますから、その流れで当店にもお越し頂いています。路面店で左右に扉があるから入りやすいのかもしれません。
味香　右から出るか、左から出るか……。
塚田　野毛はハシゴ酒をされるお客さまが多いので、いつも同じお店に行かれる常連さんは同じ扉から出て行かれます。
味香　いいなぁ、ハシゴ酒！
塚田　野毛の夜を楽しんでくださいね。

本日のお会計

バンブー	1,000円
ヨコハマ	1,000円
ロメインレタスのシーザーサラダ	800円
チャージ	500円
計	3,300円

※合計は税込価格です

日本生まれのキリッとしたクリアな味わい

キリッとした味わいのバンブーは、食前酒にぴったり。日本生まれのカクテルで、「竹」の名が付いています。「竹を割ったよう」という言葉があるように、すっきりと気持ち良く飲める一杯ですね。

ミキシング・グラスに氷を半分ほど入れたら、ステアして余分な水を切ります。シェリーは冷蔵庫で冷やしてありますが、やや長めのステアで飲みやすく。ティオ・ペペはフィノ・シェリーの定番で、カクテルベースだけでなくお料理にも合います。

辛口シェリーの味わいを前面に出しつつ、ベルモットの深みも感じられるよう仕上げました。このカクテルが気に入ったら、ティオ・ペペ単体でも召し上がってみてくださいね。

[バンブーのスタンダードレシピ]

- ドライ・シェリー　40ml、ドライ・ベルモット　20ml、オレンジ・ビターズ　1dash
- 材料をステアして、カクテル・グラスに注ぐ。

「バンブー」塚田さんレシピ

シェリー（ティオ・ペペ）…………………… 45ml
ドライ・ベルモット
（ノイリー・プラット ドライ）…………… 15ml
オレンジ・ビターズ（ノールズ）……… 1dash

[作り方]

ミキシング・グラスに材料を入れてステアし、カクテル・グラスへ注ぐ。

COCKTAIL RECIPE

横浜の名が付く色鮮やかなカクテル

横浜港の日の出をイメージして創作されたとか、横浜に寄港する外国客船のバーで生まれたなど諸説あるカクテル「ヨコハマ」。船の中から遠くに昇る朝日を眺めているようなシーンを思い浮かべて、お作りしています。

ジンとウォッカを使った強いカクテルと思われがちですが、オレンジ・ジュースとグレナデン・シロップが同量入っていて、甘味があるので飲みやすいですね。このカクテルの素晴らしいところは、ペルノの存在感です。

たった1dashだけでも、これが入るのと入らないのとでは大違い。この少量のペルノが、ヨコハマというカクテルを作り上げているのではないでしょうか。

[ヨコハマのスタンダードレシピ]

- ドライ・ジン　20ml、ウォッカ　10ml、オレンジ・ジュース　20ml、グレナデン・シロップ　10ml、ペルノ　1dash
- 材料をシェイクして、カクテル・グラスに注ぐ。

「ヨコハマ」塚田さんレシピ

ジン（ビーフィーター）…………………… 20ml
ウォッカ（アブソルート）………………… 10ml
オレンジ・ジュース ……………………… 20ml
グレナデン・シロップ…………………… 10ml
アニス・リキュール（ペルノ）………… 1dash

[作り方]

材料をシェイクして、カクテル・グラスへ注ぐ。

SPECIAL THANKS

KOUJI TSUKADA
塚田浩司さん
趣味
バレーボール
お気に入りの曲
Billy Joel
『Piano Man』

MEMO

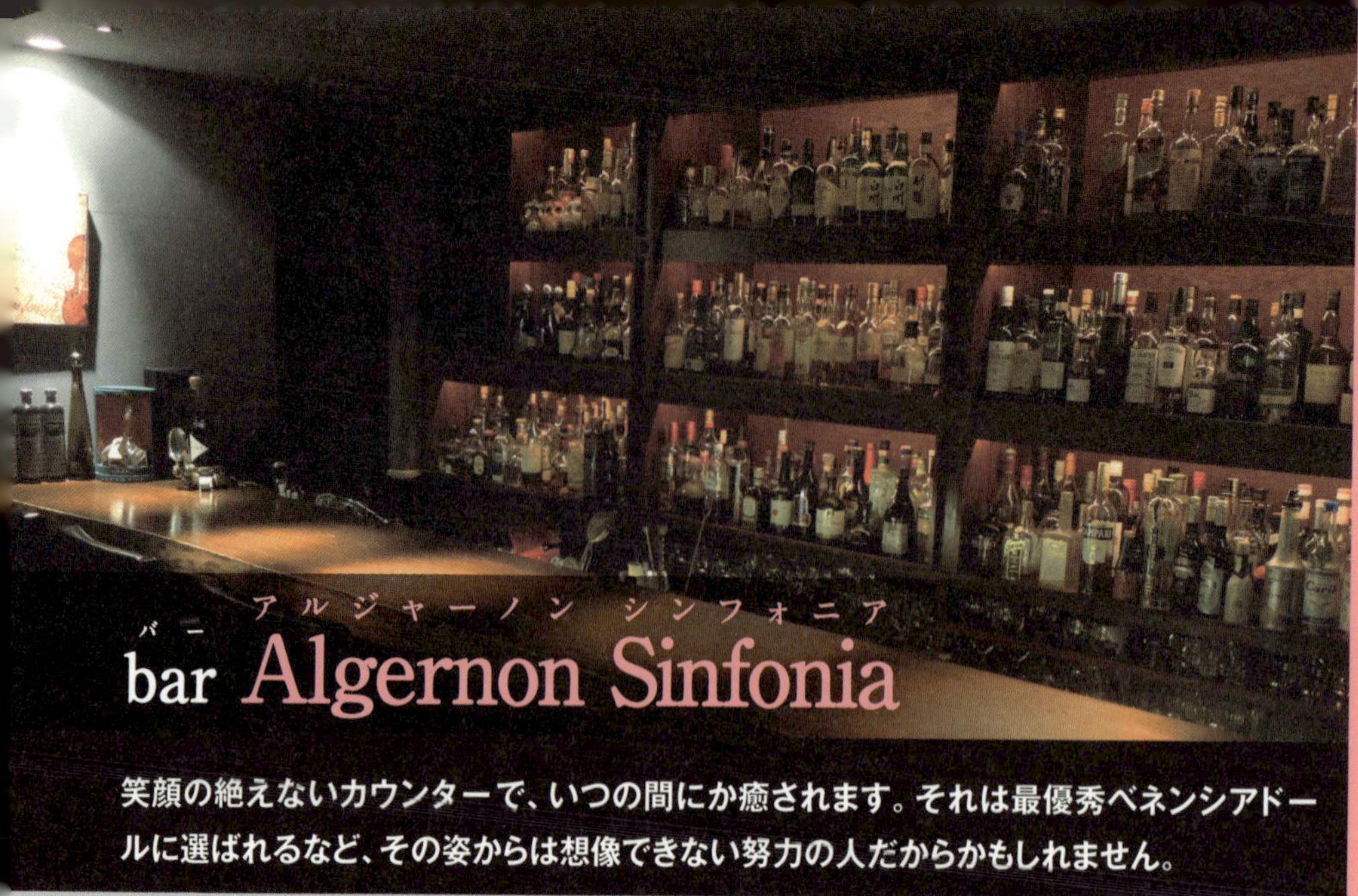

バー《bar》 アルジャーノン シンフォニア

bar Algernon《アルジャーノン》 Sinfonia《シンフォニア》

笑顔の絶えないカウンターで、いつの間にか癒されます。それは最優秀ベネンシアドールに選ばれるなど、その姿からは想像できない努力の人だからかもしれません。

SHOP INFORMATION	
	東京都港区赤坂3-10-6 雪華堂ビル3F Tel.03-3586-0535
	営業時間 17:30~00:00(金~02:00)／日曜・祝日 休み
	チャージ 700円、サービス料なし／席数 14
	カクテル 800円~、ウイスキー 600円~(税抜)

客A　何階ですか?

味香　3階をお願いします。……あっ。

客A　僕も小栗さんのお店です。

味香　私は初めてで。

客A　この時間だと、カレーか豚丼が食べられますよ。

味香　えっ!?〈エレベーターが開く〉

小栗絵里加さん(以下、小栗)　こんばんは。こちらの席へどうぞ。キーマカレーか豚丼をお通しでお出ししていますが、いかがですか?

味香　カレーをお願いします。そのドクロみたいなボトルは?

小栗　インパクトがありますよね。スカルをイメージした「カー」というテキーラです。

味香　その下のボトルもテキーラですか?

小栗　はい、こちらは「プラビダ」という銘柄です。ブルーアガベ100%で、エレガントな味わいですね。

味香　ブルーアガベ?

小栗　テキーラの原材料で、竜舌蘭の一種です。サボテンと間違われたりしますがアロエに近いもので、ブルーアガベのみで造られたものは一般的にプレミアム・テキーラと呼ばれています。アガベを51%以上使用して、サトウキビの糖蜜や砂糖、ブドウ糖などで補糖したものはシンプルに「テキーラ」ですね。

味香　プレミアムかぁ。そのまま飲んでみたいけど、まずは「マルガリータ」をください。

—小栗さんがカクテルメイキング—

小栗　実は先日、マルガリータの日が制定されました。2月22日が「National Margarita Day」で、同じ日に日本でもということで。海外でテキーラはとても人気があって、ジョージ・クルーニーやジャスティン・ティンバーレイクなど有名人がオリジナルブランドをプロデュースするほどです。〈キーマカレーを差し出す〉

味香　うわっ、お通しレベルじゃなく普通サイズですね。

小栗　当店も含めた系列の8店舗でピザやパスタ、リゾットなどを早い時間帯にお越し頂いたお客さまにサービスでお出ししています。バーを気軽に利用して頂きたくて。ひとりではなく、バーテンダーやお客さま同士で会話をしながら楽しく食事をして頂きたいなと。「BARゴハンプロジェクト」と呼んでいます。

味香　素敵なアイデアですね。〈バックバーを見て〉バイオリンが飾ってありますが、お好きなんですか?

小栗　はい、北海道の音大でバイオリンを学んでいました。

味香　豚丼が帯広風だったり、鮭とばがあるのはそれでですね。いつ東京に?

小栗　20歳の時です。バイオリンを学びつつバンド活動もしていたら、芸能事務所にスカウトされて。でも芸能界は厳しかったですね。何かアルバイトをと思ってバーの仕事を始めたら、この世界が好きになりました。

味香　そうだったんですね。もう1杯、テキーラベースのショートカクテルを頂けますか?

—小栗さんがカクテルメイキング—

小栗　テキーラとカシス、レモン・ジュースをシェイクした「メキシコ・ローズ」です。

味香　色が綺麗ですね。

小栗　個人的に好きなカクテルで、昨年の「東京カクテル7デイズ」でも作りました。春に都内で行われるカクテルイベントです。

味香　お酒のイベント、多いですよね。

小栗　「テキーラフェスタ」は東京、名古屋、大阪、博多で開催されています。200種類くらいのテキーラとメスカルが飲み放題で、トークショーやライブ、カクテルコンペティションがあります。

味香　楽しそう!

小栗　「クエルボエクスプレス」というテキーラ列車もあったり。

味香　日本でですか?

小栗　品川駅発着のお座敷列車を貸切って、テキーラとカクテルを楽しむイベントです。本場メキシコと同じように、マリアッチの演奏を聴きながら飲めますよ。

味香　もっとテキーラを飲んでみたいな。ロングカクテルでお勧めは?

小栗　テキーラとグレープフルーツ・ジュース、トニックウォーターで作る「パローマ」はすっきりと召し上がれます。現地ではグレープフルーツ味の炭酸「スクワート」を使いますが、日本にはないのでキリン・メッツのグレープフルーツで代用すると近い味になるようです。

味香　今度はそれを飲んでみます。

小栗　専門バーも増えてきましたので、いろいろと行ってみてください。

本日のお会計

マルガリータ	1,100円
メキシコ・ローズ	1,100円
チャージ	700円
	計 3,132円

※合計は税込価格です

※キーマカレーの価格はチャージに含まれます

プレミアムテキーラをベースにしたマルガリータ

ブルーアガベ100%のテキーラ「サウザ ブルー」をベースにしたマルガリータです。サウザ ブルーはまろやかでクセがなく、使いやすいですね。ホワイト・キュラソーはフランス・ロワール地方のソミュールで造られたもので、比較的さっぱりとした味わい。これらに、予め搾って酸味を落ち着かせたライム・ジュースを加えます。

シェーカーに入れるクラックド・アイスは、7～8個ほど。グラスにリムドした塩はマルガリータソルトで、マルガリータといえばやっぱりこれですよね。

普段からテキーラを飲まれるお客さまには、「カーサ・デ・ルナ ブランコ」や「ドン・ナチョ ブランコ」をベースにお作りすることもあります。銘柄を変えながら、お好みのマルガリータを探してみてください。

[マルガリータのスタンダードレシピ]

- テキーラ　30ml、コアントロー　15ml、ライム・ジュース　15ml
- 材料をシェイクして、塩でリムドしたカクテル・グラスに注ぐ。

「マルガリータ」小栗さんレシピ

テキーラ（サウザ ブルー）	30ml
ホワイト・キュラソー（ソミュール）	15ml
ライム・ジュース	15ml
（ガーニッシュ）塩	適量

[作り方]

材料をシェイクして、
塩でリムドしたカクテルグラスに注ぐ。

COCKTAIL RECIPE

薔薇のような色をした情熱的なショートカクテル

マルガリータと同じサウザ ブルーを使ってお作りしました。熟成したレポサドをベースにするのもお勧めで、絹のように滑らかな「ドン・フリオ レポサド」は甘さに厚みがあってよりコクを感じますし、「プラビダ レポサド」は甘さと爽やかさが共存した飲みやすいテキーラです。

カシスリキュールは色も味わいも濃厚で、上品な雰囲気のフィリップ・ド・ブルゴーニュを。メキシコ・ローズという名前に相応しい真っ赤な色が出て、心地よい余韻が口の中に広がります。

女性はもちろんのこと、男性にも飲んで頂きたい色気のあるカクテル。夜景を眺めながら飲めたら素敵ですね。

[メキシコ・ローズのスタンダードレシピ]

- テキーラ　36ml、クレーム・ド・カシス　12ml、レモン・ジュース　12ml
- 材料をシェイクして、カクテル・グラスに注ぐ。

「メキシコ・ローズ」小栗さんレシピ

テキーラ（サウザ ブルー）	36ml
クレーム・ド・カシス（フィリップ・ド・ブルゴーニュ）	12ml
レモン・ジュース	12ml

[作り方]

材料をシェイクして、カクテル・グラスに注ぐ。

SPECIAL THANKS

ERIKA OGURI
小栗絵里加さん

趣味
バイオリン

お気に入りの曲
マキシム・ヴェンゲーロフ演奏
チャイコフスキー
『ヴァイオリン協奏曲』

MEMO

Bar《バー》 ウォーカー

色とりどりのジョニーウォーカーと、ストライディングマンに会える場所。彼らに見守られながら、バーも客人も歩み続けています。"KEEP WALKING！"

SHOP INFORMATION	
	東京都渋谷区幡ヶ谷2-7-9 酒井ビルB1F Tel.03-3370-0011
	営業時間 18:00～02:00／日曜 休み
	チャージ　700円、サービス料なし／席数 12
	カクテル　1,000円～、ウイスキー　1,000円～（税込）

味香　「ウォーカー」かぁ、ここの地下かな？〈階段を下りていく〉

渡辺晋さん（以下、渡辺）　こんばんは。

味香　こんばんは。……あちこちに帽子とステッキの人がいますけど、何かのキャラクターですか？

渡辺　ジョニーウォーカーの「ストライディングマン（闊歩する紳士）」です。

味香　？？

渡辺　ジョニーウォーカーは、世界で一番売れているスコッチウイスキーです。ご覧のとおりラベルの色がいくつかありまして、レッド、ブラック、グリーン、ゴールド、プラチナム、ブルーなど。「ジョニ赤」「ジョニ黒」って、聞いたことはありませんか？

味香　なんとなく、ある気がします。よく飲まれているウイスキーなんですね。

渡辺　1秒間に6本が消費されると言われています。

味香　え～っ、すごい！

渡辺　そのジョニーウォーカーのブランドマークが、ストライディングマンです。キャラクターだけでなく、ボトルが四角かったり、ラベルが斜めに貼られていたり、他社製品と差別化を図るために工夫したデザインが今も受け継がれています。

味香　昔からある銘柄ですか？

渡辺　商標登録されたのが1909年です。

味香　ジョニーウォーカーを使ったカクテルを飲んでみたいです。ハイボール以外のロングカクテルでお願いします。

―渡辺さんがカクテルメイキング―

渡辺　「マミー・テイラー」、別名「スコッチ・バック」です。「チーズとペッパーのかりんとう」もどうぞ。

味香　グリッシーニみたいですね。

渡辺　似ていますが、かりんとうなんです。近くのお菓子屋さんから仕入れてまして。

味香　カクテルに合いますね。

渡辺　お客さまのドリンクに合わせて、おつまみをお出しするようにしています。

味香　同じジョニーウォーカーでも、ラベルによって味は違いますか？

渡辺　レッドは比較的ライトでスムース、ブラックは12年以上熟成されたモルトやグレーンをブレンドしているので、フルーティさやスパイシーさが複雑に絡み合っています。グリーンは15年以上熟成されたモルトだけをブレンドした力強く奥深い味わいで、ゴールドは厳選された原酒を使った華やかなウイスキー。共通しているのはスモーキーさですが、それぞれの個性が愉しめます。プラチナムやブルーは、ちょっと高級なウイスキーですね。

味香　好きな色で選びたくなっちゃいますね。ジョニーウォーカーでショートカクテルを作って頂けますか？

渡辺　「ロブ・ロイ」や「サイレントサード」、それからアレキサンダーのベースをスコッチに変えたものなどがご用意できます。

味香　アレキサンダーは、ブランデーがベースでしたよね？　スコッチベースも飲んでみようかな。

渡辺　「スコッチ・アレキサンダー」と僕は呼んでいます。

―渡辺さんがカクテルメイキング―

渡辺　先ほどのかりんとうと、同じお菓子屋さんのものです。＜フィナンシェを差し出す＞ウイスキーの香りが引き立ちますよ。

味香　それほどバーを知っているわけではないんですけど、シェイクが独特ですよね？

渡辺　確かにあまり見かけないかもしれません。以前いたバーの影響で。

味香　どちらにいらしたんですか？

渡辺　銀座の「Bar Dolphy」です。そこで、田辺さんという人にいろいろと教えて頂きました。ドリンクに合わせておつまみをお出しするのも、そうですね。いまは横浜の中華街にお店を出されて、そちらに立たれています。

味香　そういえば、お店の名前はジョニーウォーカーから？

渡辺　ええ、ジョニーウォーカーに思い入れがあって。新宿の「ｒｉｔｂａｒ」に勤めていた頃、店長が初めて水割りを教えてくださったときに「好きなベースを選んでいいよ」と言われて偶然手にとったのがジョニ黒でした。その店長は今、新宿で「ブリューダー」というお店を営業されています。

味香　えっ⁉　行ったことあります。

渡辺　そうでしたか。あとジョニーウォーカーは〝KEEP WALKING（歩き続ける）〟というコンセプトがあって、僕もお客さまと共に歩み続けたいという思いも込めています。

味香　かっこいい〜！

本日のお会計

マミー・テイラー	1,200円
スコッチ・アレキサンダー	1,400円
チャージ	700円
	計　3,500円（端数切り捨て）

※合計は税込価格です

※フードの価格はチャージに含まれます

スコッチの風味を引き立てる爽やかな酸味

当店の看板でもあるジョニーウォーカーを使用して、「マミー・テイラー」をお作りしました。レッドラベルはロングカクテルに万能で、果汁やジンジャーエールの味わいを邪魔しません。熟成感があるとやや重くなって一体感が出づらいのと、ゴクゴク飲んで頂きたくてレッドラベルを選びました。

冬場でライム果汁が採れない場合はレモンで代用しますが、基本的にはライムを使っています。その場で搾ったものと、あらかじめ搾ってカラフェで酸味を落ちつかせた果汁を1/2～1tspほど。ライムは個体差があるので、毎回ライムミックスを作ります。

ハイボールもお勧めですが、もしウイスキーが苦手ならこのカクテルも試してみてください。きっと、飲みやすいと思いますよ。

[マミー・テイラーのスタンダードレシピ]

- スコッチ・ウイスキー　45ml、レモン・ジュース　20ml、ジンジャーエール　適量
- 氷を入れたタンブラーにウイスキーとレモン・ジュースを入れて、ジンジャーエールで満たす。軽くステアする。

「マミー・テイラー」渡辺さんレシピ

スコッチ・ウイスキー
(ジョニーウォーカー レッドラベル) … 45ml
ライム …… 1/4個
ライム・ジュース …… 1tsp
ジンジャーエール
(ウィルキンソン　ドライ) …… 適量
(ガーニッシュ)ライム・スライス …… 1枚

[作り方]

①氷を入れたタンブラーにウイスキーを注ぎ、ライムを搾る。
②ライム・ジュースを加えてステアし、ジンジャーエールで満たして軽くステアする。
③ライム・スライスを飾る。

COCKTAIL RECIPE

まろやかな口当たりの重厚な一杯

「アレキサンダー」のベースであるブランデーをスコッチに変えたカクテルです。12年熟成のブラックラベルと動物性の生クリームを使用して、重厚な一杯に仕上げました。植物性のホイップより動物性のほうがコクがありますが、分離しやすいのでシェイク前に一度撹拌させて滑らかにしています。

普段シェイクに使う氷は、不揃いな形です。それを細かく砕いてから水通しをして、あえて緩くすると、適度に加水されてシェイクするときに空気が入りやすくなります。氷の量は、シェーカーの8分目まで。上から叩きつけるような振り方は、師匠から学びました。

シングルモルトがお好きなお客さまには、ジョニ黒を20mlに抑えて、残りの10mlはタリスカーやカリラ、グレンファークラスを加えるなど、アレンジしてお出ししています。

【アレキサンダーのスタンダードレシピ】

- ブランデー　30ml、クレーム・ド・カカオ　15ml、生クリーム　15ml
- 充分にシェイクして、カクテル・グラスに注ぐ。好みで、ナツメグを振りかける。

「スコッチ・アレキサンダー」渡辺さんレシピ

スコッチ・ウイスキー(ジョニーウォーカー
ブラックラベル12年) …… 30ml
カカオ・リキュール
(ボルス クレーム・ド・カカオ ブラウン)‥ 30ml
生クリーム …… 30ml

[作り方]

①材料をクリーマーで撹拌する。
②①をシェイクして、カクテル・グラスにダブルストレイン。

SPECIAL THANKS

SHIN WATANABE
渡辺晋さん

趣味
バス釣り

お気に入りの曲
Keith Jarrett
『The Köln Concert』

MEMO

BAR《バー》 PREZ《プレズ》

ジンが苦手、ウイスキーはキツイ、そんな人に来て頂きたい。どんな素材もこの手にかかれば、美味しいカクテルに大変身。そのうち、生（き）で味わうようになったりして。

SHOP INFORMATION

神奈川県横浜市中区山下町129-11 Tel.045-264-8199
営業時間 17:00~00:00／木曜休み
チャージ、サービス料なし／席数 8
カクテル　1,200円~、ウイスキー　1,200円~（税抜）

味香　中華街、何年ぶりだろう……。美味しいお店を教えて頂いて、有難うございました。

凛　「同發」は焼き物が有名だから、お土産によく叉豚を買って帰ったりしたよ。

味香　凛さん、前はこのあたりにお住まいでしたもんね。お勧めのバー、教えてほしいです。

凛　もちろん、案内するつもり。この道を抜けた場所に、最近オープンしたバーがあって。

味香　行きましょう！〈1階に花屋がある建物の階段を上っていく〉

凛　こんばんは。

田辺武さん（以下、田辺）　あっ、凛さん。遠いところをありがとうございます。

凛　江ノ島よりは近いですから。

味香　江ノ島？

凛　前は江ノ島のバーに立たれていたんだけど、ほかの人にお店を任せて此処をオープンされたの。江ノ島のお店は目の前に川が流れていて、オーセンティックだけど開放感があるとても素敵なバーだよ。夏はウッドデッキでブランデーと葉巻を愉しむ人がいたり。

味香　聞くだけで行ってみたくなりますね。凛さん、何を飲みます？

凛　「サンタバーバラ」にしようかな。

味香　私はどうしよう。

凛　良かったら、味香ちゃんには「パラダイス」を飲んでほしいな。

味香　凛さんのお勧めなら飲みますよ〜。

─田辺さんがカクテルメイキング─

味香　オレンジが濃厚で美味しい！

凛　まさにパラダイスな味だよね。

田辺　バニラのアイスクリームをどうぞ。バルサミコを少しかけてあります。

味香　江ノ島にバーがあるんですね。海の家のイメージしかなくて。

田辺　ほとんどありませんよ。バー文化がない町なので、あえてそこで挑戦してみました。

凛　「Ｂａｒ ｄ」っていうバーで、片瀬江ノ島駅前にあるの。15時オープンだから、都内から出かけていってもゆっくり飲めちゃう。実際、都内からのお客さんも多かったんじゃないですか？

田辺　そうですね。結構いらしてくださいました。

味香　凛さんのカクテル、サンタバーバラでしたっけ？　どんなカクテルですか？

田辺　バーボンがベースで、グレープフルーツ・ジュース、アプリコット・ブランデー、シロップにレモンを加えてシェイクしています。

凛　あまりメジャーなカクテルじゃないけど、田辺さんにお勧めされてから飲んでるの。これは「Ｉ．Ｗ．ハーパー」を2種類、味香ちゃんのもジンを2種類使っていたでしょ？　ほかにもいろいろな隠し味や工夫があって、田辺さんのカクテルにはいつも驚かされるんだよね。

味香　次の一杯も、お勧めしてくださいよ。

凛　いいの!?　う～ん、「アラウンド・ザ・ワールド」かな。私は「ルシアン」で。

―田辺さんがカクテルメイキング―

味香　アラウンド・ザ・ワールド、世界一周ってこと？

凛　爽やかで美味しいでしょ？　これ、スタンダードレシピが苦手な人でも飲めると思う。

田辺　ペパーミント・リキュールが苦手なお客さまもいらっしゃいますからね。フレッシュのミントを使っているので、飲みやすいと思います。＜コンゴのカカオ「クゥワシィリ クリオロ」と、ピンクペッパーをチョコレートでコーティングした「ピミエンタ ロサ」を差し出す＞

凛　どちらのチョコレートですか？

田辺　スペインのショコラテリア「カカオ サンパカ」のものです。

味香　最近、バーで美味しいものに出会っている気がする……。

凛　カクテルだけじゃなくて、おつまみも新しい出会いがあるよね。

田辺　＜凛に「ルシアン」を差し出す＞お待たせいたしました。

凛　ん～、美味しい！

味香　あれ？　さっきからデジャヴが。もしかして幡ヶ谷のバー「ウォーカー」をご存知ですか？

田辺　晋くんですか？　銀座のお店で働いてくれました。

味香　やっぱり！　シェイクとか、おつまみとか、なんか見たことがあるなぁって。この前伺ったばかりです。

凛　凄い偶然、というか引き寄せられたんだね。

味香　こういう繋がりって、不思議だなぁ。場所は全然違うのに。

凛　点と点が、線になると面白いよね。きっと、これからもっと繋がっていくよ。

本日のお会計

パラダイス	1,400円
アラウンド・ザ・ワールド	1,400円
チャージ	0円
	計　3,000円（端数切り捨て）

※合計は税込価格です

※フードの価格はカクテルに含まれます

オレンジの濃厚な味わいを感じる華やかな一杯

柔らかい風味のエギュベルをベースにすると、オレンジの味が乗りやすくなります。ただ、やや味わいがぼやけてしまうため、ビーフィーターを加えて引き締めました。エギュベルは常温、ビーフィーターは冷凍。基本的に冷凍はしませんが、今回はビーフィーターの硬さが必要でした。

ショートカクテルにオレンジ・ジュースを使うと、どうしても薄くなってしまいます。そこで、鍋で半分の量になるまでコトコト煮詰めて果汁200%に。ほかの素材の状態によって、レモンや粉砂糖を1tsp加えて甘酸味を整えます。

パッションフルーツ・ジュースは“つなぎ”の役割で、たった1tspで華やかな印象になる抜群の調味料です。オレンジは煮詰めるとギュッと濃縮されますが、香りが飛ぶので最後にピールをかけました。

[パラダイスのスタンダードレシピ]

●ドライ・ジン　30ml、アプリコット・ブランデー　15ml、オレンジ・ジュース　15ml
●材料をシェイクして、カクテル・グラスに注ぐ。

「パラダイス」田辺さんレシピ

ジン（エギュベル）	20ml
ジン（ビーフィーター）	10ml強
アプリコット・ブランデー（マリーフランソワーズ）	10ml強
オレンジ・ジュース	20ml弱
パッションフルーツ・ジュース	1tsp
オレンジ・ピール	1片

[作り方]

①オレンジ・ピール以外の材料をシェイクして、カクテル・グラスにダブルストレイン。
②オレンジ・ピールをかける。

COCKTAIL RECIPE

飲みやすいフレッシュなアラウンド・ザ・ワールド

リキュールもジュースも使わない、フレッシュなアラウンド・ザ・ワールド。ブレンダーにかけた後、空気を入れてしっかり冷えるようにシェイクします。全体的にドロッとしたテクスチャーなので、ぬるいと口当たりが重たくなってしまいます。

氷はクラックド・アイスより少し大きめのものを5～6個ほど。大きいほうがシェーカー内に空間ができて、より空気が入ります。上から下へ向かって大きく振るのも、できる限りカクテルに空気を取り込むためです。

カクテルならジンやウイスキーが飲める、苦手な野菜やフルーツも気にならない、という人は結構いらっしゃいます。カクテルを通じていろいろな素材を愉しんで、ゆくゆくはジンやウイスキーなどを生（き）で味わう世界を知って頂けたら嬉しいですね。

[アラウンド・ザ・ワールドのスタンダードレシピ]

●ドライ・ジン　40ml、ペパーミント・グリーン　10ml、パイナップル・ジュース　10ml
●材料をシェイクして、カクテル・グラスに注ぐ。ミント・チェリーを飾る。

「アラウンド・ザ・ワールド」田辺さんレシピ

ジン（エギュベル）	30ml
ペパーミント	4枚
パイナップル	1/8個

[作り方]

①材料をブレンダーに入れて、撹拌する。
②①を漉しながらシェーカーに入れてシェイクし、カクテル・グラスに注ぐ。

SPECIAL THANKS

TAKESHI TANABE
田辺武さん

趣味
サックス演奏

お気に入りの曲
RITA REYS & LOUIS VAN DIJK
『Two For Tea』

MEMO

5月 May

1806年5月13日、アメリカの新聞「バランス・アンド・コロンビア・リポジトリ」に、初めてカクテルの定義『カクテルとは蒸留酒に砂糖、水、ビターズを混ぜた興奮飲料である』が掲載されました。そのことから5月13日は「カクテルの日」となり、その前後に日本でもさまざまなイベントが開催されるように。是非参加してみてくださいね!

Bar《バー》 Veille《ヴェイユ》

もっと身近にバーとフレンチを。自家製シャルキュトリーやフォアグラを使ったスペシャリテが、バーで味わえます。今宵はちょっと、夜更かししてみませんか？

SHOP INFORMATION

東京都大田区大森北1-8-15　ラ・トゥール・ヴェルディB1F　Tel.03-6450-0068	
営業時間 18:00～04:00／不定休	
チャージ、サービス料　10%／席数 22～24	
カクテル　800円～、ウイスキー　800円～（税抜）	

田島実さん（以下、田島）　こんばんは。こちらの席へどうぞ。

味香　〈隣の先客に〉失礼します。

田島　ジンはどのようなものにしましょうか？

客A　ちょっとスパイシーな感じがいいですね。

田島　でしたら、「オールドラジェ」がお勧めです。

客A　あれ？　ケイデンヘッドって書いてあるけど、ウイスキーのボトラーズの？

田島　はい、イギリスのウィリアム・ケイデンヘッド社が造っているジンです。

客A　それをください。ジンは何種類くらい置いているんですか？

田島　いまは40種類ほどですが、ジンがよく出る夏は60種類くらいでしょうか。

味香　（60種類!?　そんなにジンがあるんだ……）

田島　お待たせいたしました。

味香　あっ、ジン・トニックをください。

田島　ジンのご指定はありますか？　柔らかいもの、フルーティなものなど、お好みを仰って頂ければ。

味香　柔らかいもので。あと、「イサキのムニエル」もお願いします。

田島　よろしければ、ムニエルに合わせてジン・トニックをアレンジしましょうか？

味香　はい、お任せします。

―田島さんがカクテルメイキング―

田島　ムニエルのソースに入っているオレガノ、タイム、マジョラムをカクテルにも使いました。

味香　いい香り。ワイングラスでジン・トニックを飲むのは初めてです。

田島　一般的にはタンブラーが使われると思いますが、香りを愉しんで頂きたくて。

味香　ジンにも、香りが付いていますよね？

田島　ジュニパーベリーが主に使われていますが、レモン・ピールやオレンジ・ピール、コリアンダーやカルダモンなどメーカーによって使用するボタニカルは異なります。

味香　ジュニパーベリー?

田島　ヒノキ科の常緑樹で、その実がジンの風味付けに使われています。爽やかでスパイシーですが、甘さもあって森林を思わせるウッディな香りがするんですよ。＜イサキのムニエルを差し出す＞

味香　ジンって、たくさん種類があるんですね。

田島　最近はクラフトジンがブームですからね。ウイスキーを製造している蒸留所も、ジンを造っています。ウイスキーと違って時間をかけずに造ることができますし、ボタニカルで個性を出しやすいのもあって、小さい蒸留所が増えています。京都にも蒸留所ができて、「季の美」というジンが生まれました。

味香　「きのび」かぁ。

田島　ボタニカルに玉露や柚子、ヒノキ、山椒といった日本ならではの素材を取り入れていて、美味しいですよ。

味香　想像がつかないけど、素材からして和風ですね。もう一杯、ジンを使ったカクテルを頂けますか?

田島　アルコール度数が高いものでよろしければ、「マティーニ」はいかがでしょう。ジンとベルモットで作るカクテルですが、ウイスキーもちょっと加えて。

味香　お願いします。

―田島さんがカクテルメイキング―

田島　スコットランドのアイラ島にあるブルックラディ蒸留所で「ザ・ボタニスト」というジンが造られています。そのボタニストとアペリティフワインの「リレ・ブラン」をシェイクして、上にブルックラディをフロートしました。同じ蒸留所で造られたジンとウイスキーのコラボです。

味香　面白いマティーニですね。ムニエルご馳走さまでした。＜フードメニューを見て＞シャルキュトリーもありますけど、シェフがいらっしゃるとか?

田島　いえ、僕が作っています。

味香　えぇ～っ!?

田島　以前、フレンチレストランに勤めていたこともあって。内容は季節で変わりますので、イサキのムニエルは春メニューです。おひとりさまから、コース料理も承ってますよ。

味香　ひとりでも?　良いこと聞いちゃった。

田島　シャルキュトリーやチーズ、煮込みなどをテイクアウトされるお客さまもいらっしゃいます。

味香　近所だったら、間違いなく通ってテイクアウトします。う～ん、悔しい。

田島　飲みに来られるのをお待ちしていますね。

味香　今度はコース料理をお願いしようっと。

本日のお会計

ジン・トニック	1,200円
マティーニ	1,400円
オレンジでマリネしたイサキのムニエル ブール・ブロヴァンサル	2,000円
チャージ、サービス料	10%
	計 5,420円

※合計は税込価格です

料理の味が引き立つジン・トニックのアレンジ

当店の春メニュー「イサキのムニエル」に合わせたジン・トニックです。イサキにハーブ、フュメ・ド・ポワソン、白ワイン、ペルノ、バターを使ったフランス・プロヴァンス地方のソースがかかっていることから、同じプロヴァンス地方産のジンをベースに選びました。

まず、ジュニパーベリー、アニス、クローブを包丁で潰して、ジンを入れたすり鉢に加えます。その後、さらにオレガノ、タイム、マジョラムを加えて、ジンに香りを移すようにすりこぎで混ぜたら、漉しながらワイングラスへ。柔らかくて、個人的にも好きな味わいのエギュベルは冷凍保存です。樽熟成されたジンは冷蔵、そうでないものは冷凍で保存しています。

プロヴァンス地方では、アニスリキュールの「ペルノ」や、アニスにリコリスを加えたパスティス「リカール」をフランベして魚介料理に香りづけすることが多いので、このジン・トニックはアニスの風味をやや強調させました。

[ジン・トニックのスタンダードレシピ]

- ドライ・ジン　45ml、トニックウォーター　適量
- 氷を入れたタンブラーにジンを注ぎ、冷やしたトニックウォーターで満たして軽くステアする。ライムまたはレモンを飾る。

「ジン・トニック」田島さんレシピ

ジン（エギュベル）……………… 45ml
ライム ………………………… 1/8個
トニックウォーター（フィーバーツリー） 90ml
ジュニパーベリー、アニス、クローブ、
オレガノ、タイム、マジョラム………… 各適量
ライム・ピール ………………………… 1片

[作り方]

①各種スパイス・ハーブをワイングラスに入れる。
②ライムでグラスの縁に香りづけして、果汁を搾る。
③トニックウォーターを注いで軽くステアし、大きめの氷を1個入れる。
④ライム・ピールをかける。

COCKTAIL RECIPE

ウイスキーを加えたマイルドな味わいのマティーニ

ジンとベルモットで作るマティーニに、ウイスキーを加えてアレンジしました。スタンダードカクテルにもその組み合わせがあるように、ジンとウイスキーの相性の良さは知られていますよね。ザ・ボタニストとブルックラディ、同じ場所で造られたスピリッツのコラボレーションです。

ウイスキーを最後にフロートするので、ベルモットの香りはあまり付けたくありません。そこで、薬草系のフレーバーが控えめなアペリティフワインのリレ ブランを使いました。シェイク後は、綺麗にフロートできるように氷片を漉します。このブルックラディはノンピートで、アイラウイスキー独特の潮っぽさやヨード臭のないウイスキーです。

強いお酒のイメージがある、マティーニ。お酒を飲み慣れていないお客さまにも、マティーニを愉しんで頂けるようマイルドに仕上げました。

[マティーニのスタンダードレシピ]

- ドライ・ジン　45ml、ドライ・ベルモット　15ml
- 材料をステアして、カクテル・グラスに注ぐ。レモン・ピールをかけて、オリーブを飾る。

「マティーニ」田島さんレシピ

ジン（ザ・ボタニスト）……………… 60ml
リレ ブラン………………………… 5~10ml
ウイスキー（ブルックラディ　ザ・クラシック・ラディ）……………………………… 5ml

[作り方]

①ジンとリレ ブランをシェイクして、カクテル・グラスにダブルストレイン。
②ウイスキーをフロートする。

SPECIAL THANKS

MINORU TAJIMA
田島実さん

趣味
マリンスポーツ、スキー

お気に入りの曲
英珠のアルバム
『Songs』
『Colors』
『Cinema』

MEMO

BAR《バー》 Light a lamp《ライトアランプ》

西武新宿線・下井草駅に降りて、歩くこと30秒。駅前ながら目立たないよう佇んでいる灯りを見つけたら、その階段を上ってみてください。

SHOP INFORMATION	
	東京都杉並区下井草2-44-8 ぱすとビル2F Tel.03-3399-7823
	営業時間 19:00～00:00／無休
	チャージ 300円、サービス料なし／席数 12
	カクテル 700円～、ウイスキー 600円～（税抜）

阿部雅高さん（以下、阿部）　いらっしゃいませ。こんばんは。

味香　こんばんは。

阿部　こちらのお席へどうぞ。

客A　トミントール、美味しかったなぁ。次は、バランタインのオールドボトルで。

阿部　1980年代と90年代流通のものがございます。

客A　じゃあ、飲み比べてみます。

阿部　かしこまりました。＜味香の前に来る＞

味香　何かいい香りがしますね。

阿部　先ほどほかのお客さまにお出ししたカクテルの香りかもしれません。スモークマシンを使ったので。

味香　スモークマシン？

阿部　スモークチップを入れて点火すると、ノズルから煙が出てきてカクテルに薫香をつけることができる機械です。スモークカクテルは、飲むと口の中でスモーキーな香りが広がります。

味香　面白いですね。それを飲んでみようかな。

阿部　アルコール度数がやや高めですが、よろしいですか？

味香　あっ、もう少し軽めがいいです。炭酸が入るもので何か。

阿部　モスコーミュールは普段召し上がりますか？

味香　居酒屋で何度か飲んだことはあります。

阿部　では、モスコーミュールのベースをダーク・ラムに変えた、スパイシーでコクのあるカクテルはいかがでしょう。生姜などのスパイスが効いています。

味香　お願いします。それから「ホタテとエビのグラタン」をください。

―阿部さんがカクテルメイキング―

阿部　「ダーク&ストーミー」というカクテルをツイストしました。あまり馴染みのないカクテルかもしれませんが、当店ではとても人気のある一杯です。

味香　ツイストというのは？

阿部　古くからあるクラシックカクテル、スタンダードカクテルにバーテンダーの個性を加えて作ることです。レシピの分量を変えたり、当時にはなかった新しい材料や技法を用いたり。ツイストには「ひねる」という意味があります。

味香　ベースのラムは何ですか？

阿部　「バカルディ8」です。

味香　ボトルに描かれているのは、コウモリですよね。

阿部　はい。バカルディ社が創業してまもない頃、現地キューバでは文字の読み書きが出来ない人が多かったので、創業者のドン・ファクンドさんが自社のラムだと識別してもらうためにコウモリを商標にしたそうです。

味香　スパイシーで美味しい。今度、モスコーミュールもバーで頼んでみようっと。

客B&C　こんばんは〜。

阿部　いらっしゃいませ。こんばんは。

客B　オールド・エズラのロックと、「スモークオイルサーディン」を。

客C　ウイスキー、何にしようかな。ちょっと待ってくださいね。

阿部　＜味香にグラタンを差し出す＞お待たせいたしました。

味香　ウイスキーが結構出るんですね。さっきのスモークマシンを使ったカクテルを頂けますか？

阿部　そちらもバーボン・ウイスキーがベースになります。

—阿部さんがカクテルメイキング—

阿部　バーボンに、スイート・ベルモットとカンパリを加えたカクテル「ブルヴァーディア」です。ベースをジンに変えると「ネグローニ」で、どちらも欧米で流行っているカクテルです。

味香　やっぱりこの香りだったんだ……。グラタンも美味しいです。これで450円だなんて。

阿部　フードメニューはなるべく600円以内に抑えています。ドリンクが600円からなので、それより高くしたくなくて。カクテルは、材料に高価なお酒を選ばなければ一番高くても千円。東小金井の系列店も同じような価格帯です。

味香　リーズナブルでいいですね。

阿部　ありがとうございます。この場所だからできる価格ではありますけどね。もっと気軽にバーへお越し頂けたら嬉しいです。

客B　西武新宿線はあまりバーがないから、阿部さんに期待してますよ。

客C　あと何店舗か出して、西武線を盛り上げてほしいよね。

客B　そのためには僕らも通って、飲んで応援しなくちゃね。

客C　イーグル・レア、ストレートでお願いします！

本日のお会計

ダーク&ストーミー	950円
ブルヴァーディア	1,000円
ホタテとエビのグラタン	450円
チャージ	300円
	計　2,900円（端数切り捨て）

※合計は税込価格です

即席スパイスドラムで香り高く複雑な味わいに

国内ではあまり知られていませんが、海外ではポピュラーなカクテル「ダーク&ストーミー」。まず、ティンにカルダモンシードとシナモンスティックを潰し入れて、ラムと自家製ビターズを加えます。その場でスパイスドラムを作るイメージですね。

火をつけてフランベすると、カルダモンやシナモンの香りが立ってきます。3種類のビターズがそれらの香りをより複雑に。スタンダードレシピにはライムが入っていますが、n.e.oとの相性を考えて柑橘の果汁ではなくビターズを使いました。

さらに甘味とコクを出すためメープル・シロップを加えれば、濃厚な味わいのn.e.oに負けないスパイスドラムが出来上がります。フランベしているので、マグへ注ぐ前にティンの底を水に浸けて冷やすといいですね。さまざまなスパイスの香りを感じながら召し上がってみてください。

[ダーク&ストーミーのスタンダードレシピ]

- ダーク・ラム　45ml、ジンジャービア　適量
- 氷を入れたグラスに材料を注ぎ、軽くステアする。カットライムを飾る。

「ダーク&ストーミー」阿部さんレシピ

ダーク・ラム(バカルディ8)　40ml、カルダモン・ビターズ(自家製)　3drops、オレンジ・ビターズ(自家製)　3drops、アンゴスチュラ・ビターズ　1dash、メープル・シロップ　1tsp、カルダモンシード　2粒、シナモンスティック　1/2本、ジンジャーエール(n.e.oプレミアム)　95ml
(ガーニッシュ) シナモンスティック　1/2本

[作り方]

①ジンジャーエール以外の材料をティンに入れて混ぜ、火をつけてフランベする。
②氷を入れたマグに①を注ぎ、ジンジャーエールで満たして軽くステア。
③シナモンスティックを軽く炙って、②に飾る。

COCKTAIL RECIPE

口の中で広がるスモーク香が心地良い

1990年代に流通したジムビームをベースに、ブルヴァーディアをお作りしました。ガローネは大容量のグラスでミキシング・グラスとしても使われますが、スワリングするのに最適なツールですね。今回のように、スモークの香りを付けるのにも向いています。

スモークする際に使うのは、ウイスキー樽のチップ。その香りとのバランスを取るため、ビターズを多めに加えました。スモークしているので、カクテルの表面に香りが付くピールはかけずに、オレンジのコンフィを飾ります。

ベースをジンに変えたネグローニも人気ですが、当店でよくご注文頂くのはホワイト・ネグローニです。レモングラスをインフュージョンしたジンに、スーズとドライシェリーを加えてステア。これに甘夏の果汁を搾って、ピールをかけても美味しいですよ。

[ブルヴァーディアのスタンダードレシピ]

- バーボン・ウイスキー　30ml、スイート・ベルモット　30ml、カンパリ　30m
- 氷を入れたオールドファッションド・グラスに材料を注ぎ、ステアする。レモン・ピールをかける。

「ブルヴァーディア」阿部さんレシピ

バーボン・ウイスキー(ジムビーム　ブラックラベル8年)………… 30ml
カンパリ………… 25ml
スイート・ベルモット(ロタン)………… 15ml
オレンジ・ビターズ(自家製)……. 3dashes
アンゴスチュラ・ビターズ………. 2dashes
(ガーニッシュ)
オレンジ・コンフィ(自家製)………… 1枚

[作り方]

①材料をガローネに入れて、軽くステアする。
②①にスモークを焚いて、蓋をする。
③スワリングして氷を入れたグラスに注ぎ、ガーニッシュを飾る。

SPECIAL THANKS

MASATAKA ABE
阿部雅高さん

趣味
野球、サッカー

お気に入りの曲
Eagles『Desperado』

MEMO

Bar《バー》 LIBRE《リブレ》

さまざまな技法を駆使したカクテルと、キューバンシガーが愉しめます。2号店を出店したベトナムのバー文化が、彼らによって変わる日は近いかも!?

SHOP INFORMATION

東京都豊島区西池袋3-25-8 相馬屋ビルB1F　Tel.03-5956-6406
営業時間 18:00～02:00／無休
チャージ　500円、サービス料なし／席数 15
1,300円～、ウイスキー　1,100円～（税込）

客A　この前のキウイのカクテル、気に入っちゃって。メロンでもできますか?

清崎雄二郎さん（以下、清崎）　できますよ。お作りしますね。

味香　こんばんは～。

清崎　いらっしゃいませ。〈メロンのカクテルを作り始める〉

味香　そのモクモクしたのは何ですか?

清崎　液体窒素を使ったメロンのフローズンカクテルです。氷を使わないので溶けにくく濃厚で、ゆっくり召し上がれますよ。液体窒素の沸点は、-196℃なんです。

味香　-196℃だと、すっごく冷たいですよね?

清崎　そうですね。ただ、常温ですぐに蒸発してしまいます。急速にカクテルを冷やし固めますが、使うのは少量なのでカチカチに固まりません。

味香　液体窒素を使ったフルーツカクテル、飲んでみたいです。

清崎　キウイ、メロン、マンゴー、ドラゴンフルーツなどがございます。

味香　ドラゴンフルーツって、あまり食べたことないかも。

清崎　プチプチッとした食感で、鉄分やビタミンB群、食物繊維が豊富なフルーツです。ベトナムでは、ホテルのウェルカムドリンクでジュースが出されるくらい親しみがあります。

味香　身体に良さそう。ドラゴンフルーツでお願いします。〈フードメニューを見て〉「ケールとフルーツサラダ」もください。

―清崎さんがカクテルメイキング―

清崎　ベトナム・ダナンにあるドラゴンブリッジをイメージして創作した「カオロン」です。スプーンで召し上がってください。

客A　そういえば、ダナンのお店はどうですか?

清崎　ベトナムの人はビールが好きですからね。カクテルに興味を持って頂けるよう、いろいろと工夫しているところです。現地の若いバーテンダーがとても真面目で、この先どのくらい伸びるか楽しみですね。

客A 工事に時間がかかって大変でしたよね。ほかにも苦労してるでしょう。

清崎 お酒も氷も調達が難しいですね。氷は、結局自分たちで作っています。

客A 業務用の冷凍庫で？

清崎 大きなタッパーに水を入れて凍らせています。-10℃で1日置いて、割っていくと透明な部分が出てくるのでそこだけ取り出して、さらに-20℃で1日締めています。

客A 水は？

清崎 現地のものを厳選しました。店の奥にあるスペースに氷工場を作ろうかと考えています。＜味香にケールとフルーツサラダを差し出す＞フレンチドレッシングをベースに、粒マスタードを加えて酸味を効かせました。

味香 そこにある機械は何ですか？

清崎 遠心分離機です。

味香 実験とかに使うものですよね？

清崎 遠心力で固体と液体を分離させたり、水と油のように互いに溶け合わない比重の異なる液体と液体を分離させる装置です。病院や大学、企業の研究室などいろいろな分野で使われていますね。食品の製造にも使われていて、最近はカクテルにも応用されています。

味香 それでマンゴーを使ったカクテルはできますか？

清崎 ちょっとお時間を頂きますが、よろしいですか？

味香 はい、食べながら待ってます。

―清崎さんがカクテルメイキング―

味香 マンゴーなのに、トロッとしてない。

清崎 遠心分離機にかけるとテクスチャーが変わりますね。雑味がなくなって、喉に引っ掛からないクリアな味わいになります。

味香 氷にお店の名前が！

清崎 ピールに焼印をするときは熱したものを使いますが、熱を加えなくても付けられるものがあって。

味香 熱したら氷が溶けちゃいますもんね。さっき、ダナンにお店があるって聞こえて……どうしてダナンに？

清崎 ゲストバーテンダーで呼ばれたときに、彼らのひたむきで勉強熱心なところにポテンシャルを感じました。オーセンティックバーがなく、カクテル文化も広まっていない場所でその魅力を伝えていくことに意義があるなと。

味香 ほかの国へもゲストバーテンダーで行かれたりします？

清崎 フランス、北京、フィリピンに。現地の人や文化に触れることができて面白いですよ。

味香 知り合いがあちこちにできますね。海外のバーもいつか行ってみたいなぁ。

本日のお会計

カオロン	1,300円
アジアン・ブロッサム	1,300円
ケールとフルーツサラダ	950円
チャージ	500円
	計 4,050円

※合計は税込価格です

ドラゴンフルーツを大胆に使用したフルーツカクテル

ベトナム語でカオはドラゴン、ロンは橋。ベトナム・ダナンのドラゴンブリッジをイメージした、コスモポリタンのツイストです。滑らかでフルーツと相性の良いグレイグースをベースに、ベトナムで馴染みのあるドラゴンフルーツとレモングラスを合わせました。

爽やかでフレッシュな香りのレモングラスは、カクテルのアクセントになります。ドラゴンフルーツはその派手な見た目が特徴的なので、カットした半分は器用にくり抜きました（くり抜いた中身はカクテルに使用）。また、その食感を活かすため漉さないようにしています。

クランベリー・フォームは、少し温めたクランベリー・ジュースに大豆レシチンを加えて、水槽に使うエアポンプで泡立てて作ります。フォームの柔らかい口当たりと、ドラゴンフルーツのプチプチとした食感をお愉しみください。

[コスモポリタンのスタンダードレシピ]

- ウォッカ　30ml、コアントロー　10ml、クランベリー・ジュース　10ml、ライム・ジュース　10ml
- 材料をシェイクして、カクテル・グラスに注ぐ。

「カオロン」清崎さんレシピ

ウォッカ（グレイグース）……………… 40ml
ドラゴンフルーツ ……………………… 1玉
ライム・ジュース……………………… 5ml
レモングラス・シロップ（自家製）……… 10ml
（ガーニッシュ）
レモングラス（茎）2本、クランベリー・フォーム 適量

[作り方]

①材料をブレンダーで撹拌してシェーカーに入れ、液体窒素を加えて混ぜながら固める。
②ドラゴンフルーツの器に①を入れて、クランベリー・フォームを乗せる。
③レモングラスと残りのドラゴンフルーツを飾る。

COCKTAIL RECIPE

新鮮なマンゴーを活かしたアジアンテイストな一杯

「オレンジ・ブロッサム」をアジアンスタイルにツイストしました。ボタニカルにオレンジやグレープフルーツ、カモミールが入ったタンカレーNo.10は、柑橘との相性が良いですね。カモミール・シロップを加えて、さらに花の香りを強調させました。

マンゴーはフィリピン産やメキシコ産など、そのとき状態の良いものを選びます。トロッとしたテクスチャーを想像しますが、遠心分離機（4000回転／分で7分間）にかけるのでかなりスムースで飲みやすくなりますね。全体の味わいを引き締めるため、少量のシナモン・ビターズを使っています。

それをショートティンに入れて、氷を半分ほど加えます。エアレーションが起きるよう、スローイングは距離を長めに。材料が冷えて香りも立ってきたら出来上がりです。

[オレンジ・ブロッサムのスタンダードレシピ]

- ドライ・ジン　40ml、オレンジ・ジュース　20ml
- 材料をシェイクして、カクテル・グラスに注ぐ。

「アジアン・ブロッサム」清崎さんレシピ

ドライ・ジン（タンカレー No.10）……… 40ml
マンゴー……………………………… 1/4個
オレンジ・ジュース ………………… 30ml
レモン・ジュース…………………… 5ml
カモミール・シロップ（自家製）……… 10ml
シナモン・ビターズ（アボッツ）……… 1dash
（ガーニッシュ）オレンジ・ピール ………… 1片

[作り方]

①材料をブレンダーで撹拌して、遠心分離機にかける。
②①をスローイングして、氷を入れたロック・グラスに注ぐ。
③オレンジ・ピールをかけて、グラスの中に入れる。

SPECIAL THANKS

YUJIRO KIYOSAKI
清崎雄二郎さん
趣味
バーテンダー
お気に入りのアルバム
BOOWY
『LAST GIGS』

MEMO

Tafia《タフィア》

カリブ海フランス語圏のラムを中心に並ぶ、200種類のボトル。絶品のクレオール料理とラムがあれば、このカウンターで陽気にならないわけがない。

SHOP INFORMATION

東京都港区西麻布2-15-14 ウエストポイントビル1F　Tel.03-3407-2219
営業時間 19:30～04:30／日曜休み
チャージ、サービス料なし／席数 15
カクテル　1,000円～、ラム　1,000円～（税込）

リコ　渋谷駅から西麻布って、10分くらいで着いちゃうんだ。
味香　広尾とか六本木駅から歩くのもいいけど、バスもいいね。
リコ　降りてすぐ、この道を……あっ、そこかな？〈扉を開ける〉
多東千恵さん（以下、多東）　こんばんは。
リコ　こんばんは～。カウンター、いいですか？
多東　はい、どうぞ。
リコ　モヒートにしようかな。
味香　私もそうする。モヒートを2つ、お願いします。

—多東さんがカクテルメイキング—

リコ　ミントがたっぷり入ってるね。
味香　なんだか異国に来た感じがするわ～。今かかっている曲は、何ですか？
多東　ホセ・アントニオ・メンデスの『フィーリンの真実』というアルバムです。1950年代から60年代にかけて、キューバで盛り上がった〝フィーリン〟という音楽のジャンルがあるんですよ。
味香　キューバはサルサとかもっと激しいラテン音楽のイメージがあるけど、穏やかでジャズみたいですね。
多東　そんな曲もありますよと、あえてかけています。
味香　あの、ラム初心者なんですけど、ラムってどんなお酒ですか？
多東　楽しくなれるお酒ですね！
リコ　あはは！　私もいつも陽気になっちゃいます。
多東　簡単に言うと、原料はサトウキビ。サトウキビから砂糖が造られますが、結晶化して砂糖になるものと、そうでないものができます。その砂糖にならない部分を糖蜜といって、8割のラムはそれを発酵・蒸留して造られています。
味香　あとの2割は？
多東　砂糖を造らずにサトウキビジュースをすべて原料にした「アグリコール」と、サトウキビジュースを加熱してシロップにしたものを原料にした「ハイテストモラセス」。さきほどの8割のラムは「トラディショナル」と呼ばれる製法です。

味香　前に、どこかで「ホワイト」とか「ゴールド」って聞きました。

多東　それは熟成による種類ですね。

リコ　私、ロンサカパをロックで頂こうかな。

味香　＜メニューを見て＞私は「ティ・ポンシュ」をください。

多東　アルコール度数が高めですが、よろしいですか？

リコ　はい！

味香　なんでリコが言うのよ～。

ー多東さんがカクテルメイキングー

味香　わぁ、グラスが揺れてる！

多東　揺れて自然に混ざるように、底が丸くなっています。

味香　確かにちょっと強いかも。

多東　ベースのラムが50度ありますからね。先ほどのモヒートもそうですが、現地で飲まれているものとはかなり違うんですよ。あちらは高温多湿だからか、強くて甘い味が好まれます。砂糖をたくさん入れて、ザラザラと残ったものを飲み干すのが美味しいと言われていたり。

リコ　そんなにたくさん入れちゃうんですか!?

多東　例えばカフェに行って「ティ・ポンシュ」を注文すると、ラムのボトルとライム、砂糖が出されて、あとは自分で作ります。そうすると、グラスに注いだラムの量ってわからないですよね？　だからボトルに線が引いてあって、減った分を店員さんが見た目でだいたい計算してお会計します。砂糖はティースプーンでがちゃがちゃ混ぜても、溶けないくらい入れていますね。食欲増進のための食前酒として、出される一杯です。

味香　お腹が空いてきちゃった。「豚のコロンボ」というのは？

多東　見た目はカレーですが、スパイスとハーブがたくさん入ったちょっと辛くて爽やかな味わいの料理です。フランスのラタトゥイユにインドのスパイスが加わったものが原型で、玉ねぎ、トマト、ナスに塩漬けの豚、ニンニク、ハバネロ、コロンボパウダー（ミックススパイス）などが入っています。カリブのマルティニーク島やグアドループ島の家庭料理ですね。

リコ　スパイシーなラタトゥイユ……美味しそう。

味香　うん。コロンボをください。

多東　召し上がっている「ティ・ポンシュ」も、マルティニークやグアドループで飲まれているカクテルなので合うと思いますよ。

リコ　「パルミット」とか「コンビーフ」もいいなぁ。

味香　ラムが進みそうだね。

リコ　楽しくなってきた～。

多東　＜しばらくして＞お待たせいたしました。コロンボです。

味香　いただきま～す！

本日のお会計

モヒート	1,080円
ティ・ポンシュ	1,080円
豚のコロンボ（小）	1,080円
	計　3,240円

※合計は税込価格です

日本人好みに飲みやすくアレンジ

キューバのスタイルではなく、日本人が飲みやすいようにアレンジしたモヒートです。ラムの量を抑えて、ソーダを多めに入れました。ベースは、現地でも使われているハバナクラブ3年です。

砂糖が溶けて、ミントの香りが立つまでペストルで潰します。この有機砂糖はブラジルで造られていて、風味が豊か。ラムと同じくサトウキビが原料で、精製する際に高度なろ過工程がなく、ミネラル分やサトウキビの色を残しています。

現地のモヒートは、甘くて強くて炭酸が弱め。シロップか砂糖、ライム・ジュース、ガス入りの水が入ったグラスにミントを入れて、ガシャガシャと潰したら、氷とハバナクラブ3年を加えてストローを挿します。砂糖は溶け残るほど入れますし、ベースは60mlくらい使いますね。このスタイルでも作れますが、日本の気候には合わないかもしれません。

[モヒートのスタンダードレシピ]

- ラム　45ml、ライム　1/2個、砂糖　2tsp、ミントの葉　10～15枚、ソーダ　適量
- タンブラーに、ライムを搾り入れる。ミントの葉と砂糖、ソーダを加えて、砂糖を溶かしながらミントの葉を潰す。クラッシュド・アイスを詰めて、ラムを注ぎ、充分にステアする。ミントの葉を飾り、ストローを挿す。

「モヒート」多東さんレシピ

ラム(ハバナクラブ3年)	30ml
ライム	1/4個
砂糖	1tsp
スペアミント	適量
ソーダ	適量

[作り方]

①グラスにライムを搾り、スペアミント、砂糖、ソーダ(分量外、少量)を入れて、ペストルで潰す。
②ラムと氷を加え、ソーダで満たして軽くステアする。

COCKTAIL RECIPE

陽気な気分になれるラム酒のカクテル

フランスの海外県、マルティニークやグアドループで知らない人はいないカクテル「ティ・ポンシュ」。誰が考案したか不明で、オリジナルレシピもありません。ただ、アグリコールラム ブランをベースに、皮の部分を多くカットしたライムと砂糖を混ぜるという作り方はどのお店も共通しています。

現地のカフェでは、お客さんが自分で作ります。ライムを搾って砂糖を入れたらティースプーンで混ぜますが、皆さん溶けきれないほど入れていますね。それからラムを注いで、さらに混ぜます。グアドループは氷を入れない人が多く、マルティニークは氷を入れる人が多いようです。

「ティ」はフランス語で小さい(プティ)、「ポンシュ」はサンスクリット語で数字の5を意味します。いろいろな要素がある小さい飲み物として、以前はラム・ライム・砂糖以外に紅茶・シナモンを入れた5種類で作っていたという説もあります。

[ティ・ポンシュのスタンダードレシピ]

- アグリコールラム　ブラン　60ml、ライム　1/8個、シュガーケーン・シロップ　適量
- 材料と氷をグラスに入れて、ステアする。

「ティ・ポンシュ」多東さんレシピ

アグリコールラム ブラン(J.バリー ブラン)	50ml
ライム	1片
砂糖	1tsp

[作り方]

材料と氷をグラスに入れて、ステアする。

SPECIAL THANKS

CHIE TATO
多東千恵さん
趣味
ドライブ、飲酒
お気に入りの曲
Ibrahim Ferrer
『Dos Gardenias』

MEMO

SPIRITS《スピリッツ》 BAR《バー》 Sunface《サンフェイス》 SHINJUKU《シンジュク》

テキーラ、ラム、ジン、ウォッカ……スピリッツを知りたいなら此処で決まり。海外からのお客が多く、国内ではまだ珍しいメスカルが20種類ほど揃います。

SHOP INFORMATION	
	東京都新宿区西新宿1-13-7 大和家ビル10F　Tel.03-6302-0809
	営業時間 18:00〜02:00／日・祝日休み（月曜日が祝日の場合は日曜営業、月曜休み）
	チャージなし、サービス料10%／席数 18
	カクテル　1,000円〜、ウイスキー　800円〜、テキーラ　700円〜、ラム　700円〜（税抜）

客A　サプライズ・ミー！

江刺幸治さん（以下、江刺）　テキーラベースで宜しいですか？

客A　お任せするよ。

味香　こんばんは〜。

江刺　いらっしゃいませ。お好きな席へどうぞ。＜客Aにカクテルを差し出す＞

客A　テキーラ、結構入れてなかった？

江刺　60 ml入っています。

客A　そうは思えないほど、すっきりしてて美味しいね。

江刺　ありがとうございます。＜味香の前に来る＞

味香　私もそれ、飲んでみたいです。何ていうカクテルですか？

江刺　美味しいマルガリータを追求して完成したカクテル「テキーラ・サンフェイス」です。

ー江刺さんがカクテルメイキングー

味香　綺麗な黄色。グラスの脚が変わっていますね。

江刺　イルカを模したベネチアングラスです。

味香　バックバーの真ん中にあるのは何ですか？

江刺　以前、テキーラのカクテルコンペで優勝したときに頂きました。ブルーアガベを収穫する際に用いる農具「コア」が、トロフィーになっています。

味香　素敵なトロフィーですね。何か書いてある。

向山直孝さん（以下、向山）　「ホセ・クエルボ ドンズ・オブ・テキーラ」です。2015年に開催された世界大会で、チャンピオンは〝ドン・オブ・テキーラ〟の称号と、自分でブレンドしたオリジナルボトルが景品として贈られます。

江刺　お作りしたカクテルのベースも、クエルボです。店内はクエルボが造られる「ラ・ロヘーニャ蒸留所」の石壁や樽をイメージしていて、そちらにカラスが飾ってあるのも実際に蒸留所でカラスを飼っているからなんです。

味香　本当だ。さりげなくカラスが止まってますね。＜黒板メニューを見て＞「レバーの燻製」も頂けますか？

江刺　かしこまりました。

客A　メスカルベースで、何か作ってもらえるかな？

向山　「メスカル・ペニシリン」や「メスカル・ネグローニ」はいかがでしょう。

客A　ネグローニがいいな。

向山　デルンベスを2種類使ってお作りしますね。

味香　メスカル……？

江刺　リュウゼツランを主原料にしたメキシコの蒸留酒で、スモーキーな味わいが特徴です。昔、リュウゼツランが原料の蒸留酒はすべてメスカルでしたが、中でもテキーラ村周辺で造られるメスカルが美味しいと評判になって、原産地呼称でテキーラと呼ばれるようになりました。それからテキーラ以外がメスカルと呼ばれるようになると、メスカルの品質が劣ると思われてしまうということで、現在はメスカルも原産地呼称になっています。＜レバーの燻製を差し出す＞

味香　これまでメスカルって、全然聞いたことがなかったです。

江刺　欧米ではメスカルのカクテルが流行っていて、当店でも来日されたお客さまからよくご注文頂きます。

向山　マルガリータのベースをメスカルにした「メスカリータ」とか。

江刺　ジンベースの「ラスト・ワード」をメスカルベースに変えたカクテル「ラ・ウルティマ・パラブラ」もお勧めです。スペイン語でラスト・ワードの意味です。

味香　そのカクテルをお願いします。

―江刺さんがカクテルメイキング―

客A　最後に、スパイシーで甘いカクテルが飲みたいな。

向山　自家製のコーラを使った「クバ・リブレ」のアレンジにしましょうか。ハバナクラブ7年をベースに、焙じ玄米茶や柚子ジュースなどを入れた〝オリジナル・ジャパニーズ・コーラスパイス〟を使います。江刺が「ハバナクラブ カクテルコンテスト 2018」日本大会で優勝したカクテルです。

客A　いいね！　そういえば、前に行った「テキーラフェスタ」楽しかったなぁ。どこが主催しているの？

向山　JUAST（ジャスト）というプロモーションユニットです。テキーラを中心に、メキシコのお酒に関する情報を発信したり、イベントを開催しています。

江刺　機会があれば、お客さまも是非いらしてくださいね。僕もJUASTに携わっていて、テキーラフェスタが開催される各地でお手伝いしています。

味香　ほかのバーで前に聞いて、参加してみたいと思ってました。

客A　明日ニューヨークに帰るけど、また来るよ。今夜も楽しい時間をありがとう！

本日のお会計

テキーラ・サンフェイス	1,500円
ラ・ウルティマ・パラブラ	1,500円
レバーの燻製	780円
サービス料	10%
	計 4,490円

※合計は税込価格です

レモンを皮ごと使用するフレッシュなマルガリータ

最近、これまでで一番納得が出来るマルガリータのレシピに辿り着くことができました。まずはオーガニック・レモンを皮ごと細かくカットして、ブレンダーでほかの材料と馴染ませます。皮が入っているので、黄色が鮮やかに出ますね。

力強いテキーラでないと、レモンの皮の強い風味に負けてしまいます。さらに、バランスを取るため入れる量は60ml。アガベ・シロップは、マルガリータのバリエーション「トミーズマルガリータ」にも使われています。

グラスにリムドではなく塩も加えてシェイクすると、ボリューム感が出てトゲトゲしません。まるで塩レモンのような味わいですよね？ テキーラが飲めないお客さまでも、マルガリータだとハードルが下がるようで気に入って頂いています。

[**マルガリータのスタンダードレシピ**]

- テキーラ 30ml、コアントロー 15ml、ライム・ジュース 15ml
- 材料をシェイクして、塩でリムドしたカクテル・グラスに注ぐ。

「テキーラ・サンフェイス」江刺さんレシピ

テキーラ
（クエルボ・エスペシャル・シルバー）‥ 60ml
オーガニック・レモン ………… 1/2個
アガベ・シロップ ………… 2tsp
塩 ………… ひとつまみ

[**作り方**]

①材料をハンドブレンダーで撹拌し、漉しながらシェーカーへ入れる。
②シェイクして、カクテル・グラスにダブルストレイン。

COCKTAIL RECIPE

欧米で流行りのメスカルをベースに

甘味、酸味、ハーブ感のバランスが取れたカクテル「ラスト・ワード」のベースをメスカルにすることで、うま味も加わったチャレンジングな一杯です。ベースをライ・ウイスキーに変えた「ファイナル・ワード」、少しツイストしてメスカル、アペロール、シャルトリューズ・ジョーヌ、ライムを使った「ネイキッド・アンド・フェイマス」というカクテルもあります。

ヴォルティセはスモーキーでオイリー、かつ鰹出汁のようなうま味があるメスカル。品質が良くリーズナブルで、使いやすいですね。「メスカリータ」や「メスカル・ペニシリン」のベースも、ヴォルティセにしています。

どのカクテルにおいてもそうですが、シェイクするときは空気の膨らみとスピードを意識しています。細かい氷がカクテルに入ると水っぽくなるので、必ず最後にバーズネストで漉しています。

[**ラスト・ワードのスタンダードレシピ**]

- ジン 30ml、シャルトリューズ・ヴェール 10ml、マラスキーノ 10ml、ライム・ジュース 10ml
- 材料をシェイクして、カクテル・グラスに注ぐ。

「ラ・ウルティマ・パラブラ」江刺さんレシピ

メスカル（ヴォルティセ 40） ………… 30ml
シャルトリューズ・ヴェール ………… 10ml
マラスキーノ（ルクサルド） ………… 10ml
ライム・ジュース ………… 10ml

[**作り方**]

材料をシェイクして、カクテル・グラスにダブルストレイン。

SPECIAL THANKS

KOJI ESASHI
江刺幸治さん
趣味
蒸留所巡り
お気に入りの曲
Gipsy Kings
『VOLARE!』

MEMO

6月 June

そろそろ梅雨に突入するこの時期、じめじめとした湿気を吹き飛ばすカクテルを飲みたいですね。春先からミントが旬を迎えて、モヒートやミントジュレップが美味しい季節になりました。モヒートは、100種類以上のメニューを提供するバーが登場するなど人気のカクテル。また、桃が出回り始めるので、美味しいベリーニも味わえます。

Sanlucar《サンルーカル》 BAR《バー》

この人に会いたいから、ここへ向かう。どんなときもやさしく迎え入れてくれる港のようなバーで、「明日からまた頑張ろう」という気持ちになれます。

SHOP INFORMATION	東京都新宿区神楽坂6-43　K's Place102　Tel.03-6228-1232
	営業時間 14:00～23:00／月曜休み
	チャージ　900円、サービス料なし／席数 11
	カクテル　1,200円～、ウイスキー　1,200円～（税込）

味香　こんにちは。

新橋清さん（以下、新橋）　いらっしゃいませ。こちらの席へどうぞ。

客A　ギムレット・ハイボールをください。

客B　私はシェリー・ソニックを。

新橋　＜味香の前に来る＞お待たせいたしました。

味香　ギムレット・ハイボールというのは、どんなカクテルですか？

新橋　ギムレットのソーダ割りです。

味香　えっ、ギムレットをソーダで？

新橋　すっきりとしていて、清涼感のあるカクテルです。

客A　今日は暑いし、ゴクゴクッと飲めちゃいますよ。

味香　じゃあ、私もギムレット・ハイボールをください。

―新橋さんがカクテルメイキング―

味香　喉越しが良くて、本当にすっきり飲めますね。美味しいです！

新橋　ありがとうございます。ショートカクテルで果汁を使うものは、ハイボールスタイルにしても美味しいですよ。たとえばダイキリやサイドカーも。

味香　これと同じようにダイキリを作って、ソーダで割るということですよね。

新橋　そうですね。ソーダで割りますので、甘味は少し調整します。

味香　早く仕事が終わって、どこか飲めるバーを探していたらこちらの前を通りがかって。お店は何時からですか？

新橋　14時からです。早く開けて、早く閉めようと思いまして。22時半ラストオーダーで、23時に閉めています。

味香　明るいうちから飲めて嬉しいです。ずっとこのスタイルで？

新橋　はい。電車があるうちに帰宅して、お酒を明日への活力にして頂きたくて。

味香　夜遅くまで飲んでいると、翌日に響きますからね。いま神楽坂を歩いてきたんですけど、小路があちこちにあって素敵な街ですね。

新橋　私もこの街が気に入って、はじめからこのあたりで物件探しをしました。……ちょっと失礼します。＜客Bの前へ向かう＞
客B　「アルカディア」をください。
新橋　かしこまりました。＜カクテルを作り、客Bに差し出す＞
客B　ん～、美味しい。
新橋　いつもありがとうございます。
味香　（うわぁ～、美味しそう！）
客B　あはは、気になります？
味香　ごめんなさい、じーっと見ちゃって。
客B　ずっとこのカクテルのファンで、15年以上飲み続けているんですよ。新橋さんのシェイク、力強いでしょう？　あれは、ハードシェイクと呼ばれていて。
味香　ハードシェイク？
新橋　細かい気泡を生み出して、アルコールの刺激が和らぐよう強く複雑に振るシェイクです。
客B　シェイクは強いけれど、仕上がりは丸みがあるというか、やさしい味わいなんですよね。
味香　「アルカディア」はスタンダードカクテルですか？
新橋　私のオリジナルです。かなり前ですが、大会に出場したときの作品です。
味香　何かのカクテルコンペですか？
新橋　「フィンランディア」というウォッカの世界大会です。
味香　その透明なボトルですね。スタイリッシュだなぁ。
新橋　1万年前、氷河期からの氷堆石でろ過された涌水が使われている、とてもクリアでキレの良いプレミアムウォッカです。
味香　カルーアの隣にある緑色のボトルも綺麗。
新橋　こちらはメロン・リキュールの「ミドリ」です。サントリーさんは1950年代に「ヘルメス」という銘柄を発売されていて、それが世界初のメロン・リキュールと言われています。
味香　カルーアとメロン、想像がつかない……。
新橋　私も合わせてみて、意外でした。
味香　あと、卵を入れていましたよね？
新橋　卵黄ですね。実は古くから、卵はカクテルに使われています。「トム&ジェリー」「エッグ・ノッグ」「ポート・フリップ」「ラモス・ジン・フィズ」「クローバー・クラブ」などで、カクテルによって卵白、卵黄、全卵と入るものは違います。
味香　そんなに卵を使うカクテルがあるなんて。飲んでみたいです。
新橋　何かお試しになりますか？
味香　はい。いろいろとお聞きしましたが、やっぱり「アルカディア」をお願いします。
新橋　ありがとうございます。
客B　きっと、また飲みたくなりますよ～。

本日のお会計

ギムレット・ハイボール	1,400円
アルカディア	1,500円
チャージ	900円
	計 3,800円

※合計は税込価格です

ギムレットをソーダで割った清涼感のあるカクテル

「ギムレット」もジンとライム·ジュースの比率は3:1ですが、シロップは1tsp。これを炭酸で伸ばしますので、ボリューム(甘味)が必要です。ライムはレモンより酸味が穏やかですから、加えるシロップは0.5tspと少量で充分ですね。

ゴードンはコシが強く、ハードシェイクに耐えられるジンです。氷を0℃として、より近い温度にするため保存は冷蔵で。その都度ライムを搾って、シロップは自家製を使います。水350mlとグラニュー糖650gを火にかけて、溶けたら冷まして出来上がりです。

お客さまに「ギムレットを辛口で」とご注文頂いて、ジン4:ライム·ジュース1の比率にするなら、シロップの量は1tsp弱にして通常より短くシェイクします。ライムとシロップの量は、必ず連動させることがポイント。辛口=酸っぱいではありません。ジンの比率が増えるので、ただ甘味を抑えるのではなくバランスをとることが大切です。

「ギムレット·ハイボール」新橋さんレシピ

ジン(ゴードン)	45ml
ライム·ジュース	15ml
シンプル·シロップ(自家製)	1.5tsp
ソーダ	適量

[作り方]

①ソーダ以外の材料をシェイクして、氷を入れたタンブラーに注ぐ。

②ソーダで満たして、軽くステアする。

COCKTAIL RECIPE

メロンとコーヒーの意外な組み合わせ

1993年、「フィンランディア·ウォッカ国際ドリンクコンペティション」で部門優勝したときの作品です。まず、ウォッカとカルーア、生クリーム、卵で味の骨格を作ろうと考えました。

世界大会向けに甘さをしっかりと入れたくて、何かリキュールをと思いついたのが「ミドリ」。自己主張がありながら、引っ掛かりを感じなかったので取り入れました。生クリームは動物性45%で、リキュールに負けず味が乗ってくれます。

チョコレートは、ヴァローナのグアナラ70%。スパイシーでソフトな苦味のあるブラックチョコレートで、以前からこれを使っています。アルカディアは長年、お客さまに召し上がって頂いているオリジナルカクテル。とてもありがたいですね。

「アルカディア」新橋さんレシピ

ウォッカ(フィンランディア)	20ml
メロン·リキュール(ミドリ)	10ml
コーヒー·リキュール(カルーア)	10ml
生クリーム	20ml
卵黄	1個分
(ガーニッシュ)	
チョコレート	適量
ミントの葉	1枚

[作り方]

①材料を充分にシェイクして、カクテル·グラスに注ぐ。

②チョコレートを削り、ミントの葉を飾る。

SPECIAL THANKS

KIYOSHI SHINBASHI
新橋清さん

趣味
サッカー観戦(Jリーグ)

お気に入りの曲
Keith Jarrett
『The Melody At Night, With You』

MEMO

BAR《バー》 霞《かすみ》町《ちょう》嵐《あらし》

西麻布交差点近くの住宅街に、ポツンと灯る“嵐”の文字。吸い込まれるように地下へ潜ると、そこには誰かの自宅に招かれたような寛ぎの空間がありました。

SHOP INFORMATION	
	東京都港区西麻布3-23-14 内田邸 B1F　Tel.03-5772-8811
	営業時間 19:00~03:00／日曜と祝日の月曜休み
	チャージ　なし、サービス料　10%／席数 24
	カクテル　1,200円～、ウイスキー　1,200円～（税抜）

竹田英和さん（以下、竹田）　こんばんは。

味香　こんばんは。こんなところにバーがある～って、思わず入っちゃいました。

竹田　ちょっと分かりづらい場所ですよね。

味香　近くにお店が何軒かありましたけど、どれも住宅街に溶け込んでいますね。

竹田　ここも個人宅なんですよ。

味香　そうなんですか？

竹田　以前は樹木希林さんのご自宅で、地下はスタジオとして使われていたそうです。入口の防音扉がその名残ですね。

味香　それが今はバーに……素晴らしい女優さんでしたよね。モスコーミュールを頂けますか？

―竹田さんがカクテルメイキング―

味香　すごいピリピリ感！

竹田　生姜を浸けたウォッカがベースで、それをジンジャービアで割っています。

味香　ジンジャービア？

竹田　「ビア」といっても、ビールではなく生姜フレーバーの炭酸飲料です。ジンジャーエールより生姜が効いていて、刺激も強いですね。

味香　今までに飲んだものと、全然違います。

竹田　甘口のジンジャーエールで作ると、味わいがだいぶ変わりますね。辛口のタイプも販売されていますが、もともとモスコーミュールのレシピはスミノフウォッカとジンジャービアだったという説にならっています。

味香　これくらいピリピリしているほうが、キレがあっていいですね。何か軽くつまめるものはありますか？

竹田　ベーコンジャーキーはいかがでしょう。焼いたベーコンにスパイスをたっぷりかけて、ディハイドレーターで乾燥させています。

味香　それをお願いします。ディハイドレーターというのは?

竹田　食材乾燥機です。食材に含まれる水分を蒸発させて、食材の旨味や甘味を凝縮することができます。長期保存にも向いていますね。ドライフルーツや野菜を作って、それをカクテルのガーニッシュに使ったり。〈ベーコンジャーキーを差し出す〉ローズマリーと、ピンクペッパーがかかっています。

味香　意外な食感! 手でパリッと割れるし。

竹田　まるでベーコンせんべいみたいですよね。

味香　ビーフジャーキーを想像していました。柔らかいのと硬いのと、どっちの食感に近いのかなと思っていたら、どちらでもなく。

竹田　よろしければ、お水をどうぞ。八海山の仕込水です。

味香　日本酒の八海山? とても柔らかい口当たり。

竹田　新潟県南魚沼市の湧水「雷電様の水」で、酒造りには向かないと言われる超軟水です。でも、これなくして淡麗辛口の味わいは生まれないそうですよ。

味香　口の中がすっきりとしました。チェイサーって、大事ですね。ちょっと濃厚なデザートカクテルを頂けますか?

竹田　ブルーチーズが苦手でなければ、ラムをベースにヨーグルトとブルーチーズ、蜂蜜を加えてシェイクしたカクテルがあります。

味香　ヨーグルトとブルーチーズ? 飲んでみたいです。

—竹田さんがカクテルメイキング—

竹田　お待たせいたしました。「イースト・サンライズ」です。

味香　実はブルーチーズってそんなに得意じゃないけど、これは美味しいです。

竹田　良かった。ありがとうございます。

味香　オリジナルカクテルですか?

竹田　以前、バカルディのカクテルコンペ「バカルディレガシー」でファイナルに残った作品です。

味香　そういうコンペって、東京で開催されるんですか?

竹田　メーカーのカクテルコンペは、ほとんどが都内ですね。書類審査を通過したバーテンダーが全国から集まって、競技します。優勝者は、日本代表として世界大会へ。僕が所属している日本バーテンダー協会は、全国各地でカクテルコンペを開催しています。表立ってはいませんが、筆記試験やフルーツ・カッティングの実技もあるんですよ。

味香　ステージで創作したカクテルを作るだけじゃないんですね。あぁ、このお水いいなぁ。

竹田　気に入って頂けました? 八海山の生ビールもご用意していまして、自家製のトマトジュースと混ぜた「レッド・アイ」も当店の人気商品です。

味香　次回、一杯目はそれにしますね。

本日のお会計

モスコーミュール	1,300円
イースト・サンライズ	1,400円
自家製ベーコンジャーキー	1,000円
サービス料	10%
	計 4,400円

※合計は税込価格です

ピリピリとした生姜を強く感じる一杯

スミノフのプロモーションで生まれたという説が有名なモスコーミュール。ジンジャービアの在庫を抱えたレストランバーのオーナーと、スミノフの製造元が組んで流行らせたカクテルと言われています。銅製のマグでお出しするのも、そのストーリーからです。

生姜フレーバーをより効かせるため、スミノフ2本に対して生姜3個を浸け込みました。皮つきのままカットした生姜を蒸して、ディハイドレーターで乾燥させるとエキスが抽出されやすくなります。状態によりますが、浸けてから4日目以降に使っています。

ジンジャービアはいろいろな銘柄がありますが、コシの強さが気に入ってフィーバーツリーを選びました。「ミュール」はキックの強い飲み物という意味からも、ピリピリとした生姜を強く感じる一杯に仕上げています。

[モスコーミュールのスタンダードレシピ]

- ウォッカ　45ml、ライム・ジュース　15ml、ジンジャービア　適量
- 氷を入れたマグ（またはタンブラー）にウォッカとライム・ジュースを注ぎ、冷やしたジンジャービアで満たす。軽くステアする。

「モスコーミュール」竹田さんレシピ

ウォッカ
（スミノフ／生姜インフュージョン）…… 30ml
ライム …… 1/8個
ジンジャービア（フィーバーツリー）…… 適量
（ガーニッシュ）
生姜（上記インフュージョンで使用したもの）…… 1～2個

[作り方]
①銅製マグにライムを搾り、ウォッカを注ぐ。
②氷を入れてジンジャービアで満たし、軽くステアする。
③生姜を入れる。

COCKTAIL RECIPE

ブルーチーズを使ったコクのあるデザートカクテル

「BACARDI LEGACY COCKTAIL COMPETITION 2017」日本大会で、ファイナルに選んで頂いた作品です。バカルディの創業者、ドン・ファクンド・バカルディ氏が夢見た未来“サスティナビリティ”に着目して、自然のサイクルを意識した発酵食品のヨーグルト、ブルーチーズ、蜂蜜でコクのあるデザートカクテルを創作しました。

飲むヨーグルトは、乳脂肪分3.9%の濃いタイプを使っています。手に入らない場合は、生クリームを足して作るといいですね。ブルーチーズはフルム・ダンベール、蜂蜜はアカシア。アカシアは結晶化しにくいので、扱いやすいです。

ボストンシェーカーに氷を4～5個入れたら、良く混ざるように力強くシェイク。3ピースのシェーカーだと目詰まりするのと、可動域を考えてボストンシェーカーを使っています。コンペではグラスの上にタイムを、隣にパン2切れを添えました。

「イースト・サンライズ」竹田さんレシピ

ラム（バカルディ8）…… 30ml
飲むヨーグルト …… 40ml
ブルーチーズ …… 20g
蜂蜜 …… 10ml

[作り方]
材料を充分にシェイクして、カクテル・グラスに注ぐ。

SPECIAL THANKS

HIDEKAZU TAKEDA
竹田英和さん

趣味
山登り

お気に入りの曲
Boz Scaggs『Simone』、
Debarge『I Like It』

MEMO

ジャズ ラウンジ MADURO《マデュロ》

ガスランプの炎とハンドメイドで作られたレリーフが待ち受ける、成熟した大人のためのジャズラウンジ。流れてくるライブミュージックとお酒に酔いしれながら、特別な夜を。

SHOP INFORMATION

東京都港区六本木6-10-3 グランド ハイアット 東京 4F Tel.03-4333-8783
営業時間 19:00～01:00（金・土～02:00）／無休
ミュージックカバーチャージ 2,000円（20:00以降／ソファ席／税抜）、サービス料15%／席数 108
カクテル 1,800円～、ウイスキー 1,850円～、ワイン 2,000円～（税抜）

ジロー　その大きな扉の向こうが「MADURO」だよ。

味香　来た道をもう忘れちゃった。ひとりじゃ来られないですね。

ジロー　まず、エントランスから6階のレストランフロアへ行ってテラスに出たよね。そこからエレベーターで4階に降りればいいんだ。最初は僕もなかなかたどり着けなくて。

味香　でも、この隠れ家感がいいのかも。〈扉が自動で開き、カウンターに案内される〉

渡邉由希子さん（以下、渡邉）　こんばんは。

ジロー　こんばんは。モヒートを飲もうかな。

渡邉　6月はブルーベリーのモヒートがございます。〈メニューを差し出す〉

ジロー　先月はマスクメロンでしたよね。

味香　ジローさんがモヒートなんて、珍しくないですか?

ジロー　ここはモヒートとマティーニの種類が充実してて、いつもどちらかは飲むようにしてるんだ。

味香　それぞれ10種類くらいありますね。私は「モヒート エスペシャル」にします。

ジロー　僕はブルーベリーで。

—渡邉さんがカクテルメイキング—

味香　ボトルの下のほうに巻いてあるのは何ですか?

渡邉　ペタテと呼ばれる織物です。マヤ文明の時代から受け継がれるグアテマラの伝統工芸で、ひとつひとつ手編みで作られています。「ロン サカパ23」はグアテマラ高地の海抜2，300mで熟成されていて、「雲の上で熟成されるラム」と言われているんですよ。

ジロー　昔はボトル全体がその織物で包まれていましたよね。ペタテという名前なのは、初めて知ったなぁ。

味香　ジローさんのモヒートは、違うラムですか?

渡邉　「ブルガルエクストラドライ」です。すっきりしていてクリアなラムで、フルーツモヒートはすべてこの銘柄をベースにしています。

ジロー　そういえば、何か食べる？　僕は「ビーフステーキサンドウィッチ」にするつもり。

味香　タパスの盛り合わせにしようかな。

渡邉　10種類のタパスから、4種類または6種類がお選び頂けます。

味香　これと、これと……。＜スモークサーモン、鴨のリエット グリルサワーブレッド、ピクルス盛り合わせ、フルーツトマトとモッツァレラチーズを選ぶ＞

ジロー　そろそろライブが始まるのかな。バンドメンバーが準備を始めたよ。

味香　ライブがあるんですか!?

渡邉　月曜日から土曜日までは、シンガーとバンドの構成で行っています。日曜日はシンガー不在のインストルメンタルライブになります。

ジロー　ライブが始まる前にもう一杯、頼んでおこうかな。＜ブランデーのリストを見て＞ほら、前に話した「ポールジロー」はこれ。

味香　スパークリングのグレープジュースもありますね。私は「シャンパン&アップルソルベ」をください。

—渡邉さんがカクテルメイキング—

渡邉　まずはそのままシャンパンの味わいを愉しんで頂いて、その後ストローでシャーベットをほぐしながら召し上がってください。

＜タパスの盛り合わせを差し出す＞

味香　こういうお皿だと、つまみやすくていいですね。

渡邉　同じように4種類のチーズを盛り合わせた「チーズボックス」や、ケーキ、ムース、タルト、フルーツを乗せた「デザート4ボックス」もご好評頂いております。

味香　最初は緊張してたけど、リラックスしてきました。ホテルのバーは初めてで、どういう服装で行けばいいのかなとかいろいろ考えちゃって。

渡邉　当店のドレスコードは、スマートカジュアルです。男性にはタンクトップやビーチサンダルなど、軽装でのご入店はご遠慮頂いておりますが、それほど気になさらなくて大丈夫ですよ。

ジロー　あっ、ライブが始まるね。

味香　＜ステージ横の半個室ソファ席を見て＞そちらの席もいいですね。ライブを聴きながら女子会とかいいかも。

渡邉　タパスからサラダ、メイン、デザートとコース仕立てのお食事と、フリーフローがセットになったプラン「レガロナイト」をご用意しています（※）。ドリンクはモヒートをはじめ、ワインやビール、ウイスキー、カクテルなど50種類以上のドリンクセレクションからお選び頂けます。

味香　決まり！　次回はレガロナイトを予約しますね。

※来店日の2日前、23時までのオンライン予約限定。その他、諸条件あり。詳細は公式HPを要確認。

本日のお会計

モヒート エスペシャル	1,900円
シャンパン&アップルソルベ	2,200円
タパス 4種類の盛り合わせ	2,100円
サービス料	15%
計	7,700円

※合計は税サ込価格です

芳醇なラムをベースにした人気のモヒート

モヒートは、当店のシグネチャーカクテルです。旬の国産プレミアムフルーツなどを使って、常時10種類ほどのアレンジをご用意しています。今回は、ラムの中のコニャックと言われる芳醇な「ロン サカパ23」をベースにお作りしました。

まず、ブラウン・シュガーとライムをグラスに入れて潰します。皮のビター感が程よく抽出されて、そのえぐ味が出ない程度に。ライムから出る果汁でシュガーを溶かして、甘味と苦味のバランスを取ります。

その後、ミントの葉とソーダを加えて軽く混ぜ、さらにラムを注いで再度ステア。仕上げにクラッシュド・アイスを加えて充分に混ぜれば、コクのあるしっかりとした味わいのモヒートが完成します。

[モヒートのスタンダードレシピ]

- ラム 45ml、ライム 1/2個、砂糖 2tsp、ミントの葉 10~15枚、ソーダ 適量
- タンブラーに、ライムを搾り入れる。ミントの葉と砂糖、ソーダを加えて、砂糖を溶かしながらミントの葉を潰す。クラッシュド・アイスを詰めて、ラムを注ぎ、充分にステアする。ミントの葉を飾り、ストローを挿す。

「モヒート エスペシャル」

ラム(ロン サカパ23) …… 30ml
ライム …… 1/2個
ブラウン・シュガー …… 大さじ2杯
ミントの葉 …… 適量
ソーダ …… 50ml
(ガーニッシュ)
ミントの葉 …… 適量

[作り方]

①ブラウン・シュガーとライムをグラスに入れて、ペストルで潰す。
②ミントの葉、ソーダ、ラムを加えて、ステアする。
③クラッシュド・アイスを加えてステアし、ミントの葉を飾る。

COCKTAIL RECIPE

目の前でシャンパンを注ぐ演出にも酔いしれて

自家製のフルーツピューレをシャーベットにしたものと、シャンパンを使ったソルベカクテル。リンゴのほかに青柚子やライチ、6月限定でブルーベリーもお出ししています。シャーベットのみグラスに入れた状態でお持ちして、お客さまの目の前でシャンパンを注ぎます。

アップルシャーベットはフレッシュのリンゴとリンゴジュース、シロップで作っています。リンゴは皮ごと入れていますので、その色と食感を愉しんで頂きたいですね。海外からのお客さまにご注文されることが多い柚子類も、皮ごと入れています。

そのシャーベットに、穏やかな甘さがあって、バランスの良いエドシック・モノポールを合わせました。モヒートやマティーニと並んで人気のソルベカクテル、ぜひいろいろなフルーツでお試しくださいね。

「シャンパン&アップルソルベ」

アップルシャーベット …… 2scoops
シャンパン(エドシック・モノポール グー・アメリカン エクストラ・ドライ) …… 80ml

[作り方]

アップルシャーベットをグラスに入れて、シャンパンを注ぐ。

SPECIAL THANKS

YUKIKO WATANABE
渡邉由希子さん
趣味
バー巡り
お気に入りの曲
AI『ハピネス』

MEMO

Bar,《バー》 C《シー》

下町情緒あふれる門前仲町の駅からほど近い場所に佇む、オーセンティックバー。深川仲町通り商店街を散策しながら、ふらっと立ち寄りたいですね。

SHOP INFORMATION

東京都江東区門前仲町2-3-14　Tel.03-6411-0659
営業時間 18:00~01:00（日･祝~00:00）／月曜休み
チャージ　1,000円、サービス料+税　10%／席数 19
カクテル　1,200円~、ウイスキー　1,200円~（税込）

味香　行列が凄かったなぁ。さて、このあたりにバーは……。＜永代通りから路地をひとつ入って、門前仲町駅方面へ向かう＞あ、あった。

椎葉寛之さん（以下、椎葉）　いらっしゃいませ。

味香　こんばんは。フルーツを使ったカクテルを頂けますか？

椎葉　桃、スイカ、ブドウ、パッションフルーツ、マンゴーなどがございます。

味香　スイカはどんなカクテルになりますか？

椎葉　ソルティ・ドッグのグレープフルーツをスイカに変えて、スムージーでお作りします。

味香　スムージーで!?　それをください。

椎葉　かしこまりました。＜オニオンスープと自家製のレーズンパンを差し出す＞こちらはお通しです。

味香　前から気になっていたんですけど、お通しでスープを出すバーが多いですよね。

椎葉　当店では胃を落ちつかせたり、前に召し上がったものをリセットできるようにお出ししています。

味香　特に、銀座のバーで出されるような。

椎葉　独立前は銀座7丁目のバー「スペリオ」にいました。確かに、スープを出しているお店は多いかもしれませんね。

―椎葉さんがカクテルメイキング―

味香　スイカを食べているみたい。

椎葉　種を取って凍らせたものをブレンダーにかけて、濃厚に仕上げました。

味香　氷は使わずに？

椎葉　フローズンカクテルはクラッシュド・アイスを使いますが、スムージーは凍らせたフルーツや野菜を使ったシャーベット状のドリンクです。

味香　レーズンパンも美味しいです。

椎葉　ありがとうございます。バケットの中をくり抜いて、ブランデーとラムに浸けたレーズンにバター、クリームチーズを合わせて入れました。
味香　いま、「魚三酒場」に行った帰りで。安くて美味しいですね。煮物や天ぷらとかメニュー豊富だし、あら煮が50円でびっくりしました。
椎葉　すごい行列だったでしょう？
味香　私は運良く入れたんですけど、大行列でした。
椎葉　古くから営業されているお店ですからね。常連さんも多いと思いますよ。永代通りを渡ってちょっと行ったところに、牛煮込みで有名な「大坂屋」という老舗もあります。
味香　煮込みもいいですね。スムージーカクテルは、ほかのフルーツでも作っていますか？
椎葉　バナナを同じように凍らせて、ラムと合わせています。
味香　ブドウや桃は？
椎葉　ブドウはブランデーやラムベース、それからブドウで造られたウォッカ「シロック」をベースにミントとライム、ソーダを加えてモヒートのようにお作りすることもできます。桃は、シャンパンと合わせた「ベリーニ」ですね。
味香　ベリーニを頂けますか？

―椎葉さんがカクテルメイキング―

味香　（ん～、ふわっとした口あたり……）
椎葉　もう少し、シャンパンを足しましょうか？
味香　えっ？
椎葉　もしよろしければ。まず、その口あたりを愉しんで頂いてからシャンパンを足すのが当店のベリーニです。
味香　お願いします。ところで、その大きいグラスは？
椎葉　ガローネという大型のミキシング・グラスで、バー・スプーンを使わずに混ぜることができます。グラスを片手に持ってぐるぐると回すことを「スワリング」と言って、空気をたくさん含ませられるんですよ。
味香　それでこんなに柔らかく感じるんですね。
椎葉　これから桃が美味しい季節なので、ベリーニはお勧めです。
味香　桃の産地はどちらでしたっけ。
椎葉　6月下旬くらいから出回る岡山県産の「はなよめ」を最初は使いますが、その後は山梨の白桃、福島の黄桃と品種を変えていきます。
味香　さっきのスイカも？
椎葉　6月は熊本県産の小玉スイカ、7月からは山形県産になります。
味香　フルーツの品種ってあまり考えたことがなかったけど、同じカクテルを飲んでいるようでも違うんでしょうね。
椎葉　ひとつのフルーツや野菜で、走り・旬・名残りと愉しめるのがいいですよね。カクテルを通して、いろいろな品種を味わってみてください。

本日のお会計

真夏のソルティ	1,600円
ベリーニ	2,000円
チャージ	1,000円
サービス料	10%
計	5,100円（端数切り上げ）

※合計は税込価格です

ソルティ・ドッグをスイカでアレンジ

夏が近づくと、ソルティ・ドッグをスイカでアレンジしてお作りします。6月は熊本県産の小玉スイカ「ひとりじめ」などの品種で、7月に入ると山形県産の「尾花沢」に。種を取って冷凍庫で凍らせて使いますので、フローズンではなくスムージーカクテルですね。尾花沢は糖度が高く、よりシャリシャリした食感になります。

ソルティ・ドッグのスタンダードレシピには入っていませんが、スイカの青臭さを和らげるため、甘い風味のコアントローを加えます。また、生姜を入れると味が締まり、フレッシュのスイカジュースはその香りを引き立たせます。

ほかのフルーツ、例えばバナナも同じように凍らせたものと、常温のフレッシュバナナでスムージーカクテルにしています。より濃厚な味わいをお愉しみください。

[ソルティ・ドッグのスタンダードレシピ]

- ウォッカ　45ml、グレープフルーツ・ジュース　適量
- 塩でリムドしたオールド・ファッションド・グラスに氷を入れ、材料を注いでステアする。

「真夏のソルティ」椎葉さんレシピ

ウォッカ（ソビエスキー）……………… 40ml
スイカ（小玉）………………………… 1/4個
ホワイト・キュラソー（コアントロー）…… 1tsp
生姜……………………………………… 少量
スイカジュース………………………… 少量
（ガーニッシュ）
塩………………………………………… 適量

[作り方]

材料をブレンダーで撹拌し、塩をリムドしたカクテル・グラスに注ぐ。

COCKTAIL RECIPE

さまざまな桃の品種を愉しんで

桃の美味しい季節には、ベリーニを召し上がって頂きたいですね。6月中旬から7月上旬くらいまでは岡山県産の「はなよめ」、その後は山梨の白桃、福島の黄桃と品種を変えてお出ししています。

「はなよめ」は、岡山県産の露地桃で最も早く出回る極早生品種。今年（2017年取材時）は日照が充分にあったようで、昨シーズンより糖度が高いですね。その状態によって、シロップの量を調整します。

氷が入ると香りがやや弱くなるので、空気を含ませて香りが立つよう、仕上げにガローネでスワリングします。ローアルコールを好まれるお客さまにはそのまま、そうでなければひと口召し上がったところでシャンパンを足しています。

[ベリーニのスタンダードレシピ]

- スパークリング・ワイン　40ml、ピーチ・ネクター　20ml、グレナデン・シロップ　1dash
- シャンパン・グラスにピーチ・ネクターとグレナデン・シロップを入れてステアし、冷やしたスパークリング・ワインで満たす。

「ベリーニ」椎葉さんレシピ

白桃……………………………………… 1/2個
グレナデン・シロップ………………… 1tsp
ホワイトピーチ・シロップ（モナン）…… 1tsp
シャンパン（ポワルヴェール・ジャック・シャンパーニュ・ブリュット）……………… 適量

[作り方]

①材料をブレンダーで攪拌する。
②クラッシュド・アイスを加えて、再度撹拌する。
③ガローネ（ミキシング・グラス）に②を入れてスワリングし、シャンパン・グラスに注ぐ。

SPECIAL THANKS

HIROYUKI SHIIBA
椎葉寛之さん

趣味
飲食

お気に入りの曲
Stan Getz & Kenny Barron
『First Song』

MEMO

Aliviar《アリビアール》

マンションの1階に溶け込んだバーの棚には、コニャックやアルマニャック、リキュールなどの古酒が。いつの間にか和らいだ気持ちになる此処の住人になりたい……。

SHOP INFORMATION

東京都渋谷区恵比寿2-22-18 ニュービラ広尾1F Tel.03-3280-2242
営業時間 19:00～03:00（02:00L.O）／火曜、第3水曜休み
チャージ 500円、サービス料なし／席数 14
カクテル 1,000円～、ブランデーやウイスキーなどハードリカー 1,000円～（税抜）

リコ 引っ越し、これで大体片付いたかな。ありがとう。
味香 このあたりなら、前に行った西麻布のラムバーも近いよね。
リコ だよね、嬉しい～。そういえば、そこにもバーっぽいお店があったよ。
味香 灯りがついてるね。バーなのかな？
リコ わからないけど、多分そうじゃないかな。じゃあ、気を付けて。
味香 うん、またね！ ……ちょっと行ってみよう。〈扉を開ける〉
長谷川龍史さん（以下、長谷川） こんばんは。
味香 こんばんは。ここって、マンションの1階ですよね？
長谷川 そうです。恵比寿近辺は住居の下に店舗が入っているところが多いですよね。
味香 このボトルは何ですか？
長谷川 コニャックです。カウンター左手と、その前の棚の一番上はブランデーを置いています。
味香 サイドカーやアレキサンダー以外で、ブランデーを使ったカクテルを頂けますか？ 少し甘めがいいです。
長谷川 ブランデーとアマレットで作る「フレンチ・コネクション」をアレンジしたもので宜しいですか？
味香 お願いします。

―長谷川さんがカクテルメイキング―

味香 〈使用したボトルを見て〉アールグレイのリキュール？
長谷川 甜菜糖由来のアルコールに最高級茶葉を浸けて、じっくりエッセンスを抽出しているそうです。ほかにもダージリン、ジャスミンなどのティーリキュールがあります。
味香 このブランデーは、何度か見かけました。
長谷川 「フラパンV．S．O．P．」ですね。フランス・コニャック地方ではブドウを造る土壌の質が格付けされていて、フラパンは最高位のグランド・シャンパーニュにある自社畑のブドウを使って造られて

います。こちらの「セミドライ巨峰」も一緒に召し上がってみてください。

味香　セミドライとは言えないほど、瑞々しいですね。

長谷川　とてもジューシーですよね。長野県のブドウ農家で栽培されていて、これに出会ってからはずっと取り扱っています。

味香　コニャックはあまり飲んだことがないので、よくわからなくて。

長谷川　「レイモン・ラニョー　グラン・レゼルヴ」はアルコールのストレスを感じずに、余韻まで楽しめますよ。レイモン・ラニョー社はブドウの栽培、収穫、蒸留、熟成、ブレンド、瓶詰まですべて自家で行うプロプリエテールです。アルマニャックは力強いタイプが多いですが、「ジェラス10年」ならソーダ割りなどで気軽にお試し頂けます。

味香　いきなりそのまま飲むのは、難しいですよね。

長谷川　口にしてすぐ喉へ流すとむせてしまったりするので、まずは少量を口内全体に馴染ませてみてください。それから唾液と混ぜて飲み込むようにすれば、それほどきつく感じないはずです。

味香　その感覚をつかめば、ストレートでも飲めそうですね。ブランデー好きな先輩がいるので、今度お連れしたときに試してみます。アルマニャックを使って、カクテルを作って頂くことはできますか?

長谷川　もちろんです。普段、マンハッタンは召し上がりますか?

味香　はい、好きで飲みます。

長谷川　マンハッタンのブランデー版のようなカクテル「キャロル」をお作りしますね。

—長谷川さんがカクテルメイキング—

長谷川　アルマニャックとスイート・ベルモットを2種類使いました。こちらのカルパノ　アンティカ フォーミュラと、プントエメスを少し。プントエメスは1970年代のもので、古酒を使うと味わいに深みが出ます。

味香　50年くらい前のお酒が残っているんですね。

長谷川　1930年代のものからご用意しています。リキュールは水割りにすると美味しいですよ。

味香　水割り!?

長谷川　1対1~1.5くらいの割合でリキュールに加水してステアします。常温のリキュールはどっしりとした重さがありますが、冷やすと口に入れたときに心地良いですし、飲んで体内で温められるとその香りが上がってきます。

味香　例えばどんなリキュールを水割りに?

長谷川　先ほど使ったアールグレイやカシス、薬草系のお酒などですね。水割りのイメージが変わりますよ。これも立派なカクテルですから。

味香　水割りもカクテルかぁ……深すぎる……。

本日のお会計

フレンチ・コネクション	1,400円
キャロル	1,600円
チャージ	500円
	計 3,780円

※合計は税込価格です

※フードの価格はチャージに含まれます

フランス産のお酒を合わせた親和性の高い一杯

アマレットをアールグレイ・リキュールに変えた、フレンチ・コネクションのアレンジです。アマレットでももちろん美味しいですが、フランス産のお酒同士を合わせた親和性の高い一杯として考えました。とても香りが良くエレガントで、10年以上前からこのスタイルでお出ししています。

フラパンV.S.O.P.はグランドシャンパーニュ地区のコニャックで、素晴らしい風味がありますよね。常温のグラスと材料を使ってビルドで作りますので、スピーディにステアすることがポイント。水も大事な要素ですから、適度に氷をとかしてまろやかに仕上げます。

甘さが少し気になるというお客さまには、味を引き締めるためオレンジピールやレモンピールをかけます。ただ、お酒の香りを愉しんで頂けるよう、控えめにしています。

[フレンチ・コネクションのスタンダードレシピ]

- ブランデー　45ml、アマレット　15ml
- 氷を入れたオールドファッションド・グラスに材料を注いで、ステアする。

「フレンチ・コネクション」長谷川さんレシピ

ブランデー（フラパンV.S.O.P.）……　30ml
アールグレイ・リキュール（ジョシィー）　20ml

[作り方]
氷を入れたロック・グラスに材料を注いで、ステアする。

COCKTAIL RECIPE

古酒を加えて複雑で深みのある味わいに

スイート・ベルモットを2種類使って、ブランデーと1:1の割合でお作りしました。苦味がやや強いプントエメスは1970年代のもので、古酒を少し加えると味わいに複雑さや層、深みが出ます。タリケはユニ・ブランのほかに力強い品種バコが入っていて、しっかりとした骨格を持つアルマニャックです。

冷凍したミキシング・グラスに、すっぽり収まるほど大きい氷を入れた横からこれらを注いで、ロングステアします。かなり長く回しますが、それに耐え得る素材ですね。一定のスピードで冷やしていくうちにバー・スプーンから伝わる重みが変わってきたり、香りが立ってきたら馴染ませる段階に移ります。

〆の一杯ならタリケとプントエメスを各30mlにするとか、タリケ40mlにプントエメスとブトン ロッソを各10mlでスパイシーに仕上げるなど、お客さまの状況やお好みによってレシピを変えています。

[キャロルのスタンダードレシピ]

- ブランデー　40ml、スイート・ベルモット　20ml
- 材料をステアしてカクテル・グラスに注ぎ、パールオニオンを飾る。

「キャロル」長谷川さんレシピ

ブランデー（シャトー・デュ・タリケ バ・アルマニャック1995）……　30ml
スイート・ベルモット（カルパノ アンティカ フォーミュラ）……　20ml
スイート・ベルモット（カルパノ プントエメス）……　10ml

[作り方]
材料をミキシング・グラスに入れてステアし、カクテル・グラスに注ぐ。

SPECIAL THANKS

TATSUFUMI HASEGAWA
長谷川龍史さん
趣味
旅行
お気に入りの曲
Tom Waits
『Ruby's Arms』

MEMO

7月 July

梅雨が明けると、本格的な夏がやって来ます。この月に登場するティキカクテルやフローズンカクテルは、まさにこの暑い時期に飲みたいカクテル!　スイカやメロン、パッションフルーツやマンゴーなどの南国フルーツが夏を感じさせます。フルーツカクテルは、ノンアルコールでも華やかな気分になれていいですね。

Gatito《ガティート》

ブルーアガベを100%原料にしたテキーラのみ、扱っています。ゆっくりと味わえる本物のテキーラの楽しみ方を知れば、きっと一気にファンになるはず。

SHOP INFORMATION

東京都品川区大井4-10-7 Tel.03-3774-7757
営業時間 18:00〜00:00（金〜02:00）／無休
チャージ　300円（女性お一人の方はノーチャージ）／席数 15
カクテル 800円〜、テキーラ　700円〜（税込）

客A　面白いボトルがたくさんあるね。
客B　サボテンとか骸骨、豚もあるよ。どれにしようか、迷うなぁ。
伊藤裕香さん（以下、伊藤）　普段、どのようなお酒を召し上がっていますか？
客B　日本酒が多いですね。
伊藤　でしたら、こちらの「ドン・ナチョ」がお勧めです。熟成期間が2ヵ月〜1年の「レポサド」というタイプのテキーラです。
客A　僕はウイスキー。シングルモルトをよく飲んでいます。
伊藤　樽熟成が効いた、力強い香りのものにしましょうか。「クエルボ1800」か「エラドゥーラ」。こちらは1年以上の熟成を経た「アネホ」というタイプのテキーラです。
味香　＜扉を開ける＞こんばんは〜。
伊藤　こんばんは。
客B　ラベルに描かれているのは葉っぱ？　サボテンには見えないけど……。
伊藤　テキーラはメキシコのお酒ですから、サボテンのイメージが強いですよね。でも、テキーラの原料はサボテンではなくて「アガベ」という植物です。アガベには200種類以上も品種があって、その中で「アガベ・アスール・テキラーナ・ウェーバー」だけがテキーラを名乗れます。
客B　サボテンじゃないんだ！
伊藤　＜味香にメニューを差し出す＞カクテルのメニューもありますので、どうぞ。
味香　よく出るカクテルはどれですか？
伊藤　「テキーラ・ハイボール」をご注文頂くことが多いですね。オリジナルブレンドのテキーラをベースに、ソーダで割ってレモン・ピール。略して「テキハイ」です。
味香　テキハイかぁ、飲んでみます。＜黒板メニューを見る＞

TKGって、卵かけご飯のことですよね？

伊藤 そうです。千駄木のお肉屋さん「腰塚」のコンビーフに、卵とトリュフソルト、ハラペーニョのみじん切りを乗せた丼です。

味香 聞いただけで美味しそう。それを頂きます。

—伊藤さんがカクテルメイキング—

味香 この猫の置物、テキーラのボトルを両手に抱えててかわいい。

伊藤 店名がスペイン語で「子猫」という意味なんです。

味香 猫が好きで？

伊藤 お店を始める前、子猫を拾って。というのも、自宅の縁側で子猫が5匹生まれたんです。里親が見つからなかった1匹は、いま家で飼っています。

味香 テキーラバーは、まだ少ないですよね。どうしてテキーラを？

伊藤 もともとはシングルモルトが好きで飲んでいました。たまたま仕事でイヤなことがあって「こういう時はテキーラだ！」と、普段飲まなかったテキーラをショットで飲んだらとても美味しくて。するっと入っていくまろやかさ、爽やかな香りや心地良い甘さにすっかり魅了されました。「ドンフリオ　レポサド」という100％アガベのテキーラです。

味香 混じり気のないテキーラですね。

伊藤 それからはテキーラを買い集めたり、ホームパーティへテキーラを持参したり。当時は出版社に勤めていたので、雑誌の企画でテキーラの特集を組みたいとも言いましたね。

味香 編集者から、テキーラバーの店主に!?

伊藤 仕事でかなり疲弊していて、この先どうしようかと悩んでいました。ちょうどその時、バーで飲んでいたらマスターがお店を閉めると言うので「私に貸してください！」と、勢いで。それが、この場所です。

味香 線路沿いにポツン、とあるけど駅から意外と近いですよね。

伊藤 そう、立地が気に入って。＜腰塚コンビーフTKGを差し出す＞お肉にしっかり味がついているので最初はそのまま、途中で燻製醤油を垂らして召し上がってください。

味香 テキハイ、飲んじゃいました。「ローズヒップ・パロマ」をください。

—伊藤さんがカクテルメイキング—

客B もう1杯、テキーラをお勧めして頂けますか？

客A 僕も。ジンも好きで飲むんだけど、何が良いかな。

伊藤 先ほどと同じレポサドで、「アラクラン」にしましょうか。それから、ジン好きのお客さまに好評なのが「ドン・アルバロ ブランコ」ですね。「ブランコ」は熟成をまったくしないか、しても2か月未満のテキーラです。

客B 私にはレポサドが合ってるのかも。

客A さっきのも美味しかったけど、これもハーバルでいいなぁ。

味香 （テキーラのブームも近いかも……！）

本日のお会計

テキーラ・ハイボール	1,000円
ローズヒップ・パロマ	1,100円
腰塚コンビーフTKG	1,100円
計	3,200円

※合計は税込価格です

定番になってほしい"テキハイ"

氷を入れずに作るテキーラのハイボールです。銀座のバー「ROCK FISH」で、ウイスキーの氷なしハイボールに出会ったのがきっかけで始めました。作る工程で冷える要素がないので、ボトルもグラスも冷凍庫で冷やしておきます。

ベースはブランコ、レポサド、アネホと熟成期間の異なるテキーラを混ぜたオリジナルブレンド。テキーラに馴染みのないお客さまにも飲みやすいように、まろやかで甘味のある味わいを目指しています。酵母の香りが強かったり、癖のあるものは使いません。

シンプルなレシピで、材料を注いでピールをかけるだけ。工夫して注げば、自然に混ざります。氷を入れずにステアもしない、ストレスに弱い炭酸にやさしい作り方です。

「テキーラ・ハイボール」伊藤さんレシピ

テキーラ …… 45ml
ソーダ(ウィルキンソン タンサン) …… 190ml(1本)
レモン・ピール …… 1片

[作り方]
テキーラとソーダをタンブラーに注いで、レモン・ピールをかける。

COCKTAIL RECIPE

栄養素が豊富なローズヒップをインフュージョン

ビタミンCなどの栄養素が豊富で、美肌効果も高いローズヒップをテキーラに浸け込みました。テキーラは、クリアで扱いやすい「アガバレス　シルバー」。1週間ほどで、かなり色が付きます。甘く爽やかな香りと、程よい酸味のバランスがいいですね。

グレープフルーツもビタミンCが多く含まれていて、風邪の予防や疲労回復にもなります。テキーラに親しみを持って頂きたい女性に勧めることが多いカクテルですね。ローズマリーや桜を使ったパロマもご用意しています。

ほかに浸けているのは山葵、プラム、コーヒーなど。山葵はマルガリータに合いますし、プラムはトニックウォーターで割ると抜群に美味しいです。コーヒーはそのままロックで。いろいろなテキーラの楽しみ方をお伝えしていきたいです。

[パロマのスタンダードレシピ]
- テキーラ(ブランコ)　45ml、グレープフルーツ・ジュース　60ml、塩　ひとつまみ、ソーダ(※)　適量
- 氷を入れたタンブラーに材料を注ぎ、軽くステアする。好みでカットライムを飾る。

※現地メキシコでは、グレープフルーツ味の炭酸飲料「スクワート」を使用。

「ローズヒップ・パロマ」伊藤さんレシピ

テキーラ(アガバレス　シルバー／ローズヒップ・インフュージョン) …… 40ml
グレープフルーツ・ジュース …… 30ml
塩 …… ひとつまみ
トニックウォーター …… 適量
(ガーニッシュ)
レッド・チェリー …… 1個

[作り方]
①トニックウォーター以外の材料をシェイクして、氷を入れたタンブラーに注ぐ。
②トニックウォーターを注いで、軽くステアする。
③レッド・チェリーを飾る。

SPECIAL THANKS

YUKA ITO
伊藤裕香さん

趣味
温泉巡り、ハシゴ酒

お気に入りの曲
Vince Guaraldi Trio
『Christmas Time Is Here』

MEMO

Dining《ダイニング》 &《アンド》 Flair《フレア》 Bar《バー》 Newjack《ニュージャック》

目の前にカクテルが運ばれてくるまでの時間が、ショータイム。ボトルを投げて、回して、乗せて。フレアバーテンダーの技に見惚れていたら、あっという間です。

SHOP INFORMATION

神奈川県横浜市神奈川区鶴屋町2-19 山本ビル4F　Tel.045-534-6024
営業時間 17:00～01:00／無休
チャージ、サービス料なし／席数 48
カクテル　800円～、ウイスキー　800円～（税抜）

味香　あった、あった。このビルの4階だね。

カオル　フレアって、初めて聞いたよ。

味香　私もよく知らないけど、この前イベントで見かけてから行ってみたくなって。＜扉を開ける＞

山本圭介さん（以下、山本）　こんばんは。2名様ですか？

味香　はい。カウンターでもいいですか？

山本　もちろんです。＜メニューを差し出す＞

カオル　カクテルの写真が綺麗だね。何が入っているか書いてあって、わかりやすい。

味香　暑いし、トロピカルカクテルとかいいよね。

カオル　「ティキカクテル」は、ハワイアンな感じなのかな？

山本　ハワイなど、ポリネシアスタイルのトロピカルカクテルです。「マイタイ」や「ブルー・ハワイ」などのカクテルがそうで、現地の守り神「ティキ」をモチーフにしたグラスに入れてご提供します。＜グラスを見せる＞

カオル　口が大きく開いたこの顔、見るよね。守り神だったなんて。

味香　大きいグラスで飲み応えがありそう。ラムにパイナップル、ココナッツ……私、これにする。「ピニャ・コラーダ」をください。

山本　すっきりした感じにも濃厚にもできますが、どちらが宜しいですか？

味香　すっきりでお願いします。

カオル　私はノンアルコールがいいけど、そのピニャ・コラーダも美味しそう。

山本　ノンアルコールでお作りすることもできますよ。

カオル　そうなんですか⁉　私は濃厚なほうがいいです。

味香　あと、「ローストビーフ」を頂けますか？

カオル　「横浜ナポリタン」も追加で。

—山本さんがカクテルメイキング—

味香　このグラスも面白い！

山本　パイナップルを模した金属製のカップで、よく冷えます。

味香　さっき、カクテルを作っている間にボトルやシェーカーを投げていたのが「フレア」ですよね。

山本　はい。パフォーマンスしながらカクテルを作ることでお客さまに愉しんで頂く、バーテンダーの技術のひとつです。フレア・バーテンディングの「フレア」には、自己表現という意味があります。

カオル　いろいろな技がありそう。

山本　シェーカーを手の上でスピンさせたり、ボトルをフリップさせたり、手の甲に乗せてバランスを取ったりと、テクニックはたくさんありますね。お誕生日などの記念日でご来店のお客さまには、音楽に合わせてフレアショーをしています。

味香　イベントや結婚式にも呼ばれたり？

山本　年間で120件以上のショーをこなしています。企業の記念パーティーや新作発表会、ケータリングなどですね。＜ローストビーフを差し出す＞お待たせいたしました。

味香　柔らかくて美味しい。

山本　低温調理していますので、お肉本来の柔らかさや旨みが感じられると思います。ソースはオリジナルの和風バルサミコソースです。

カオル　「ロング・アイランド・アイスティ」はネーミングが気になるけど、アイスティじゃないよね。

味香　どんなカクテルなんだろう。

山本　アイスティを使わずに、その色と味わいを表現したカクテルです。ジン、ウォッカ、ラムなどが入っている割には飲みやすいですね。

カオル　うわっ、そんなに入ってたら強そう。

味香　私が飲んでみようか？

カオル　ありがとう、ちょっと味見させて。

—山本さんがカクテルメイキング—

味香　本当に見た目はアイスティだね。

カオル　レモンピールにお店の名前が焼印してある。かっこいい～。

山本　ありがとうございます。カクテルに使う升や、タイミングが良ければお出しするパンに押したりしています。

カオル　どれどれ……あ、飲みやすい。

味香　飲めるカクテルが増えたね。

カオル　これ全部飲んだら酔っちゃいそうだけどね。ノンアルコールのカクテルも、もっと試してみたいな。

味香　同じカクテルで、アルコールあり・なしで頼むのも面白かったね。カオル、明日は新宿だっけ？

カオル　そう、クライアントがいるからよく行くの。

山本　新宿に系列のバー「Jeremiah」がオープンしましたので、機会があればいらしてくださいね。

カオル&味香　行きます！

本日のお会計

ピニャ・コラーダ	1,000円
ロング・アイランド・アイスティ	880円
低温調理したローストビーフ	1,280円
計	3,420円（端数切り上げ）

※合計は税込価格です

クリアでスムースな口当たりのティキカクテル

パイナップルをブレンダーで撹拌して、キッチンペーパーで1日かけて漉したクリアなジュースで作るピニャ・コラーダです。それに合わせてココナッツ・ミルクではなく、ココナッツ・ウォーターを入れて飲み口をよりスムースに仕上げました。

その果肉感を残して作るなら、ラムにフレッシュのパイナップル・ジュース、ミルク、マリブ、ココナッツ・シロップを加えます。やや甘口で飲みやすく、こちらのレシピを好むお客さまもいらっしゃいますね。ベースのラムをウォッカに変えた「チチ」や、ラムを抜いてノンアルコールにした「ヴァージン・ピニャ・コラーダ」もお作りできます。

フローズンにする場合は、漉したジュースやフレーバーウォーターを使うと味が伸びきってしまうので、フレッシュのフルーツをそのまま使っています。

[ピニャ・コラーダのスタンダードレシピ]

- ラム　30ml、パイナップル・ジュース　80ml、ココナッツ・ミルク　30ml
- 材料をシェイクして、クラッシュド・アイスを詰めた大型のグラスに注ぐ。カット・パイナップル、マラスキーノ・チェリーを飾り、ストローを添える。

「ピニャ・コラーダ」山本さんレシピ

ラム（バカルディ スペリオール）…… 37.5ml
クリア・パイナップル・ジュース（自家製） 30ml
ココナッツ・ウォーター …………………… 20ml
オージェイト・シロップ（自家製）……… 7.5ml
（ガーニッシュ）
ドライ・パイナップル ………………………… 1片
エディブルフラワー ………………………… 1枚
ココナッツ・フレーク ……………………… 適量

[作り方]

①パイナップル型タンブラーに材料を入れて、クラッシュド・アイスを加える。
②ステアして、さらにクラッシュド・アイスを詰める。
③ガーニッシュを飾り、ストローを添える。

COCKTAIL RECIPE

見た目も味もまるでアイスティ!?

トム・クルーズ主演の映画『カクテル』に登場するカクテルのひとつで、「レッド・アイ」「セックス・オン・ザ・ビーチ」なども出ていましたね。アメリカではテキーラ抜きで作るようで、テキーラが入っていると「テキサス・アイスティ」と呼ばれます。それにならって、テキーラは入れていません。

コアントローは、コクのある甘さと濃厚な香りを持つブラッドオレンジを選びました。レモン・ジュースだけでなくライムも入れて、シェーカーの中でスイート&サワーミックスを作ります。海外のレシピはスイート&サワーミックスを使うものが多く、レモン2に対してライム1、シンプル・シロップ1、水1を混ぜています。

アイスティを使わずに、その色と味を表現して有名になったカクテル。コーラごとシェイクして炭酸を飛ばすことで、よりアイスティに近づけるレシピもあるそうです。

[ロング・アイランド・アイスティのスタンダードレシピ]

- ジン　15ml、ウォッカ　15ml、ラム　15ml、テキーラ　15ml、ホワイト・キュラソー　2tsp、レモン・ジュース　30ml、シンプル・シロップ　1tsp、コーラ　適量
- クラッシュド・アイスを詰めたゴブレットに材料を注ぎ、ステアする。スライス・レモンを飾り、ストローを添える。

「ロング・アイランド・アイスティ」山本さんレシピ

ジン（ビーフィーター）　15ml、ウォッカ（スカイ）　15ml、ラム（バカルディ　スペリオール）　15ml、ホワイト・キュラソー（コアントロー　ブラッドオレンジ）　15ml、レモン・ジュース　10ml、ライム・ジュース　5ml、シンプル・シロップ　5ml、コーラ　適量
（ガーニッシュ）レモン・ピール　1片

[作り方]

①コーラ以外の材料をシェイクして、クラッシュド・アイスを詰めたスクーナー・グラスに注ぐ。
②コーラで満たして、軽くステアする。
③レモン・ピールを飾り、ストローを添える。

SPECIAL THANKS

KEISUKE YAMAMOTO
山本圭介さん
趣味
バー巡り、フレアの練習
お気に入りの曲
Sam Ock『Love』

MEMO

FOS《フォス》

靴を脱いで上がると、まるでどこかの邸宅に訪れたような感覚に。奥にのぞく坪庭を横目に、木のぬくもりに包まれながら今宵は悠々と飲めそうです。

SHOP INFORMATION	
	東京都台東区浅草3-37-3 Tel.03-3872-8804
	営業時間 19:00〜02:30／火曜休み
	チャージ　800円、サービス料なし／席数 10
	カクテル　1,000円〜、ウイスキー　800円〜（税込）

味香　このあたりまで来ると、静かだなぁ。さっきは歩くのも大変だったのに……。＜浅草寺を過ぎて言問通りを渡り、一軒家の引き戸を開ける＞

森　崇浩さん（以下、森）　いらっしゃいませ。お履き物を脱いでお上がりください。

味香　＜靴を脱いで、カウンターに座る＞こんばんは。表にミントがたくさん生えてますね。

森　6月くらいから栽培を始めて、カクテルに使っています。

味香　そのミントを使ったカクテルを頂けますか？

森　ラムベースのモヒートや、ウイスキーベースのミント・ジュレップなどがございます。

味香　ミント・ジュレップをください。＜黒板を見て＞お料理でよく出るものは何ですか？

森　ホットドッグやチーズの盛り合わせをご注文頂くことが多いですね。チーズオムレツもお勧めですが、軽く召し上がりたいならタルトフランベでしょうか。

味香　タルトフランベにします。

―森さんがカクテルメイキング―

味香　ウイスキーベースなのに、すごく飲みやすい。

森　水やソーダを入れない濃いミント・ジュレップもありますが、僕はしっかり水を入れてよく混ぜるのでゴクゴク飲めると思います。

味香　暑い日には、このくらいの濃さが良いかもしれませんね。

森　それと、現地のミント・ジュレップも飲みやすかったので。

味香　どちらですか？

森　アメリカのケンタッキー州ルイビルです。毎年5月の第1土曜日に、チャーチルダウンズ競馬場で開催される「ケンタッキーダービー」のオフィシャルドリンクで、場内にはミント・ジュレップを販売する売り子が歩いていました。ダービー前からフェスティバルが行われていて、期間中には10万杯ものミント・ジュレップが出るそうですよ。

味香　そんなに！

森　飲んだグラスは記念に持ち帰ることができて、毎年デザインが変わるので集めている人もいます。僕が行ったのは、店をオープンする前の2001年。8杯も飲んじゃいました。

味香　8杯も!?

森　それだけ飲みやすかったということでしょうね。＜タルトフランベを差し出す＞

味香　ピザみたいだけど、もっと薄くてパリパリしてる。

森　サワークリームにベーコン、玉ねぎ、キャラウェイシードを乗せています。

味香　こうしてランチョンマットを敷くバーは珍しいですよね。

森　以前勤務していたバーでもそうしていたので。

味香　どちらのバーかお聞きしても良いですか？

森　赤坂の「木家下BAR」というバーで、作家の開高健さんがよく通われていました。今は「Bar kokage」に店名が変わっています。

味香　靴を脱ぐバーもまた、なかなかないですよね。

森　ここはもともと、日本舞踊の先生のご自宅でした。しっかりとした造りの日本家屋なので、なるべくその良さを残して改築しようと。開店当初から、お客さまには靴を脱いで頂くようお願いしています。

味香　奥に坪庭もあって素敵。次はフローズンカクテルをお願いできますか？

森　フローズン・ダイキリはいかがでしょう？　マンゴーやメロンなど、フルーツを使ってお作りすることもできます。

味香　メロンを使って頂けますか？

森　かしこまりました。

客A　こんばんは。暑いですね～。「カルボ」に行ってきましたよ。カルボナーラ、美味しかった。

森　ありがとうございます。

—森さんがカクテルメイキング—

味香　ほかにもお店を出されているんですか？

森　歩いてすぐの場所に、「カルボ」というスパゲッティ屋を。

味香　カルボナーラの、カルボ？

森　はい。カルボナーラのほかにミート、ミカド、ナポリとあって、メニューは4種類のみです。

味香　潔いメニュー構成ですね。

森　ラーメン屋さんの感覚で愉しんで頂きたくて、麺の量は小・中・大、トッピングも選べるようになっています。茹でた太麺をフライパンで焦げ目が付くまで炒めるのが特徴ですね。

味香　ラーメン屋さんからの発想、面白いなぁ。今度寄らせて頂きますね。

本日のお会計

ミント・ジュレップ	1,200円
メロンのフローズン・ダイキリ	1,300円
タルトフランベ	800円
チャージ	800円
計	4,100円

※合計は税込価格です

ケンタッキーダービーでの味わいを再現

店頭で栽培しているスペアミントを使ったミント・ジュレップです。水やソーダを少量、または全く入れずに作るスタイルもありますが、僕が目指すのはゴクゴク飲める一杯。実際に現地のケンタッキーダービーで飲んだときの味わいを再現しました。

これまでケンタッキーダービーの公式バーボンとされてきたアーリータイムズやウッドフォードリザーブ、オールドフォレスターではなくオールドクロウを使うのは、僕がいつも飲んでいるバーボンだから。自分が好きなものは、より愛情を持ってお出しできますしね。飲みやすいバーボンですよ。

ストローをつけず、そのまま召し上がれるようクラッシュド・アイスは大きめのものを使いました。今回はドライに仕上げましたが、ご要望によって甘さは調整しています。

[ミント・ジュレップのスタンダードレシピ]

- バーボン・ウイスキー　60ml、砂糖　2tsp、水またはソーダ　少量、ミントの葉　10～15枚
- グラスにミントの葉と砂糖を入れて、水またはソーダを注いでペストルで潰し混ぜる。クラッシュド・アイスを加えてウイスキーを注ぎ、グラスの表面に霜がつくまでバー・スプーンで混ぜる。ミントの葉を飾り、ストローを添える。

「ミント・ジュレップ」森さんレシピ

バーボン・ウイスキー（オールドクロウ）…45ml
角砂糖……1個
スペアミント……ひとつかみ
水……45ml
（ガーニッシュ）
スペアミント……適量

[作り方]

①角砂糖、スペアミント、少量の水（分量外）をタンブラーに入れて、ペストルで潰す。
②クラッシュド・アイスを加えて、ウイスキーと水を注ぎ、霜がつくまでしっかりと混ぜる。
③スペアミントを飾る。

COCKTAIL RECIPE

さまざまなフルーツで愉しめるフローズン・ダイキリ

フルーツを加えてアレンジするフローズン・ダイキリは、ライム・ジュースやホワイト・キュラソーを入れずに、ほかのフルーツ・ジュースと組み合わせます。酸味がやや強いライムの代わりに、メロンならグレープフルーツを、マンゴーならオレンジというように。

ベースは、フルーツの味わいを活かしてくれるバカルディ　スペリオール。また、同じ理由でホワイト・キュラソーではなくパウダーシュガーで甘味を補填しています。

そのときによって品種は変えていまして、今回は茨城県産の赤肉メロンを使いました。秋には梨や柿など、さまざまなフルーツでフローズン・ダイキリをお愉しみいただけます。

[フローズン・ダイキリのスタンダードレシピ]

- ホワイト・ラム　40ml、ライム・ジュース　10ml、ホワイト・キュラソー　1tsp、砂糖　1tsp
- 材料とクラッシュド・アイスをブレンダーにかけて、撹拌する。グラスに注いで、ストローを添える。

「メロンのフローズン・ダイキリ」森さんレシピ

ラム（バカルディ スペリオール）……20ml
メロン……1/6個
グレープフルーツ・ジュース……15ml
パウダーシュガー……2tsp

[作り方]

①材料とクラッシュド・アイスをブレンダーにかけて撹拌する。
②カクテル・グラスに注いで、ストローを添える。

SPECIAL THANKS

TAKAHIRO MORI
森崇浩さん

趣味
読書、飲食

お気に入りの曲
Antonio Carlos Jobim
『Wave』

MEMO

BAR《バー》 Julep《ジュレップ》

ラムとカシャッサの違いって?　ここに来ればわかります。ラテン音楽を聴きながら、現地仕込みのカクテルやシガーなどの中南米カルチャーに溺れてください。

SHOP INFORMATION	
	東京都世田谷区池尻2-34-16 1F Tel.03-3422-7650
	営業時間 19:00〜04:00（日〜03:00）／無休
	チャージ　500円、サービス料なし／席数 20
	カクテル　850円〜、ラム　800円〜、カシャッサ　800円〜（税抜）

味香　カシャッサ!?

リコ　そう、ラムに似てるということしかわからなくて。だからここに来たの。

味香　ラムとカシャッサの専門店かぁ。

リコ　バーテンダーさんにいろいろ教えてもらおうよ。△扉を開ける▽こんばんは〜。

佐藤裕紀さん（以下、佐藤）　こんばんは。

リコ　階段の奥にも席があるね。好きな雰囲気だわぁ。ラムとカシャッサ、何種類くらいあるんですか?

佐藤　ラムが300種類、カシャッサが100種類くらいでしょうか。

リコ　カシャッサを使ったカクテルで、有名なのは「カイピリーニャ」でしたっけ。

佐藤　通常はライムと砂糖、クラッシュド・アイスを加えて作りますが、パイナップルやブドウ、キウイなどのフルーツを入れても美味しいですよ。

味香　まずは、ライムのカイピリーニャをください。

リコ　私はカシャッサをストレートで。ほとんど飲んだことがないので、銘柄はお任せします。

―佐藤さんがカクテルメイキング―

佐藤　カシャッサは、こちらの「セレッタ」を選びました。植物香と穀物感があって、カシャッサらしい味わいです。

リコ　ん?　桜餅みたいな香り。

佐藤　ウォッカの「ズブロッカ」みたいですよね。カイピリーニャも、セレッタをベースにお作りしました。

味香　カシャッサは、どこのお酒ですか?

佐藤　ブラジルです。サトウキビを原料にした蒸留酒ということはラムと同じなのですが、カシャッサはブラジルで生産されたサトウキビを原料にしたブラジルのお酒です。2003年に法律ができて、その線引きがはっきりしました。ラムはカリブ海周辺を中心に、世界各国で造られています。

リコ　そういえば、ラムは日本でも造られていますよね。ラムのような、製法や熟成による分類は?

佐藤　大手メーカーが大量生産する工業的な「インダストリアル」と、小規模蒸留所が生産する農業的な「アルティザナウ」の2種類に分けられます。最近はカクテルベースとしてアルティザナウが使われることが多くて、そのセレッタもアルティザナウ。原料がサトウキビジュース100%、小規模生産でアグリコールラムと比較されますが、酵母や熟成樽など細かい点が異なりますね。

リコ　アグリコール好きだから、興味津々です。あっ、何か食べる?

味香　黒板見て気になってたんだよね。私は「ミナス　焼きチーズ」にするわ。

リコ　ステーキ食べちゃおうかな。「ブラジリアンステーキ（ピッカーニャ）」だって。

佐藤　ピッカーニャは、日本で言うイチボの部分です。

リコ　それと、「ロンアブエロ12年」をロックでください。

味香　私はラムを使ったカクテルを。

佐藤　「ピニャ・コラーダ」はいかがですか?　現地キューバで飲んで美味しかったので、その味わいを再現しています。

味香　お願いします。

―佐藤さんがカクテルメイキング―

味香　濃厚ですね。デザートみたいで美味しい!

佐藤　＜焼きチーズを差し出す＞こちらもどうぞ。

味香　ミナスというのはチーズの名前ですか?

佐藤　ブラジルのフレッシュチーズで、ミナスジェライス州が名前の由来です。焼いても溶けませんし、モチモチとした食感が愉しめますよ。カシャッサによく合います。

味香　カクテルは、ほかに何が現地で飲まれていますか?

佐藤　カシャッサにフルーツと練乳を加えて混ぜる「バチーダ」や、クローブ・シロップにカシャッサを加えて瓶詰したものに、ライム・ジュースと蜂蜜を混ぜた「クラヴィーニョ」、寒い季節には生姜、シナモン、クローブなどとカシャッサを鍋で温める「ケンタォン」があります。

リコ　どれも飲んでみたいね。ラムは知っている人が多いけど、カシャッサはまだ知られていないのが残念。

佐藤　ブラジルでは、登録されているだけでも3万5000ほどのアイテムがあります。ただ、9割以上が国内で消費されているみたいで。少しずつ輸出が増えてきていますけどね。

味香　9割!　愛されているんだね、カシャッサ。

リコ　アブエロ飲み終わったら、またカシャッサに戻ろうっと。

本日のお会計

カイピリーニャ	1,000円
ピニャ・コラーダ	1,300円
ミナス　焼きチーズ	700円
チャージ	500円
	計 3,780円

※合計は税込価格です

砂糖とライムの比率が決め手

砂糖とライムの比率で決まる、シンプルなカクテルです。ブラジルではライムを丸ごと1個以上使うお店が多く、砂糖も大さじ2～3杯は入れています。日本と比べてライムがとても安価で、果汁もしっかり搾れますからね。

皮の苦味が出ないよう、ライムは8割程度の力で程よく潰します。砂糖は溶けやすい上白糖を使って、クラッシュド・アイスではなく小さめに砕いた氷を。なるべく氷を溶かさずに、甘酸っぱさとコクを残したいですね。

暑い日には、シェイクして飲みやすくすることも。ブラジルでもシェイクすることが多いようで、ビルドのレシピと同じ分量で作ります。現地スタイルにならってアイス棒を添えましたので、混ぜながら召し上がってください。

[カイピリーニャのスタンダードレシピ]

● カシャッサ　50ml、ライム　1/2個、粉糖　2tsp
● ざく切りにしたライムと粉糖をグラスに入れてソカドール（潰し棒）で潰し、クラッシュド・アイスを加える。カシャッサを注ぎ、ステアする。

「カイピリーニャ」佐藤さんレシピ

カシャッサ（セレッタ）	45ml
ライム	1/2個
砂糖	1.5tsp

[作り方]

①ざく切りにしたライムと砂糖をグラスに入れて、ソカドール（潰し棒）で潰す。
②カシャッサを注ぎ、ステアして砂糖を溶かす。
③氷を入れて再びステアし、アイス棒を添える。

COCKTAIL RECIPE

試行錯誤して完成したピニャ・コラーダ

キューバで飲んだフローズンスタイルのピニャ・コラーダがとても美味しくて、その味わいに近づけようと試行錯誤して作りました。ベースはハバナクラブ2年と3年が使われていましたが、日本に2年はないので3年を使います。

現地ではココナッツ、パイナップル、砂糖などを入れて混ぜた容器があって、それにラムを加えてフローズンにしていました。ココナッツはミルク、クリーム、ジュースとそれぞれでしたね。フローズンスタイルなので、当店ではコクを重視してココナッツ・クリームを選びました。

それでもコクが足りない、エバミルクのような何か……と考えてたどり着いたのがクリープ。大事な隠し味です。キューバの砂糖が手に入らなくなってからは、ブラジル産を使っています。

[ピニャ・コラーダのスタンダードレシピ]

● ラム　30ml、パイナップル・ジュース　80ml、ココナッツ・ミルク　30ml
● 材料をシェイクして、クラッシュド・アイスを詰めた大型のグラスに注ぐ。カット・パイナップル、マラスキーノ・チェリーを飾り、ストローを添える。

「ピニャ・コラーダ」佐藤さんレシピ

ラム（ハバナクラブ3年）	40ml
パイナップル・ジュース	35ml
ココナッツ・クリーム	60ml
砂糖	大さじ1杯
クリープ（ガーニッシュ）	2tsp
スペアミント	1枚

[作り方]

①材料とクラッシュド・アイスをブレンダーに入れて、撹拌する。
②グラスに注ぎ、ストローとスペアミントを飾る。

SPECIAL THANKS

HIRONORI SATO
佐藤裕紀さん
趣味
音楽鑑賞、旅
お気に入りの曲
Arlindo Cruz
『Sambista Perfeito』

MEMO

CADIZ《カディス》 BAR《バー》

羽田空港から出発する人、帰着した人、浜松町に15時から開いているバーがありますよ。
忙しない毎日から、オフィス街の地下へ少しだけ抜け出してみませんか。

SHOP INFORMATION	
	東京都港区浜松町1-24-5 ロマネビルB1F　Tel.03-6435-6230
	営業時間 15:00~01:00（土·祝~23:00）／日曜休み（月曜日が祝日の場合、日·月連休）
	チャージ　900円、サービス料10%／席数 12
	カクテル、ウイスキー、ワイン、シェリー　各1,200円~（税込）

客A　空港から真っ直ぐここに来ちゃいましたよ。帰ってくると、ほっとするなぁ。

横田勝さん（以下、横田）　今回の出張は、1週間くらい?

客A　そう、日本は暑いですね。この間のシェリーソニックも美味しかったけど、ほかに冷たい炭酸系のカクテルがあれば。

横田　シェリーベースで宜しいですか?

客A　もちろん。

味香　＜扉を開ける＞こんにちは。

横田　いらっしゃいませ。

味香　暑いですね。炭酸を使ったロングカクテルを頂けますか?

横田　いまちょうど、甘口のシェリーをスパークリングワインで割ったカクテルをお作りするところですが、いかがですか?

味香　お願いします。

―横田さんがカクテルメイキング―

客A　あ~、冷たくて美味しい!　ベースは?

横田　エミリオ·ルスタウのモスカテルです。

客A　モスカテルなのに透明なんだ。

横田　通常はブドウを天日干しにして、干しブドウを搾って熟成するので色が付きますが、このモスカテルは天日干しせずに収穫後すぐに搾って、糖分が残っているうちに酒精強化をするので色が付きません。

味香　何ていうカクテルですか?

横田　僕のオリジナルカクテルで「ジョコタ」です。

客A　もしや、横田のスペイン語読み……。

横田　そうなんです。エミリオ·ルスタウ社を訪れたときに、シェリーを使ってカクテルを作ってほしいという依頼があって。そのとき創作したカクテルのひとつで、名前を決めていなかったのでそのままで良いかなと。

味香　甘口のシェリーということは、辛口もあるんですか？

横田　召し上がっているモスカテルやペドロ・ヒメネスといった極甘口のタイプから、淡い色をした辛口のマンサニージャやフィノ、同じように辛口でも色が濃いパロ・コルタドやオロロソ、アモンティリャードがあります。あとは、ほのかに甘いミディアム、中甘口のペイル・クリームやクリーム。ブドウ品種や醸造方法、熟成によって、さまざまなタイプのシェリーができます。白ワインの一種ですが、ワインと大きく違うのは酒精強化をしている点でしょうか。

味香　前に、ブドウ由来のアルコールを足すと聞きました。

横田　アルコール度数を高めれば、劣化や酸化を防げますからね。昔はいまのような設備がなくて、温度管理などが難しかったので、そのようなアイデアが生まれたのかと。

味香　もう一杯、シェリーベースのカクテルをください。辛口で、強くても大丈夫です。

客A　僕はギムレットをお願いしようかな。

—横田さんがカクテルメイキング—

客A　そういえばこの前、神楽坂の「サンルーカル」に行きましたよ。ギムレットに氷が浮いているのを見て、思い出しました。

味香　サンルーカル!?　私も行きました。

客A　新橋さんと横田さんは、前に同じバーで勤務されていて。銀座の「テンダー」という名店で、師匠の上田和男さんが作るギムレットもこうして氷がひとつ浮いているんですよ。ここの店名は新橋さんの影響が大きいのかな。

横田　スペインで自分の土産に買った地図がカディス県のもので。その中にサンルーカル・デ・バラメダなど、シェリーを造っている町がありました。町の名前を付けようかとも悩みましたが、地図をぼんやり眺めていてカディスにしよう、と。

客A　2年くらい前にも、スペインへ行かれてましたよね。

横田　シェリーの原料になるブドウはどんな味だろう、食べてみたいと思って。9月初めに収穫が始まるので、それに合わせて行きました。

味香　いいなぁ、楽しそう。

横田　ボデガ（醸造所）で飲んだ樽出しのシェリーと、ガスパチョが忘れられないですね。バルに行くと、タンブラーでガスパチョが出されるんですよ。コンビニのレジ前でぐるぐる回転するスムージーみたいに、ガスパチョも回っていて。

味香　スープ皿じゃなくて、タンブラー……。

横田　生ハムも、フォークではなく手で食べると脂が溶けて美味しくなるとか、たくさんのことを教えて頂きました。あとは、スペインのサンドイッチ「ボカディィージョ」とか。

味香　現地のガスパチョと生ハムとボカディィージョ、食べてみたい！

客A　次の出張、スペインにならないかな〜。

本日のお会計

ジョコタ	1,300円
アドニス	1,200円
チャージ	900円
サービス料	10%
	計 3,740円

※合計は税込価格です

透明のモスカテルを使ったオリジナルカクテル

スペインのエミリオ・ルスタウ社を訪れたときに依頼されて創作したオリジナルカクテルです。通常のモスカテルはブドウを天日干しにしてから果汁を酒精強化、熟成を経るので濃い色が付きますが、これは透明。そういうモスカテルはなかなか手に入らないので、ベースの銘柄は指定です。

ブレンダーに材料を入れたら、液体がかぶるくらいのクラッシュド・アイスを加えて緩めのフローズンに。固いと、スパークリングワインを入れたときに分離してしまいます。

もともとスパークリングワインにモスカテルを少し垂らしてお客さまにお出ししていたのが、このカクテルの原型。現地へ行ったのが8月末の暑い時期で、フローズンカクテルを炎天下で召し上がって頂きたくて考えました。暑い日の一杯目にお勧めです。

「ジョコタ」横田さんレシピ

シェリー（エミリオ・ルスタウ　モスカテル・デ・チピオナ）…… 30ml
レモン・ジュース…… 10ml
シンプル・シロップ…… 10ml
スパークリングワイン（ラベントス ブラン・ド・ブラン）…… 適量

［ 作り方 ］
①シェリー、レモン・ジュース、シンプル・シロップとクラッシュド・アイスをブレンダーで撹拌し、グラスに注ぐ。
②スパークリングワインを加えて、軽くステアする。

COCKTAIL RECIPE

フィノではなく、オロロソをベースに

オロロソ・シェリーをベースにした「アドニス」です。普段はフィノ（エミリオ・ルスタウ　ラ・イーナ）ですが、しっかりした味わいと香りを好まれるお客さまに“オロロソ・アドニス”をお出ししています。ほかのオロロソや、マンサニージャをベースにすることもありますね。

オロロソの香りを活かすため、スタンダードレシピにあるオレンジ・ビターズやピールは使いません。フィノで作るときも、シェリーとスイート・ベルモットは同じ2対1の比率で、ビターズは加えずにレモン・ピールをかけます。

ミキシング・グラスに入れる氷は、液面から少し出るくらいの量。シェリーは冷やし過ぎると酸味が出たり、味が固くなるので、11～12℃のやや高めに設定した冷蔵庫で保管しています。

［ アドニスのスタンダードレシピ ］
●ドライ・シェリー　40ml、スイート・ベルモット　20ml、オレンジ・ビターズ　1dash
●材料をステアして、カクテル・グラスに注ぐ。好みでオレンジ・ピールをかける。

「アドニス」横田さんレシピ

シェリー（エミリオ・ルスタウ ドライ・オロロソ ドンヌーニョ）…… 40ml
スイート・ベルモット
（チンザノ ベルモット ロッソ）…… 20ml

［ 作り方 ］
材料をミキシング・グラスでステアして、カクテル・グラスに注ぐ。

SPECIAL THANKS

MASARU YOKOTA
横田 勝さん
趣味
サッカー
お気に入りの曲
西野カナ『トリセツ』

MEMO

Column

バーでの振る舞い

バーへ入ったときから、自分もそのお店の雰囲気を作るひとりだということを意識すれば、自ずとどうすれば良いか見えてきます。そこは静かで落ち着いているバーですか？　お客さん同士が楽しく会話していますか？　バーテンダーと飲み手が変われば、その空気もガラッと変わるほど、そこにいる人が大事なのです。

Q　バーで乾杯したいときは？

A　バーには繊細なグラスや、古いアンティークグラスなどがあります。グラスを少し持ち上げて、お互いの目を合わせて小さく乾杯すると良いでしょう。その時、グラスは付けないほうが無難です。ちょっとした衝撃で、目に見えない小さなヒビが入ることも。

Q　タバコを吸いたいのですが、禁煙のバーも増えていますよね。

A　まずはバーテンダーさんに吸っても良いか、聞きましょう。タバコの煙は思った以上に広がりますし、香りの強いタイプのものもあります。周囲のお客さんにも、念のために断っておくと親切です。

Q　注文したボトルを手に取って見たいです。

A　ウイスキーなど、注文したボトルが目の前に置かれることは多いですよね。もし手に取りたいときは、バーテンダーさんにひと言声をかけましょう。勝手に触るだけでなく、自ら栓を開けて香りを嗅ぐ光景を見かけますが、ボトルはお店のものであって、ほかのお客さんも飲むことを考えて。写真を撮りたいときも、バーテンダーさんに断ってからにしましょう。

Q　出てきたお酒が好みの味じゃなかったら？

A　無理して飲むより、きちんと伝えてバーテンダーさんに調整してもらいましょう。「もう少しドライ（または甘め）にして頂けませんか？」「思ったより強くて」などと伝えれば、甘酸味を調整したり、氷を加えてロックスタイルにしたりと、出来る限りの対応はしてくれるはずです。

Q ほかのお客さんの会話が気になります。

A 静かなバーでは、ほかのお客さんの話が聞こえてくることも多々あります。自分が話す内容も聞こえていることを意識して、周りを不快にさせないよう気遣えるといいですね。ほかのお客さんに話しかけたいときは、バーテンダーさんに確認して。バーテンダーさんとお客さんが話しているときに、こちらを気にしているなどの状況によっては、さりげなく会話に入るのも良いでしょう。

Q 2杯目を注文するタイミングがわかりません。

A 最初の1杯はバーテンダーさんから聞かれるかもしれませんが、それ以降は「次はどうされますか?」と声をかけるバーもあれば、敢えて聞かないバーもあります。目で合図するか、軽く手をあげる形でバーテンダーさんを呼びましょう。聞かれないからと1杯で長居するのは格好悪いので、きちんと頼むかさくっと帰りましょう。

Q ちょっと酔ってしまいました。

A 酔ってきたかも? と思ったら、バーテンダーさんにチェイサー(お水)をお願いしましょう。美味しいお酒の味も記憶もわからなくなってしまっては勿体ないですし、お店やほかのお客さんにご迷惑をおかけするかもしれません。ショートカクテルを立て続けに飲むと酔いやすいので、ロングカクテルを挟むなど自分なりに工夫して飲みましょう。できれば長く、楽しく飲みたいですよね。

Q 混んできて、なかなかバーテンダーさんと話せません。

A 営業中、バーテンダーさんは複数のお客さんを相手にしていることが多いです。バーテンダーさんに会いたくて、そのカクテルを飲みたくて来ている人はほかにもたくさんいますよね。もしかしたら同じ思いをしているお客さんがいるかもしれませんし、バーテンダーさんも本当は声をかけたいのに手が回らないこともあります。状況を読んで、譲り合えるお客さんになりたいですね。

Q お会計はどうすれば?

A 基本的にはテーブルチェックです。バーテンダーさんがひとりで接客からカクテルメイキング、片付けなどをしているバーもありますので、「手が空いたらお会計を」と伝えるとバーテンダーさんも助かります。席でそのまま待ちましょう。

8月 August

夏休みに入って、海やプールへ出かける人も多いのではないでしょうか。海の家を見渡すと、モヒートバーやビーチでしか飲めないご当地ハイボールを提供するところなど、いろいろなコンセプトのお店が並んでいます。「サザンビーチちがさき」では、バーが長年営業する海の家も。その後は、バーでのんびりとクールダウンしてみては?

BAR《バー》 古玄《こげん》

海の香りを感じながら、二重になった重い扉を開けたときの特別感をしみじみと味わって。茅ヶ崎の一角に、深く広がる幽玄の世界へようこそ。

SHOP INFORMATION	
	神奈川県茅ヶ崎市共恵1-7-30 Tel.0467-38-8793
	営業時間 17:00~02:00／日曜休み
	チャージ　300円、サービス料なし／席数 8
	カクテル　1,000円～、ウイスキー　800円～、ワイン　800円～（税込）

味香　あれっ、開かない。これってカードをかざすのかな？〈扉をコンコンと叩く〉

古田博人さん（以下、古田）　いらっしゃいませ。どうぞお入りください。

味香　すみません、初めてで。会員制ですか？

古田　扉をノックして頂くか、事前にお電話をくだされば大丈夫ですよ。当店の空気感やスタイルを守るため、あえて会員制と謳っています。

味香　入口にカードをかざすようなところがありましたよね。

古田　あれは指紋認証です。ちょっとした遊び心で。

味香　面白いですね。何か海をイメージしたようなカクテルはありますか？

古田　フルーティで飲みやすい「ガルフ・ストリーム」はいかがでしょう。ウォッカがベースで、ピーチ・リキュールやグレープフルーツ・ジュースを使います。

味香　それをお願いします。あと、「特製カツサンド」をください。

―古田さんがカクテルメイキング―

味香　店内が暗いので、ちょっとわかりづらいですが……。〈ライトでカクテルに光をあてる〉

味香　わぁ、綺麗な海の色。

古田　今日のような暑い日に、お勧めの一杯です。

味香　本当に暑いですよね。茅ヶ崎駅の周辺、水着で歩いている人が多かったです。

古田　こちらの南口側が海なので、夏は水着のまま歩く人が多いですね。地元の人はサーフィンが好きですし、それで引っ越してきたとよく聞きます。

味香　ここからだと、サザンビーチちがさきとか？

古田　サザンビーチより東、辻堂寄りに「チサン」「チーパー」「パーク」というサーフポイントがあって、僕はそちらへ行きます。

味香 お休みの日に行かれるんですか?

古田 波があれば、仕事前に行きますね。

味香 サザンといえば、茅ヶ崎駅のホームでサザンオールスターズの曲が流れていますよね。

古田 『希望の轍』ですね。上りはイントロ、下りはサビが流れます。僕も茅ヶ崎に引っ越してきてから、サザンを聞くようになりました。

味香 愛着がわきますもんね。普段は何を聞かれるんですか?

古田 ジャズならビル・エヴァンス、クラシックならルービンシュタインが好きです。幼稚園の頃、初めて買ってもらったレコードがショパンでした。

味香 幼稚園児で!?

古田 両親が音楽家で、小さい頃からピアノを弾いていたのもあって。

客A こんばんは。今日もマティーニを飲みに来ましたよ。

古田 いつも遠くからありがとうございます。

味香 (マティーニをわざわざ飲みに来るんだ……)

古田 ＜カツサンドを差し出す＞お待たせいたしました。

味香 パンが薄くてちょうどいいサイズですね。

古田 お食事というより、おつまみですね。ミルフィーユ状にした肩ロースで、柔らかいですよ。

味香 マティーニを飲んでみたいんですけど、結構強いですよね。

古田 最初はそのままだときつく感じてしまうかもしれませんね。桃などを使ったフルーツマティーニをお作りすることもできますよ。

味香 その桃を使ったマティーニをください。

—古田さんがカクテルメイキング—

味香 メジャーじゃなくて、グラスでお酒を量っていますよね?

古田 一般的にはメジャーカップが使われますが、これはショットグラスです。独立前、関内にある「馬車道十番館」のバーに勤めていた時のスタイルを踏襲していて。金山二郎さんという名バーテンダーが僕の師匠で、「お客さまの目の前で、しっかり量っているところを見せなさい。目分量で注いではいけない」と教えられました。メジャーカップがない時代、きちんと量っている姿を見せるために考えられたんでしょうね。

味香 透明だから中身も見えますしね。

客A もう一杯マティーニをください。飲んだら、バルにも寄っていきますね。

古田 ありがとうございます。

味香 近くにバルが?

古田 隣にお昼はカフェ、夜は日本酒バルになる店を経営していまして、「CAFE Reef」は生パスタ、「日本酒バル 凛」は女性の利き酒師が厳選した日本酒を揃えています。

味香 日本酒かぁ、私も後でちょっとのぞいてみますね。

本日のお会計

ガルフ・ストリーム	1,100円
桃のマティーニ	1,200円
特製カツサンド	1,000円
チャージ	300円
計	3,600円

※合計は税込価格です

爽やかな青色が海を連想させる一杯

ガルフ・ストリームはメキシコ湾流のことで、ヘミングウェイが「青い河」と呼んでいました。レシピの比率によっては、仕上がりが緑色に近くなります。当店は茅ヶ崎にありますので、海をイメージして爽やかな青色が出るようレシピを調整しました。

ベースのウォッカは、フルーツの甘さを引き立ててくれるケテルワン。逆にアルコール感が欲しいスタンダードカクテルには、スミノフを使います。シェーカーの8分目くらいまで小・大・小と大きさの違う氷を入れたら、縦方向に氷を転がすようにシェイクして空気を入れます。

口に含むと、フルーツの香りが柔らかく広がる飲みやすいカクテル。暑い日の一杯目にお勧めしたいです。

[ガルフ・ストリームのスタンダードレシピ]

- ウォッカ　20ml、ピーチ・リキュール　20ml、ブルー・キュラソー　10ml、グレープフルーツ・ジュース　40ml、パイナップル・ジュース　10ml
- 材料をシェイクして、氷を入れたオールドファッションド・グラスに注ぐ。

「ガルフ・ストリーム」古田さんレシピ

ウォッカ（ケテルワン）	20ml
ピーチ・リキュール（デカイパー）	12ml
ブルー・キュラソー（ボルス）	1tsp強
グレープフルーツ・ジュース	40ml
パイナップル・ジュース	1tsp強

[作り方]

材料をシェイクして、氷を入れたオールドファッションド・グラスに注ぐ。

COCKTAIL RECIPE

季節によって愉しめるフルーツマティーニ

夏ならスイカやイチジク、ブドウ、キウイなど、季節によっていろいろなフルーツマティーニをお出ししています。フルーツを使う場合、最後に漉すスタイルもありますが、果実感を出すためあえて漉していません。

レモンを加えてすっきりと仕上げているので、果実が入ってもそれほどねっとりしていませんよね。桃のえぐ味が出ないよう、レモンの量はほんの少しです。シロップは、上白糖と水を混ぜた自家製。小さめの氷をシェーカーの5分目くらいまで入れて、やや強めに縦スクロールのシェイクをします。

通常のマティーニもタンカレーを使っていて、そのふくよかさとコシの強さが気に入っています。ドライ・ベルモットは、ノイリー・プラット。かなりドライな比率ながら、柔らかい口当たりになるようお作りしています。こちらも是非お試しください。

[マティーニのスタンダードレシピ]

- ドライ・ジン　45ml、ドライ・ベルモット　15ml
- 材料をステアして、カクテル・グラスに注ぐ。レモン・ピールをかけて、オリーブを飾る。

「桃のマティーニ」古田さんレシピ

ジン（タンカレー）	40ml
桃	1/2個
シンプル・シロップ（自家製）	1/2tsp
レモン・ジュース	1dash

[作り方]

①桃を皮ごとカットしてシェーカーに入れ、ペストルで潰す。
②残りの材料を加えてシェイクし、カクテル・グラスに注ぐ。

SPECIAL THANKS

HIROTO FURUTA
古田博人さん

趣味
サーフィン、ピアノ

お気に入りの曲
Bill Evans
『Waltz for Debby』

MEMO

TIGRATO《ティグラート》

ジェラートとカクテル、コーヒー、音楽、異文化交流。画家・藤田嗣治氏の住居だった場所が、あらゆる文化の発信基地になるかもしれません。

SHOP INFORMATION

東京都千代田区六番町13-6 AS BLDG 1F Tel.03-5214-1122
営業時間 11:00~23:00（土12:00~22:00）／日・祝休み
チャージ、サービス料なし／席数 16+テラス席
カクテル　900円～、ウイスキー　800円～、ワイン　1,000円～（税込）

客A　ゴルゴンゾーラのジェラートをください。
客B　ねえ、お酒も飲めるみたいだよ。
高宮裕輔さん（以下、高宮）　ゴルゴンゾーラでしたら、赤ワインやウイスキーが合いますよ。
客B　私、モヒートを飲もうかな。
高宮　モヒートにはプラムやピスタチオのジェラートがお勧めで、よろしければ盛り合わせでお出しします。モヒートやジントニックなどのロングカクテルは、テイクアウトもできます。
味香　こんにちは～。テラスでシャンパンを飲んでいる女性たちがいて、引き込まれちゃいました。
高宮　天気の良い日は、最高ですよね。
味香　ショートカクテルで軽めのものって、できますか？
高宮　シェリーベースでよろしいですか？
味香　はい。それから「チーズせんべい」をください。
―高宮さんがカクテルメイキング―
高宮　モスカテルという極甘口のシェリーと、アールグレイを使ったカクテルです。
味香　飲みやすいですね。早い時間から飲みたいときにいいかも。
高宮　アルコール度数が高いものを好まれなかったり、普段飲み慣れないお客さまにも楽しんで頂けるように、ローアルコールのカクテルをご用意しています。カフェとしてのご利用も多いですが、お酒の世界にも少し興味を持ってくださったら嬉しいなと思いまして。
味香　店名の「TIGRATO」はどういう意味ですか？
高宮　イタリア語でトラ猫のことです。ここは以前、画家・藤田嗣治さんのお住まいでした。藤田さんは猫を画題にした作品を多く描かれたことで知られていて、それが由来になっています。
客C　高宮くん、お久しぶり！　開店おめでとう。「オ・コントワール」以来だね。

高宮　わぁ、ありがとうございます。石神井ではお世話になりました。

客C　こっちでもよろしくね。まずは「縁（えにし）」を飲もうかな。

高宮　かしこまりました。〈鰹節を削り始める〉

味香　!?

高宮　これは鰹節を使った僕のオリジナルカクテルです。バーのカウンターで鰹節を削る光景は珍しいので、みなさん驚かれますね。

味香　びっくりしました。でも、良い香り。

客C　高宮くんが前に石神井公園でバーを経営していたときに創作したんですよ。カクテルコンペに出した作品だよね。キリン・ディアジオの「ワールドクラス2017」だっけ。

高宮　残念ながら敗退しましたが、とても思い入れのある作品です。〈チーズせんべいを差し出す〉割りながら召し上がってください。

味香　ちょうどいいおつまみ。ローアルコールのカクテル、もう一杯お任せします。

—高宮さんがカクテルメイキング—

高宮　こちらも極甘口のシェリーと、エスプレッソを合わせたカクテルです。先ほどはモスカテルでしたが、これはペドロヒメネスというタイプのシェリーです。

味香　カフェでもあるから、紅茶やコーヒーと組み合わせたカクテルができるんですね。

高宮　最近は、コーヒーカクテルを作るバーテンダーやバリスタが増えてきています。お茶もこれからどんどん使われるでしょうね。

客C　そういえばこの前、高宮くんが作ったブラッディーメアリーのセロリソルトを酒屋で見かけたよ。ほかにも何か作ってるの?

高宮　農家さんと一緒にフルーツシロップの商品開発をしています。

客C　相変わらず、カウンターから飛び出して面白そうなことやってるね。4月の熊本はどうだった?　復興のチャリティイベントをしたでしょう?

高宮　やっぱり、足を運ぶのが一番の支援になりますよね。熊本のバーテンダーの皆さんとの交流も深まりました。

味香　すごくアクティブですね。

客C　ここでも、フルートとギターの生演奏が聴けるイベントをしたりね。

高宮　音楽とコラボすることで、音楽好きな人がカクテルを飲むようになったり、またその逆もあり得ますよね。ジェラートもそうですが、何かをきっかけにしてほかの世界が開けるかもしれません。僕は、バーの間口を広げたくて。

味香　きっと、芸術家だった藤田さんも喜びますね。

高宮　もともとがそうであったように、ここから芸術的なことを発信していけたらいいですね。

本日のお会計

アールグレイとモスカテルのカクテル	1,400円
エスプレッソとペドロヒメネスのカクテル	1,400円
チーズせんべい	800円
計	3,600円

※合計は税込価格です

8月 TIGRATO

紅茶とシェリーの新しい組み合わせ

これまでにイチゴ、マンゴー、さくらんぼ、デラウェアなど、さまざまなフルーツとアールグレイのノンアルコールカクテルを作ってきました。次はアールグレイに合うお酒を、と探していたら、モスカテルの香りがアールグレイに近いことに気づいて、この2つはマッチするだろうと考えました。

それらをベースに、酸味と甘味を加えて味わいを引き立たせ、整えます。レモンが入るとステアでは濁ってしまうので、シェイクで。キューブ・アイスをシェーカーの8分目くらいまで入れて、素早く短く振ります。

アールグレイは柑橘系のベルガモットで着香した紅茶で、最後にオレンジ・ピールをかけてその風味をより強調させました。このカクテルと一緒に、プラムや桃、南高梅のジェラートを召し上がってみてください。

「アールグレイとモスカテルのカクテル」高宮さんレシピ

シェリー（モスカテル マガリョネラ）	30ml
紅茶（アールグレイ）	40ml
レモン・ジュース	5ml
シンプル・シロップ	5ml
オレンジ・ピール	1片

［作り方］

①オレンジ・ピール以外の材料をシェイクして、カクテル・グラスにダブルストレイン。

②オレンジ・ピールをかける。

COCKTAIL RECIPE

コーヒー感覚で飲みたいライトな仕上がり

ペドロヒメネスとエスプレッソの濃厚な組み合わせですが、水を加えてコーヒーやほかの材料の存在感を際立たせました。ウイスキーに加水すると、香りが立つのと同じ要領です。

白ブドウが原料のシェリーと、ホワイトバルサミコの相性が良いことは言うまでもありません。バルサミコを1/3の量になるまで鍋で煮詰めて、カクテルにコクと酸味を加えます。水で洗ってしばらく出しておいた緩めの氷を2ピースのシェーカーに入れたら、大きいストロークでシェイク。空気をたくさん取り入れて、フワフワな口当たりに仕上げます。

このカクテルにジェラートを合わせるなら、ミルク、ゴルゴンゾーラ、ピスタチオなどでしょうか。シェリーがお好きでしたら、ペドロヒメネスのジェラートもありますよ。

「エスプレッソとペドロヒメネスのカクテル」高宮さんレシピ

シェリー（アレクサンドロ ペドロヒメネス）	30ml
エスプレッソ	45ml
ブドウ・ジュース	30ml
水	30ml
ホワイトバルサミコのレディクション（ガーニッシュ）	2ml
コーヒー豆	1粒

［作り方］

①材料をシェイクして、カクテル・グラスに注ぐ。

②コーヒー豆を飾る。

SPECIAL THANKS

YU-SUKE TAKAMIYA

高宮裕輔さん

趣味

山登り

お気に入りの曲

Amy Winehouse

『Rehab』

MEMO

QWANG《クワン》

化学調味料を使わずに作る伝統的なタイ料理と、クラシックカクテルの斬新な組み合わせ。この思いがけない発見と、面白さを体感して頂きたい。

SHOP INFORMATION

東京都港区西麻布3-1-18 RD西麻布B1F　Tel.03-5410-8998
営業時間 18:00～02:00／日・祝・第1土曜休み
チャージ　540円、サービス料なし／席数 19
カクテル　1,080円～、ウイスキー　972円～、ワイン　864円～（税込）

リコ　暑いね～。この前行ったビアガーデン、良かったなぁ。
味香　凛さんとジローさんが連れて行ってくれたところでしょ？明治記念館の。
リコ　「鶺鴒」ね。ビアガーデンじゃなくて、ビアテラスだっけ。
味香　美しい庭園だったよね。……はぁ、暑い。暑気払い行く？
リコ　行くでしょ。気になってるバーがあるから、付き合って。タイ料理とカクテルがメインのお店でさ。＜2人で六本木駅から西麻布方面へ歩く。看板を見つけて階段を下る＞
長谷川康弘さん（以下、長谷川）　こんばんは。
リコ&味香　こんばんは～。
リコ　テキーラ・ハイボールにしようっと。
味香　早っ。決めてたの？
リコ　お店のHPを見てたからね。メニューの一番上に書いてあったし、タイ料理に合うんだって。「テキーラ・ハイボール」と「豚肉のミントサラダ」をください。
味香　私は「タイ・コリンズ」と「ベトナム生春巻き」を。

―長谷川さんがカクテルメイキング―

味香　ちょっとピリッとしますね。
長谷川　タイの唐辛子が入った、スパイシーなトム・コリンズです。
リコ　テキーラ・ハイボールのベースは何ですか？
長谷川　「エラドゥーラ プラタ」です。レモングラスやパクチーの根っこのような、抽象的ですが緑っぽい感じのするテキーラですね。そもそもテキーラの生産地メキシコの料理と、タイ料理は共通点がかなりあって。コリアンダー、唐辛子、ライムなどを使いますし、辛くて酸っぱくてパクチーが効いているという。
リコ　だからテキーラとタイ料理が合う、と。
長谷川　タイの地酒でしっくりくるものがなかなかなくて。
リコ　メニューに日付が書いてあるってことは、日替わりですか？

長谷川　ほとんど変わりはないのですが、少しずつ変えています。

＜生春巻きを差し出す＞

味香　大きいですね。食べ応えがありそう。

長谷川　海老、蒸し鶏、サニーレタス、もやし、ニラ、青じそが入っています。見た目より軽くてそれほどお腹にたまらないので、おつまみに良いですよ。現地では濃厚なピーナッツソースが主体ですが、ナンプラーにレモン・ジュースと唐辛子を加えてさっぱりと召し上がりやすくしています。

リコ　ほかにタイ料理に合うカクテルは？

長谷川　いまメニューに載っている中でしたら「ミッド・ナイト・イン・バンコク」でしょうか。メスカルをベースに、パッションフルーツ・シロップとライム・ジュースを混ぜたオリジナルカクテルです。

味香　メニューのコメントが素敵。「深夜12時のバンコク・サトーン地区、気温28度、南国の菊の花と焦げた炭の香りに誘われて」だって。

長谷川　一昨年、10年ぶりにバンコクへ旅行したときに感じた焦げ臭さや暑さ、ドリアンやパイナップルが入り交じった香りを懐かしく思いながら創作しました。

リコ　頭の中がバンコクになってきた。そのカクテルを頂けますか？

味香　私は「ダイキリ」をください。

―長谷川さんがカクテルメイキング―

味香　生春巻き、美味しいから半分食べていいよ。

リコ　じゃあ、私のミントサラダも半分ね。いま奥で料理をされている女性が、いつも作ってらっしゃるんですか？

長谷川　はい。僕の妻で、もともとタイ料理のレストランで働いていました。

リコ　美味しいわけですね。

味香　ローアルコールカクテルも気になる。結構出ますか？

長谷川　「リレ・ブラン・トニック」をよくご注文頂きますね。リレはフランス・ボルドー産の白ワインに、ハーブやスパイスを調合して造られた食前酒です。

味香　「ガリバルディ」は？

長谷川　クラシックなカンパリ・オレンジです。僕は作り方を少し変えていて、カンパリとオレンジ・ジュース、シンプル・シロップをブレンダーで1分ほど撹拌してふわっとさせています。NYの老舗バー「ダンテ」のガリバルディを参考にしたもので、恵比寿にある「Bar TRENCH」のバーテンダーからこのカクテルの存在を教えて頂きました。

味香　ノンアルコールもいくつかある……。

リコ　あまり飲めないけど、バーが好きな友達がいるって言ってたね。

味香　そうなの。ここのカクテルを彼女に教えたいな。

本日のお会計

タイ・コリンズ	1,512円
ダイキリ	1,404円
ベトナム生春巻き	1,080円
チャージ	540円
計	4,536円

※合計は税込価格です

トム・コリンズをスパイシーにツイスト

トム・コリンズをスパイシーにツイストした「タイ・コリンズ」です。ボビーズ・ジンのボタニカルはインドネシアのスパイスやハーブが主体で、特にレモングラスが効いている点からベースに選びました。インドネシアとタイは、共通するスパイスがとても多いですよね。

レモングラス、バイマックルー、カー（タイの生姜）を半分くらいの量になるまで煮詰めたら、同量の砂糖を足してタイ・シロップを作ります。ちなみにレモングラス、バイマックルー、カーにナンプラーなどを加えて鶏ガラスープで煮ると、トムヤムクンのベースになります。

プリッキーヌはお客さまのお好みに合わせて量を調整して、種も一緒にブレンダーで混ぜています。これをシェイカー全体に行きわたらせるようにシェイクして、少量でも辛味を感じられる味わいに仕上げています。

[トム・コリンズのスタンダードレシピ]

● オールド・トム・ジン　45ml、レモン・ジュース　20ml、シンプル・シロップ　2tsp、ソーダ適量
● 氷を入れたコリンズ・グラスにソーダ以外の材料を注ぎ、ステアする。ソーダで満たして、軽くステアする。スライス・レモン、マラスキーノ・チェリーを飾る。

「タイ・コリンズ」長谷川さんレシピ

ジン（ボビーズ）	45ml
レモン・ジュース	17ml
タイ・シロップ（自家製）	8ml
プリッキーヌ（タイの唐辛子）	少量
ソーダ（ガーニッシュ）	適量
バイマックルー（こぶみかんの葉）	1枚

[作り方]

①ソーダ以外の材料をシェイクして、氷を入れたコリンズ・グラスに注ぐ。
②ソーダで満たして軽くステアし、バイマックルーを飾る。

COCKTAIL RECIPE

しっかりラムが入るのに飲みやすい

クリアで飲みやすいハバナクラブ3年をベースに、ダイキリをお作りしました。一般的なレシピよりラムの量が多く、アルコールの強さを感じさせないシェイクがポイントです。

シェーカーのボディから少し出るほどの氷を入れて、やや長めにシェイク。指先がかなり冷たくなるまで、スナップを効かせて強めに振ります。とにかく冷たく、口当たり良く仕上げたいですね。

シロップはグラニュー糖、きび砂糖、水を1：1：1の比率で混ぜて作りました。グラニュー糖だけでも美味しいのですが、きび砂糖は香りが良く、コクが出ます。ただ、それほど深いコクを必要としないので、グラニュー糖と半々の配合にしています。

[ダイキリのスタンダードレシピ]

● ホワイト・ラム　45ml、ライム・ジュース　15ml、砂糖　1tsp
● 材料をシェイクして、カクテル・グラスに注ぐ。

「ダイキリ」長谷川さんレシピ

ラム（ハバナクラブ3年）	60ml
ライム・ジュース	20ml
ダイキリ・シロップ（自家製）	1tsp

[作り方]

材料をシェイクして、カクテル・グラスに注ぐ。

SPECIAL THANKS

YASUHIRO HASEGAWA
長谷川康弘さん

趣味
映画鑑賞、食事に出かけること

お気に入りの曲
Bob Dylan
『Triplicate』

MEMO

BAR《バー》 DARK KNIGHT《ダークナイト》

知り合いが手作りする素材を使って、新しいカクテルを生み出す。「人と人との繋がりを大切にしたい」と話す“夜のヒーロー”、バーテンダーに会いに来てください。

SHOP INFORMATION	
	東京都立川市柴崎町 2-3-3　MSTビル3F　Tel.042-512-9959
	月～木18:00～05:00、金～日15:00～05:00／無休
	チャージ　600円、サービス料なし／席数 14
	カクテル　900円～、ウイスキー　700円～、ジン　800円～（税込）

味香　こんばんは。

寺澤悠次さん（以下、寺澤）　いらっしゃいませ。こんばんは。〈メニューを差し出す〉

味香　「パンダンリーフ」って何ですか？

寺澤　東南アジアでよく使われる、甘い香りのするハーブです。デザートの香り付けに使うことが多いようですが、ご飯を炊くときや鶏肉の料理に入れることもあるそうです。これを浸け込んだラムと、レモングラスのシロップを使ってカクテルをお作りします。

味香　バイマックルーのカクテルもありますね。

寺澤　そちらはウォッカに浸け込んでいます。パンダンリーフもバイマックルーも、パッションフルーツと合わせると美味しいですよ。

味香　パンダンリーフにします。そちらにある生ハムもください。

―寺澤さんがカクテルメイキング―

味香　パンダンリーフは、どちらから仕入れるんですか？

寺澤　これは頂きもので。7月にマレーシアへ行ったとき、宿泊先のホストがパンダンリーフを育てていました。

味香　マレーシアは物価が安いですよね。

寺澤　フルーツは安いのですが、お酒がとても高くて。もし現地でお酒を飲むなら、免税範囲で持ち込んだほうが良いかもしれません。僕は仕事で行ったので、現地で手に入りにくいものは持ち込みました。

味香　お仕事でマレーシアに？

寺澤　クアラルンプールで毎年『Junglebird Cocktail Week』というイベントが開催されていて。新宿のバー「Ben Fiddich」の鹿山さんがゲストバーテンダーで呼ばれたので、僕はサポートで付いていきました。

味香　ジャングルバードというのは？

寺澤　1970年代にクアラルンプールの旧ヒルトンでウェルカムドリンクとして生まれた、マレーシアを代表するカクテルです。当初のレシピはダークラム、カンパリ、パイナップル・ジュース、ライム、シンプル・シロップが入っていたそうで、それを鹿山さんがアレンジした「ベンフィディック・ジャングルバード」を現地で披露してきました。3時間半で300杯出ましたね。〈生ハムを差し出す〉

味香 すごい数！ このカクテル、美味しいけどパンダンリーフが無くなったら作れなくなっちゃいますね。

寺澤 沖縄や小笠原諸島でも作られているので、取り寄せることはできます。でも、知り合いから譲って頂いたものでカクテルを作ることが多いですね。メニューにある「五日市産山椒のジントニック」は、五日市にお住まいのお客さまから頂いた山椒で作ります。毎年8月中旬には、樹齢百年以上の青柚子を収穫させて頂いてカクテルに使っています。

味香 青柚子は、どんなカクテルに？

寺澤 いろいろできますが、マルガリータがお勧めです。先ほどの山椒も、テキーラに柚子を浸けたものと合わせてマルガリータにしたり。それから「7年熟成のカレー粉」もお客さまが作られたもので、そちらもカクテルにできます。

味香 7年熟成⁉ 飲んでみたいです。

寺澤 ジンベースの「シルバー・ブレット」や、少し甘口の「ゴールデン・キャデラック」がご用意できます。

味香 甘口のほうで。

―寺澤さんがカクテルメイキング―

味香 カレー粉を使ったカクテル、初めて飲みました。ほかにもユニークなカクテルがあるんでしょうね。

寺澤 いま、香り成分で心身を癒すカクテルの創作に取り組んでいます。例えば、ブランデーサワーのツイスト。ブランデーと同じくフランス産のブドウだけで造られたシロック・ウォッカをベースに、ブランデーサワーに使う卵白をアクアファバに変えます。これがとても泡立つので、浴槽型のグラスに注ぐとまるで泡風呂のように。保冷で底に炭酸氷を敷いて、ジャグジーのような演出も考えています。

味香 炭酸氷？

寺澤 独自の製法で氷に炭酸を閉じ込めた、炭酸入りの氷です。熊本県の会社が製造・販売しています。

味香 炭酸氷に、浴槽型のグラスかぁ。

寺澤 その浴槽型グラスの隣に、癒し効果のあるローズ・エッセンス、ベルガモット・オイル、ラベンダー・ビターズを置いて、お客さまご自身の手で香りを加えて頂きます。僕がアロマを入れた半身浴をしていて、とても癒されることからこのカクテルを思いつきました。

味香 良い香りって、癒されますよね。疲れたときに、飲みに来ます！

本日のお会計

パンダンリーフとレモングラスのカクテル	1,400円
カレー粉のゴールデン・キャデラック	1,400円
スペイン産生ハムの原木切り落とし	1,200円
チャージ	600円
	計 4,600円

※合計は税込価格です

東南アジアのハーブを使ったオリジナルカクテル

東南アジアでよく使われるハーブ「パンダンリーフ」とレモングラスを使ったオリジナルカクテルです。ダイキリやモヒートにもアレンジできますが、今回はパッションフルーツを合わせて創作しました。グレープフルーツを加えて、パッションフルーツの足りない果汁を補います。曖昧な酸味があって、良いつなぎになる“名脇役”ですね。

さらに、レモンやライムの酸味ではなく、フルーツの風味を邪魔しないクエン酸を加えます。レモンの酸度が6%なので、100mlの水に対して6gのクエン酸を溶かして同じ濃度にしています。

材料はすべて冷やしていますし、クラッシュド・アイスに注いだ瞬間から冷たくなります。そこで、シェイクするときに氷は不要と考えてドライシェイクにしました。今回はソーダでさっぱりと仕上げましたが、トニックウォーターを使って甘めにもできます。

「パンダンリーフとレモングラスのカクテル」寺澤さんレシピ

ラム（ロンリコ／パンダンリーフ・インフュージョン） 30ml、パッションフルーツ 1個、グレープフルーツ・ジュース 30ml、レモングラス・シロップ（自家製） 15ml、クエン酸水溶液 10ml、レモン・ビターズ（ザ・ビター・トゥルース） 2dashes、ソーダ 適量
（ガーニッシュ）パッションフルーツ 1/2個（上記で使用したもの）、蜂蜜 適量、パイナップルの葉 2枚

［ 作り方 ］
①ソーダ以外の材料をドライシェイクして、クラッシュド・アイスを入れたグラスに注ぐ。
②ソーダで満たして軽くステアし、ガーニッシュを飾る。

COCKTAIL RECIPE

7年熟成のカレー粉がミソ

7年熟成のカレー粉を使って、ゴールデン・キャデラックをツイストしました。カレー粉はスパイシーですが、熟成が進むとフルーティな香りが出てきますね。ゴールデン・キャデラックが創作された当時と比べて今の生クリームは濃厚ですから、生クリームの量を減らしてその分牛乳を加えています。

カレー粉はシェイクしても混ざりにくいので、クリーマーやハンドブレンダーで撹拌しておくのがポイント。それから大きい氷1個と、小さい氷2個を加えて、ボストンシェイカーでシェイクします。カレー粉は、2tsp入れれば辛口に。

ほかに、ジンとキュンメル、レモン・ジュースで作る「シルバー・ブレット」もカレー粉を使ってツイストしています。キュンメルの香りが苦手なお客さまがいらしたことから、キュンメルは入れずに、ジン、ガリアーノ、ライム、カレー粉をシェイクしてお作りしています。

［ ゴールデン・キャデラックのスタンダードレシピ ］
● ガリアーノ 20ml、ホワイトカカオ・リキュール 20ml、生クリーム 20ml
● 材料を充分にシェイクして、カクテル・グラスに注ぐ。

「カレー粉のゴールデン・キャデラック」寺澤さんレシピ

ガリアーノ……………………………… 30ml
ホワイトカカオ・リキュール（エギュベル）‥10ml
生クリーム…………………………… 15ml
牛乳（全乳）………………………… 15ml
カレー粉……………………………… 1tsp

［ 作り方 ］
①材料をシェーカーに入れて、クリーマーで撹拌する。
②シェイクして、カクテル・グラスにダブルストレイン。

SPECIAL THANKS

YUJI TERASAWA
寺澤悠次さん
趣味
飲みに行くこと、猫と遊ぶこと
お気に入りの曲
平井堅『Ken's Bar』

MEMO

Mixology《ミクソロジー》 Experience《エクスペリエンス》

快進撃を続けるSPIRITS&SHARINGの4店舗目は、六本木駅を降りてすぐ。ここにしかない独創的な未知のカクテルを体験すれば、既成概念なんて吹っ飛びます。

SHOP INFORMATION

東京都港区六本木6-2-35 ハマ六本木ビル4F　Tel.03-6804-2126
営業時間 18:00～02:00／日・祝休み
チャージ　800円、サービス料なし／席数 60
カクテル　1,200円～、ウイスキー　1,200円～、ワイン　1,200円～（税抜）

さとる　あ～、いい映画だったね。どこか飲みにでも行くか！

味香　行きたいバーがあるから、付き合ってくれる？　あのビルの4階なの。

さとる　六本木ヒルズからすぐだな。〈エレベーターが開き、目の前にバーが広がる〉

加曽利信吾さん（以下、加曽利）　いらっしゃいませ。こちらの席へどうぞ。

味香　カウンターが空いてて良かった。メニューがあるよ。

さとる　何を頼もう。……ん？　ＩＰＡって書いてある。イミテーション・ピー・エー？

加曽利　そちらはＩＰＡをイメージしたカクテルで、ビール好きのお客さまにも好評です。

さとる　じゃあ、それをお願いします。

味香　私は「バードック・モスコーミュール」を。

さとる　おなか空いたから、何か食べようよ。

味香　私はちょっと奮発して「赤うしのカツサンド」にする。

さとる　俺は「ラグー ボロネーゼ スパゲティ」にしようっと。

―加曽利さんがカクテルメイキング―

味香　きんぴらごぼうの香りだ！

加曽利　ゴボウを浸け込んだジンと、ごま油を使っています。ＩＰＡはホップを浸け込んだジンを牛乳でウォッシングした、ホップ・ミルク・ウォッシュド・ジンをベースにお作りしています。

味香　ウォッシング？

加曽利　洋服を洗濯（ウォッシング）して汚れや匂いを落とすように、材料から不要なフレーバーや色を取り除く方法です。たとえば牛乳にお酒を入れてかき混ぜた後にクエン酸やレモン・ジュースを加えると、ヨーグルトのように牛乳が固まって沈殿します。色素も牛乳に付着するので、分離した上澄みを漉すと透明な液体ができるんですよ。

清澄化するとまろやかな味わいになってテクスチャーもきめ細かくなるので、シェイクするとよく泡が立ちますね。牛乳だけでなく、卵やオイルを使ったウォッシングもあります。

さとる　だからビールみたいになるんですね。ずっと泡が消えないし。

味香　メニューの中で、特によく出るカクテルは何ですか?

加曽利　トムヤムクンをイメージした「トムヤムクーラー」、フォアグラウォッカとチョコレートなどを混ぜてスモークした「ガストロショコラマティーニ」が出ますね。トムヤムクーラーはパクチーやタバスコが入っていますので、苦手でなければ。＜赤うしのカツサンドを差し出す＞

さとる　ビール好きにお勧めのカクテル、もう一杯お願いします。

加曽利　ホップと青リンゴ、エルダーフラワーを使ったフィズカクテル「ホップ・イン・ザ・UK」をお作りしますね。

味香　私はどうしよう。迷うなぁ。

加曽利　野菜を使ったヘルシーカクテルで、女性にお勧めのものがあります。ウイスキーベースですが、ロングカクテルで飲みやすいですよ。

味香　それにしてみます。

―加曽利さんがカクテルメイキング―

加曽利　デュワーズをベースに、ビーツやルッコラを使ったオリジナルカクテル「ハイランド・ファーム」です。デュワーズのハイボールとスコッチエッグを楽しむイベント「スコッチエッグクラブ」のために考えました。

味香　イベントはどちらで?

加曽利　渋谷の「TRUNK(BAR)」です。15人のバーテンダーが集まって、デュワーズを使ったカクテルをそれぞれ提供したのですが、とても盛り上がりました。

味香　ビーツってあまり馴染みがないけど、美味しいですね。さっきのゴボウといい、いろいろな素材を使われてそう。

加曽利　松茸とリンゴ、パイナップルとブルーチーズ、奈良漬など、ここでしか飲めない一杯をご提供しています。銀座には、お茶を使ったカクテルの専門バー「Mixology Salon」も出店していますので機会がありましたら。GINZA SIXの13階です。

さとる　この前行ったけど、気づかなかったなぁ。そんな場所にバーがあるなんて。

加曽利　お昼からこじんまりと営業しています。

味香　そういえば、東京ミッドタウン日比谷の中にも有名なバーができたって。いま、商業施設にバーがあるのは珍しいけど、そのうち普通になったりしてね。

さとる　俺は駅ナカにパブとか軽く飲める店が増えてきて嬉しいよ。バーも、もっと身近な場所にできるといいよな。

本日のお会計

バードック・モスコーミュール	1,500円
ハイランド・ファーム	1,400円
絶品 山形県産赤うしのカツサンド	3,400円
チャージ	800円
計 7,700円(端数切り上げ)	

※合計は税込価格です

きんぴらごぼうをカクテルで表現

ゴボウをインフュージョンしたジンとごま油を使って、モスコーミュールをツイストしました。きんぴらごぼうをカクテルで表現した、フードリメイクカクテルです。ジンジャー・エッセンスは、生姜と各種スパイスを煮込んで作りました。

分離して油が浮いてしまわないよう、ドライシェイクで油とお酒をしっかり混ぜます。素材の乳化がポイントなので、氷は入れません。ガーニッシュには、アクセントとしてきんぴらごぼうにも使われる糸切り唐辛子を使いました。

ほかにも柚子ペッパー、アメリカン（バーボンベース）、スモーキー（アイラモルトベース）、イタリアン（ウッドランドビター・リキュールベース）など、さまざまなスタイルのモスコーミュールをご用意していますので試してみてくださいね。

［ モスコーミュールのスタンダードレシピ ］

- ウォッカ　45ml、ライム・ジュース　15ml、ジンジャービア　適量
- 氷を入れたマグ（またはタンブラー）にウォッカとライム・ジュースを注ぎ、冷やしたジンジャービアで満たす。

「バードック・モスコーミュール」加曽利さんレシピ

ジン（ボンベイ・サファイア／バードック・インフュージョン）…… 30ml
ライム・ジュース…… 15ml
ジンジャー・エッセンス（自家製）…… 20ml
ごま油 …… 3ml
（ガーニッシュ）
糸切り唐辛子…… 適量

［ 作り方 ］

①ジンジャービア以外の材料をシェーカーに入れて、ドライシェイクする。
②氷を入れたマグカップに①を注ぎ、ジンジャービアで満たして軽くステアする。
③糸切り唐辛子を飾る。

COCKTAIL RECIPE

野菜たっぷりのヘルシーな一杯

スコットランド・ハイランド地方の蒸留所で働く人たちが、近くの畑で採れる野菜でカクテルを作ったら……というストーリーを思い描きながら考案したオリジナルカクテルです。甘味のあるビーツに、ビターズではなく自然な苦味を持つルッコラを合わせました。

トウモロコシをブレンダーで撹拌して漉したコーン・ジュースに、同量のグラニュー糖を加えて煮込むとコーン・シロップが出来上がります。野菜をたっぷり使った、ヘルシーで元気の出るカクテルですね。

日本でカクテルにビーツを使うことはほとんどないですが、栄養素が豊富ですし、これから徐々に見かける機会も増えるのではないでしょうか。新しい味の発見、素材の調達と液体化は弊社の目指すところなので、今後もいろいろなものを使っていきたいです。

「ハイランド・ファーム」加曽利さんレシピ

スコッチ・ウイスキー（デュワーズ12年）40ml、ビーツ・ジュース　45ml、ライム・ジュース20ml、コーン・シロップ（自家製）20ml、バタースコッチ・リキュール（マリエンホーフ）15ml、ルッコラ 3枚
（ガーニッシュ）
ルッコラ、ドライトマト・スライス（自家製）、コーン・チップ（自家製）……各1枚

［ 作り方 ］

①ルッコラをシェーカーに入れて、ペストルで潰す。
②残りの材料を加えてシェイクし、グラスにダブルストレイン。
③氷を加えてストローを挿し、ガーニッシュを飾る。

SPECIAL THANKS

SHINGO KASORI
加曽利信吾さん
趣味
ドライブ
お気に入りの曲
Nujabes
『reflection eternal』

MEMO

9月 September

まだ暑さが残る中、秋の気配を感じさせるフルーツが次々と登場します。ブドウや洋梨、柿、イチジクなど、バーテンダーさんに好きなフルーツを伝えて美味しいカクテルを作って頂きましょう。この月では、まだちょっと珍しい日本酒をベースにしたカクテルや、お茶を使ったカクテルなどをご紹介します。定番になる日は近いかも!?

TRUNK《トランク》 (LOUNGE《ラウンジ》)

誰かのために、何かのためになりたい人たちへ。こんなホテルバーがあったらいいな、そう思わせてくれる居心地の良いサード・プレイスに集まりませんか？

SHOP INFORMATION	
	東京都渋谷区神宮前5-31 TRUNK(HOTEL)1F Tel.03-5766-3210（代）
	営業時間 09:00～23:00（金・土～00:00）／不定休
	チャージ、サービス料なし／席数 70
	カクテル　1,300円～、スピリッツ　1,500円～、ワイン　1,100円～（税込）

齋藤隆一さん（以下、齋藤） こんにちは。

味香 こんにちは。たくさん人がいますね。何かのイベントですか？

齋藤 はい、月に何回かDJに来て頂いていて。だいたい夜に開催していますが、今日は15時からです。〈メニューを差し出す〉

味香 シグネチャーカクテル？

齋藤 お店やバーテンダーの看板となるような代表的なカクテルのことです。

味香 〝Culture〟〝Health〟と、カクテルがカテゴライズされていますね。

齋藤 当ホテルのコンセプトが等身大の社会貢献を意味するソーシャライジングでして、カクテルも「文化」「健康」「環境」「多様性」「ローカルファースト」の5つの要素に分けてオンメニューしています。

味香 ソーシャライジング、かぁ。

齋藤 例えば、インテリアには再生素材が使われています。バーの壁面は古い日本家屋の古材で作られていて、カウンターの椅子はワインのコルクを再利用したものですね。

味香 メニューの一番上にあるカテゴリの〝Are you....〟というのは？

齋藤 続きがカクテル名の〝GETTING TRUNK〟で、TRUNKのコンセプトを体験できる一杯です。

味香 さっきの5つの要素がすべて入っているとか？

齋藤 そのとおりです。

味香 まずはそれをください。

―齋藤さんがカクテルメイキング―

味香 このマグ、かわいい～。

齋藤 それも実は、リサイクル陶器を使用したオリジナルアイテムです。

味香 徹底してますね。ベースは何ですか？

齋藤 小笠原ラムです。

味香　小笠原!?

齋藤　日本でのラムの歴史は意外と古くて、小笠原では1830年代から造られていたそうです。これは20年以上前から販売されているラムですね。それにほうじ茶やシェリー、ファレナム・リキュールなどを加えています。

味香　いつも早い時間から賑わっているんですか?

齋藤　お昼はノマドワーカーがコーヒーを飲みながらお仕事をされてたり、ふらっと訪れて読書する人がいらっしゃったり。バーテンダー仲間が来ることもありますよ。いまそのソファに座っている彼、空人(そらん)さんもそうです。

味香　ここならリラックスして仕事できそう。テラス席でパソコンを開いている女性もいました。

齋藤　あちらはTRUNK(KITCHEN)です。朝食からディナーまで、宿泊ゲスト以外もご利用頂けるホテルのメインダイニングとなっています。反対側には、串焼屋のTRUNK(KUSHI)もありますよ。

味香　そちらにも行ってみたいなぁ。「多様性」のカテゴリにある「マイタイ」は、スタンダードカクテルのですか?

齋藤　エスニックなタイ風のマイタイです。カフィアライムとレモングラスを浸けたテキーラに、アーモンド・シロップ、パイナップル、チリ・ビターズ、コリアンダー、ペパーミントなどを加えて作ります。スペルが〝MAI - TAI〟ではなく〝MY THAI〟になっているのはそのためです。

味香　「ブラッディメアリー東京ミックス」は?

齋藤　アメリカのクラフトウォッカをごま油でウォッシング、清澄したものに出汁とトマト・ジュースを合わせます。山椒のフレーバーが効いた、ホットカクテルですね。

味香　ネーミングが面白いカクテルが多いですね。「ノット ギルティ」は飲んでも無罪だ、って感じで。

齋藤　この3か月で250杯近くご注文頂いた、当店のベストセラーです。

味香　そうなんですね。飲んでみたい!

―齋藤さんがカクテルメイキング―

味香　ヘルシーな味ですね。「健康」カテゴリに入るのも、納得。

齋藤　外国の方が〝NOT GUILTY, NOT GUILTY!〟と、よくご注文されます。飲み過ぎたら罪になりますけどね。

味香　あははっ、確かに。ホテルバーは静かに落ち着いて飲むイメージだったけど、こういう雰囲気も良いですね。お客さんもバーテンダーさんも多国籍で、みんな楽しんでいるのが伝わってきます。

齋藤　良い出会いもありますし、多種多様な人たちのサード・プレイスになればいいですね。

本日のお会計

ゲッティングトランク	1,600円
ノット ギルティ	1,600円
計	3,200円

※合計は税込価格です

この1杯で“TRUNK”に酔って!

ソーシャライジングをコンセプトにした、TRUNK(HOTEL)を体験できるシグネチャーカクテルです。ローカルスピリッツの小笠原ラムとほうじ茶で「ローカルファースト」と「カルチャー」、トロピカルカクテルには欠かせないファレナムで「多様性」、シェリーで「健康」、そしてガラスをリサイクルして作ったマグで「環境」を表現しました。

ここにはさまざまな国からお客さまがいらっしゃいますし、カウンターの中も多国籍。このカクテルは何かが突出することなく、複合的なフレーバーを感じませんか? みんなで新しいカルチャーを作っていこう、という気持ちをお伝え出来たら嬉しいです。

泡がしっかり生まれるよう充分にシェイクして、ふわっとした口当たりに。この一杯で“GETTING TRUNK(DRUNK)”、TRUNKに酔って(ファンになって)くださいね。

「ゲッティング トランク」齋藤さんレシピ

ラム(小笠原ラム)……………………… 20ml
シェリー(アルマセニスタ アモンティリャード・デル・プエルト)……………………… 20ml
ファレナム・リキュール……………… 30ml
アボッツ・ビターズ(ボブズ)……… 2dashes
チョコレート・ビターズ(ボブズ)……… 1dash
アブサン……………………………… 1dash
レモン・ジュース……………………… 15ml
ほうじ茶………………………………… 60ml
(ガーニッシュ)
スターアニス 1個
ナツメグ 適量

[作り方]
①材料をシェイクして、氷を入れたマグに注ぐ。
②ガーニッシュを飾り、バーナーで炙る。

COCKTAIL RECIPE

飲んでも罪にならないカクテル!?

その名も“NOT GUILTY”、飲んでも罪にならないカクテル。健康をテーマに、できるだけ糖分が入っていない材料を使っています。ジンジャーは発汗作用、エルダーフラワーはリラックス効果がありますし、キュウリはカロリーゼロですからね。

自家製のキューカンバー&バジルウォッカは、アワーウォッカとキュウリをブレンドしたものにバジルを加えて、ひと晩置いてから漉しています。常温だと茶色くなってしまうので、冷蔵庫で。キュウリはスライスせずに、そのままブレンダーで撹拌してフレーバーをしっかりと抽出することがポイントです。

マンチーノ ビアンコは、イタリア人バーテンダーがプロデュースしたベルモット。このカクテルも、当店のイタリア人バーテンダーが“女性に楽しんで頂きたい”と創作しました。実際、とても人気のあるカクテルです。

「ノット ギルティ」齋藤さんレシピ

キューカンバー&バジルウォッカ(自家製) 40ml
ドライ・ベルモット(マンチーノ ビアンコ) 10ml
有機コーディアル・エルダーフラワー 10ml
ジンジャー・リキュール(ザ・キングス)‥ 2tsp
ライム・ジュース……………………… 20ml
ソーダ………………………………… 適量
(ガーニッシュ)
バジル………………………………… 1枚

[作り方]
①ソーダ以外の材料をシェイクして、氷を入れたグラスにダブルストレイン。
②ソーダを加えて、軽くステアする。
③ガーニッシュを飾る。

SPECIAL THANKS

RYUICHI SAITO
齋藤隆一さん
趣味
ランニング、サウナ
お気に入りの曲
The Avalanches
『Because I'm Me』

MEMO

Bar《バー》 Tiare《ティアレ》

天秤の上に置かれたフルーツたちが、美味しいカクテルに変わるのを待っています。幸せが訪れそうな花びらを眺めながら、リゾート気分で悠揚な一杯を。

SHOP INFORMATION

- 東京都港区赤坂4-2-2 赤坂鳳月堂本店ビル 5F　Tel.03-3585-7300
- 営業時間 17:00~01:00／日曜･祝日休み
- チャージ　700円、サービス料なし／席数 23
- カクテル　1,000円～、ウイスキー　850円～（税込）

水澤泰彦さん（以下、水澤）　こんばんは。こちらのお席へどうぞ。

味香　こんばんは。

水澤　＜メニューを差し出す＞フルーツカクテルでしたら、ブドウ、イチジク、和梨、柿などがお勧めです。

味香　イチジクはどんなカクテルになりますか？

水澤　日本酒と合わせて、シャーベット状にします。

味香　ブドウは？

水澤　ジンとシャインマスカットをベースに、炭酸で割った飲みやすいロングカクテルになります。

味香　まずは、ブドウのカクテルをください。

水澤　お食事はよろしいですか？

味香　「ハーブフレンチフライ」をお願いします。

―水澤さんがカクテルメイキング―

味香　飾ってあるブドウは食べてもいいですか？　こういう飾りがあると、そもそも食べていいのか、いいとしてもタイミングがわからなくて。

水澤　カクテルを召し上がる前でも、途中でも、最後でもお好きなように。マティーニのオリーブや、マンハッタンのチェリーもそうですが、お客さまのお好みで大丈夫ですよ。

味香　ありがとうございます。シャインマスカット、美味しいですね。

水澤　ほかに「ナガノパープル」もご用意しています。長野県須坂市で生産される黒ブドウで、シャインマスカットと同じく種がなくて皮ごと食べられます。大粒で、爽やかな甘味のあるブドウです。

味香　フルーツが置いてあるそれは、天秤ですよね？　バックバー中央の。

水澤　店内はアジアのリゾートホテルをイメージしていまして、この天秤は南国の市場を表しています。中央の花びらが、タヒチの国花

「ティアレ」。通常は6～7枚だそうですが、四つ葉のクローバーのように8枚あると幸せが訪れると言われているので8枚にしました。

味香　そう言われてみると、なんだかリゾートに来た気分。

水澤　後ろのテーブル席は一段上がっていて、ゆったりとした造りになっています。ビーチサイドにいるような感じで寛いで頂けると嬉しいですね。〈ハーブフレンチフライを差し出す〉タイム、セージ、ローズマリーを使ったフレンチフライです。

味香　ハーブが効いていますね。

水澤　以前勤務していたお店で作っていたものをアレンジしました。

味香　どちらにいらしたんですか?

水澤　門前仲町のバー「オーパ」です。銀座店が1996年に開店して、門前仲町店はその後にできました。

客A　オーパはね、凄いバーですよ。

味香　そうなんですか?

客A　大槻健二さんという名バーテンダーが始めたバーで、水澤さんや銀座「フォーシーズンズ」の勝亦さん、いま銀座店の店長をしている田畑さんと「全国バーテンダー技能競技大会」で総合優勝されたバーテンダーを輩出していますからね。大槻さんは残念ながら、亡くなってしまったけれど……。

味香　大槻さん、お会いしてみたかったです。

客A　僕ももっと、大槻さんのカクテルを飲みたかったな。

水澤　僕もです。

味香　さっきお聞きした、イチジクと日本酒のカクテルを頂けますか?

―水澤さんがカクテルメイキング―

水澤　オリジナルカクテルの「竜田姫」です。上に乗っているのは焼き麩で、こちらもいつ召し上がって頂いてもかまいません。

味香　焼き麩?　マシュマロかと思いました。

水澤　そうですよね。本来、お麩はお味噌汁に入れるものですが、カクテルに使ってみました。

味香　金粉がかかっていて、見た目も素敵。

水澤　味わいだけでなく、飲む前から目でも愉しんで頂きたくて。

味香　その小さい瓶が日本酒ですか?

水澤　はい、フルーツカクテルに合う日本酒を当店オリジナルで造って頂いています。

味香　どこかお酒を造っているところに?

水澤　山口県にある村重酒造さんです。フルーツに合うように、甘味は若干強めに造って頂きました。日本酒はジンやウォッカといったスピリッツと違って足が早いので、開けたらすぐに使わなければなりません。それで、この一合サイズなんです。

味香　日本酒のカクテルは珍しいですよね。もっと増えるといいなぁ。

本日のお会計

竜田姫	1,400円
シャインマスカットのマスカットクーラー	1,400円
ハーブフレンチフライ	600円
チャージ	700円
計	4,100円

※合計は税込価格です

皮ごと食べられるブドウを使ってクーラースタイルに

皮ごと食べられるブドウ「シャインマスカット」をクーラースタイルのカクテルに仕上げました。シャインマスカットは皮が薄く、皮と実の間の甘味が強い部分を余すところなく使えるのがいいですね。ハンドジューサーでプレスするとその甘味が充分に出ないので、ブレンダーにかけています。

蜂蜜シロップは、蜂蜜に砂糖と水を加えた自家製。シンプル・シロップより厚みがあって、パッションフルーツのカクテルなどにも使えます。ジンとこれらをシェイクした後、トニックウォーターとソーダを両手に持って同時に注ぎます。黒ビールとシャンパンのカクテル「ブラック・ベルベット」と同じ要領で、よく混ざるんですよ。

シャインマスカットのほかに、ナガノパープルという品種も種がなく、皮ごと食べられます。この2つの品種の登場で、ブドウカクテルの幅が広がりました。

「シャインマスカットのマスカットクーラー」水澤さんレシピ

ジン（ビーフィーター）	45ml
ブドウ	5~6粒
蜂蜜シロップ（自家製）	5ml
レモン・ジュース	1tsp
トニックウォーター、ソーダ	各適量
（ガーニッシュ）ブドウ	1粒

［作り方］

①トニックウォーターとソーダ以外の材料をブレンダーで撹拌する。
②①をボストンシェーカーに入れてシェイクし、氷ごとグラスに注ぐ。
③トニックウォーターとソーダで満たす。
④ガーニッシュを飾る。

COCKTAIL RECIPE

フルーツに合うオリジナル日本酒を開発

数年前、山口県にある村重酒造さんと共にフルーツカクテルのベースになる日本酒を開発させて頂きました。純米吟醸で、甘味はやや強めです。これとイチジクを使って、日本の秋の神「竜田姫」の名前を付けました。

日本酒に合うよう、シロップはお米を使って自家製で作っています。炊いたご飯に水と砂糖を加えて、ブレンダーにかけてから煮詰めれば完成。これでカクテル全体の甘みが増幅します。ほんの少量ですが、レモン・ジュースを入れると味わいが引き締まりますね。

焼き麩はすぐに召し上がって頂いても、カクテルが焼き麩に浸み込んでからでもかまいません。お好きなようにお愉しみください。

「竜田姫」水澤さんレシピ

日本酒（ティアレオリジナル）	45ml
イチジク	1個
お米シロップ（自家製）	10ml
レモン・ジュース	1/2tsp
（ガーニッシュ）	
焼き麩	1個
金粉	適量

［作り方］

①材料とクラッシュド・アイスをブレンダーで撹拌して、グラスに注ぐ。
②ガーニッシュを飾る。

SPECIAL THANKS

YASUHIKO MIZUSAWA
水澤泰彦さん

趣味
ムエタイ

お気に入りの曲
Kenny G『Havana』

MEMO

Bar《バー》 Trench《トレンチ》

**数ヵ月ごとに変わるユーモアに富んだカクテルメニューは、全制覇したくなるかも!?
アブサンとビターズの魅力を知りたいなら、屈指の品揃えを誇るこちらへ。**

SHOP INFORMATION	
	東京都渋谷区恵比寿西1-5-8 DISビル102 Tel.03-3780-5291
	営業時間 19:00~02:00（日・祝18:00~01:00）／無休
	チャージ　540円、サービス料なし／席数 13
	カクテル　1,350円～、アブサン　1,296円～、ウイスキー　1,512円～（税込）

味香　アブサンとか、ビターズを使ったカクテル？

凛　クラシックカクテルを現代風にアレンジしたり、カクテルのネーミングもユニークなの。歩いてすぐだから行ってみる？

味香　行きます。興味津々！

凛　＜扉を開ける＞こんばんは～。

ロジェリオ・五十嵐・ヴァズさん（以下、ロジェリオ）　こんばんは。

凛　メニューを見て。素敵でしょ。

味香　うん、オシャレですね。

凛　「TRENCH75」は、もしかしてジンとシャンパンで作る「フレンチ75」の？

ロジェリオ　そう、ツイストです。ニッカのジンと日本酒スパークリングでトレンチ風にしました。

凛　面白いですね。それにします。

味香　私はアブサンを使ったカクテルにしようかな。一番上に載っている「ウイリアム・コリンズ」をください。

―ロジェリオさんがカクテルメイキング―

味香　＜カクテルに使ったボトルを見て＞どれがアブサンですか？

ロジェリオ　こちらの青いボトルがアブサンです。蒸留家のクロード・ブニョンさんが、スイスのアルテミジア蒸留所でひとりで造っています。僕たちはアブサンを販売するネットショップ〝Absinthe Tokyo〟も運営していて、アルテミジア蒸留所へも見学に行きました。まろやかで飲みやすいですよ。

味香　スイスの国旗が描いてありますね。そちらのボトルは？

ロジェリオ　洋梨のブランデーと、マラスキーノです。ラベルに書かれた「オー・ド・ヴィー」は、フランスでのフルーツブランデーの総称。マラスキーノは、イタリア産マラスカ種のチェリーを原料にしたリキュールです。マラスキーノ・チェリーって、聞いたことはありませんか？

味香　カクテルやケーキに使うチェリーですよね。
ロジェリオ　あれはもともと、このリキュールに浸けたチェリーをそう呼んでいた名残なんです。いまはチェリーの品種も、浸け込むお酒も違いますけどね。
味香　そうなんですね。〈黒板を見て〉あっ、カツサンドがある。チョコレートケーキも。
ロジェリオ　黒板に書いてあるものが、今日ご用意できるフードです。
味香　カツサンドを頂けますか?
ロジェリオ　かしこまりました。ちょっとお待ちくださいね。〈電話をかけて注文をする〉
味香　どこに電話しているのかな。
凜　近くで「Ｔｒａｍ」「ＴＲＩＡＤ」というバーも経営されてて、そちらのキッチンで作ったものが運ばれてくるの。
味香　なるほど。凜さん、もうグラスが空になりそう。次は?
凜　「バナナ・ネグローニ」か「メスカル・ミルクパンチ」で悩んでるとこ。でも、メスカルかな。
味香　私は「フォレスト・キャビネット」にしようっと。
—ロジェリオさんがカクテルメイキング—
味香　木のグラスとカクテルの色がいい感じですね。その棚にある小さい瓶は?
ロジェリオ　ビターズです。
凜　私のカクテルにも使ってましたよね。
ロジェリオ　「メスカル・ミルクパンチ」はカルダモン・ビターズを使いました。
凜　Bob's Bitters を輸入されているんでしたっけ。
ロジェリオ　はい。いま11種類ありまして、カルダモン以外にコリアンダー、グレープフルーツ、アボッツ、マンダリンをよく使いますね。
味香　そんなに種類があるなんて。
ロジェリオ　最後にドロップすればひと口めの香りに効果がありますし、素材同士のつなぎになったり、全体の味わいをまとめてくれたりします。入れるのは少量ですが、良い仕事をしますよ。〈扉が開いて、カツサンドが運ばれてくる〉
味香　待ってました。ありがとうございます。
ロジェリオ　36時間かけてしっかりと火入れしたお肉に、パン粉をまぶして揚げています。パンに挟んであるのは、それとキャベツのピクルス、ハーブマスタード。ソースは、スパイスなど25種類くらいの材料を混ぜた自家製です。
味香　ん〜、これは美味しい!
凜　私も前に頂いたけど、美味しいよね。添えられたピクルスも。
味香　さっきの居酒屋「さいき」といい、また凜さんに良いお店を教えてもらっちゃった。いつか、私が紹介しますからね。
凜　それは嬉しいな。楽しみにしてるね。

本日のお会計

ウイリアム・コリンズ	1,512円
フォレスト・キャビネット	1,512円
カツサンド	1,650円
チャージ	540円
	計 5,214円

※合計は税込価格です

洋梨のオー・ド・ヴィーをベースにツイスト

洋梨のオー・ド・ヴィーをベースに、トム・コリンズをツイストしました。シロップを入れていないのでドライですが、マラスキーノとリムドしたピスタチオ・シュガー（ピスタチオパウダーとグラニュー糖を混ぜたもの）が程よい甘味を与えています。ピスタチオと洋梨はデザートにもある組み合わせで、相性が良いですね。

ペリエは一般的なソーダに比べて泡が小さいものの、ナチュラルでオー・ド・ヴィーの味わいを邪魔しません。泡が大きいと、オー・ド・ヴィーのフレーバーを探すのに時間がかかります。でも、ペリエだとひと口めからわかりやすい。ウイスキーにもお勧めで、例えばラフロイグをペリエで割るとカカオフレーバーが出てきます。

少しでもその独特な香りや味に慣れて頂けたらと、ほかのカクテルでも仕上げにアブサンをドロップすることがあります。気に入ってくだされればアブサンの水割りを勧めるなど、カクテルがイントロ的な役割を果たしています。

[**トム・コリンズのスタンダードレシピ**]

- オールドトム・ジン　45ml、レモン・ジュース　20ml、シンプル・シロップ　2tsp、ソーダ適量
- 氷を入れたコリンズ・グラスにソーダ以外の材料を注ぎ、ステアする。ソーダで満たして軽くステアし、スライス・レモン、マラスキーノ・チェリーを飾る。

「ウイリアム・コリンズ」ロジェリオさんレシピ

オー・ド・ヴィー（マスネ ポワール・ウィリアムス）20ml、マラスキーノ（ルクサルド）　10ml、レモン・ジュース　10ml、ペリエ　適量、アブサン（アルテミジア　クランディスティーヌ）4dashes　（ガーニッシュ）ドライ洋梨　1枚、ピスタチオ・シュガー　適量

[作り方]

①コリンズ・グラスに、ピスタチオ・シュガーをリムドする。
②オー・ド・ヴィー、マラスキーノ、レモン・ジュースをシェイクして、氷を入れた①にダブルストレイン。
③ペリエを加えて軽くステアし、アブサンをドロップする。
④ドライ洋梨を飾る。

COCKTAIL RECIPE

森林とキャビネットのカクテル!?

オーストラリアでゲストバーテンダーをした際、ニッカウイスキーの宮城峡にフルーツコーディアルを加えたカクテルを作りました。まるで森林のようなフレーバーで、最初は「フォレスト」と名付けたんです。でも、飲んでいくうちにワックスしたばかりのキャビネットの香りを感じて、「フォレスト・キャビネット」に名前を変えました。

ブルーベリーはもともとよく使う素材で、カルヴァドスやバーボンと合います。フレッシュでは出ない凝縮した味わいのコーディアルに、秋から冬にかけて季節感を出すためクローブをプラス。悩んだときはフレーバープロファイルを参考にしていて、ガーニッシュの椎茸はブルーベリーとマッシュルームの組み合わせからヒントを得ました。

シェイクした後、ダブルストレインで氷の破片を取り除いて液体の表面をキレイにしたところに、「ウイリアム・コリンズ」と同じくペリエを加えてビターズをドロップ。200mlのボトルが使いやすくて、最近すっかりペリエにハマっています。

※ブルーベリー・コーディアル
ブルーベリー（冷凍）　500g、きび糖　350g、水　300ml、レモンの皮　1個分、クローブ　30粒
材料を鍋に入れて火にかけ、沸いたら火を止めて蓋をする。15分経ったら、レモンの皮を除いてブレンダーで撹拌する。ザルで粗漉しにして、出来上がりが800mlになるよう調整する。

「フォレスト・キャビネット」ロジェリオさんレシピ

ウイスキー（シングルモルト 宮城峡）30ml、カルヴァドス（デュポン フィーヌ）　15ml、ブルーベリー・コーディアル（自家製）　30ml（※）、ライム・ジュース　10ml、ペリエ　40ml、アンゴスチュラ・ビターズ　2dashes（ガーニッシュ）ローズマリーの小枝　1本、ドライ椎茸　1枚

[作り方]

①ペリエとアンゴスチュラ・ビターズ以外の材料をシェイクして、氷を入れたタンブラーにダブルストレイン。
②ペリエを加えて軽くステアし、アンゴスチュラ・ビターズをドロップする。
③ガーニッシュを飾る。

SPECIAL THANKS

ROGERIO IGARASHI VAZ
ロジェリオ・五十嵐・ヴァズさん

趣味
スケートボード

お気に入りの曲
Childish Gambino
『Late Night in Kauai』

MEMO

Mixology Salon《ミクソロジー サロン》

厳選した茶葉を用いたお茶のカクテル“Teatail”と、ノンアルコールカクテル“Mocktail”の専門バーがGINZA SIX13階に登場!

SHOP INFORMATION	
	東京都港区銀座6-10-1 GINZA SIX 13F Tel.03-6280-6622
	営業時間 11:00~23:00 (L.O22:30) ／GINZA SIXの休みに準ずる
	チャージ 800円、サービス料なし／席数 8
	カクテル 1,300円~、モクテル(ノンアルコールのカクテル) 1,300円~、お茶(17時まで) 800円~ (税抜)

味香　＜銀座駅から地下通路を抜けてGINZA SIXへ。南エレベーターで13階へ上がる＞こっち……かな？

佐藤由紀乃さん（以下、佐藤）　こんにちは。こちらのお席へどうぞ。

＜メニューを差し出す＞

味香　わぁ、お茶のカクテルがいっぱい。六本木店で伺って来ました。

佐藤　ありがとうございます。煎茶、玉露、抹茶、玄米茶、ほうじ茶、そば茶、烏龍茶、いり番茶など種類が多いので、何かわからないことがあれば遠慮なく仰ってくださいね。

味香　煎茶と玉露と抹茶は、どう違うんですか？

佐藤　いずれも同じ茶の木から作られていますが、栽培方法や製造工程に違いがあります。煎茶は日光を浴びせながら育てた茶葉を摘んで蒸した後、乾かしながら揉みます。一方、玉露や抹茶の原料になる「てん茶」は日光を遮って育てられて、玉露はその後煎茶と同じ工程、てん茶は乾燥後の揉みがありません。そのてん茶を石臼で挽いたものが、抹茶ですね。

味香　それで味わいにも差が出る、と。

佐藤　茶葉は日光を浴びると、葉の中で光合成が起きます。すると渋味成分のカテキンが増えて、煎茶は程よい渋味のあるすっきりとした味わいに、逆に遮光して光合成が抑えられるとカテキンではなく旨味成分のテアニンが増えて、玉露や抹茶は渋味が少なく旨味や甘味、コクのある味わいになります。

味香　なるほど～。女性に人気のお茶カクテルは？

佐藤　ジャスミン茶をベースにした「ジャスミンティーテイルNo.1」は、華やかでアルコール度数が低いのでご注文頂くことが多いです。

味香　そのジャスミン茶のカクテルをお願いします。

佐藤　かしこまりました。

―佐藤さんがカクテルメイキング―

佐藤　グラスの内側に、カルヴァドスの香りを付けました。カルヴァドスの香りの中で、ジャスミン茶を飲むイメージです。ひと口目はそのまま、ふた口目以降はグラスをよく回してから召し上がってみてください。香りや味わいのニュアンスが変わります。

味香　とてもすっきりとしていますね。

佐藤　普段、お茶を召し上がるお客さまにもお勧めです。

味香　＜味香がグラスをスワリング＞……ん!?　さっきと全然違う！

佐藤　カルヴァドスのほかに、洋ナシフレーバーのウォッカとエルダーフラワー・リキュールが入っていまして、それらが混ざり合って複雑な香りと味わいになります。

味香　グラスを回すだけで、こんなに変わるなんて。

佐藤　そば茶を使うカクテル「フォーシームスNo.6」は升でお出しして、四隅にベルガモットソルトやマーマレードといった味わいの異なるものを置きます。そちらも飲む場所によって味が変わるので、面白いですよ。

味香　カクテルのコースも気になります。

佐藤　カクテル5種類の中から3~5杯をお選び頂けます。今は、このジャスミン茶のカクテルと「極み玉露スピリッツ」「抹茶のゴッドファーザー」をご用意していまして、定番が「煎茶ジントニック」と「果物とお茶のカクテル」。これらは季節によって使用する果物が変わります。

味香　＜フードメニューを見て＞「胡麻豆腐&玉露味噌」を頂けますか？　あと「グリーンティファッションド」もください。

―佐藤さんがカクテルメイキング―

味香　濃い緑色……。

佐藤　発色の良い京都の品種「さみどり」を使っています。＜「胡麻豆腐&玉露味噌」を差し出す＞西京味噌をベースに玉露の茶葉、甘味、旨味を加えて混ぜました。

味香　お茶の生産者を訪ねたりもしますか？

佐藤　初めて伺ったのが福岡県八女市と、佐賀県嬉野市の茶畑でした。八女の大茶園は広大で、ここでお茶が作られているんだと感動しましたね。実際に茶葉を触ったり、淹れてくださったお茶を頂いたら愛情をかけているのが伝わってきて、この思いを紡ぎたいという気持ちになりました。

味香　お酒が好きな人も、こちらでお茶に興味を持つかもしれませんね。私ももっと知りたいです。

佐藤　バーへ行ったことがない方が、お茶をきっかけに来てくださることもあります。お茶のカクテルで、いろいろな繋がりができたら嬉しいですね。

本日のお会計

ジャスミンティーテイルNo.1	1,600円
グリーンティファッションド	1,700円
胡麻豆腐&玉露味噌	800円
チャージ	800円
計	5,290円（端数切り捨て）

※合計は税込価格です

華やかなローアルコールカクテル

台湾産のジャスミン茶をベースにした、お茶が主体のカクテルです。ジャスミン茶に、その良さを引き立たせるお酒を合わせました。最初にリンスするルモルトンは、製造時に使用する洋ナシの比率が高いカルヴァドス。これが、カクテルに厚みを与えます。さらに、洋ナシフレーバーのウォッカを足すことで華やかな印象に。

ジャスミンが持つ白い花のイメージをエルダーフラワー・リキュールが膨らませて、よりブーケを感じるフレーバーになります。さっぱりとしたカクテルですが、飲んでいくにつれて徐々に表情を変えていくのが面白いですね。

ジャスミン茶は通常の淹れ方ではなく、一煎目から三煎目までをブレンドしています。それぞれの抽出温度と時間がポイントで、華やかかつ味わいのある一杯を目指しています。

「ジャスミンティーテイルNo.1」佐藤さんレシピ

ジャスミン茶（台湾産）…………………… 60ml
カルヴァドス（ルモルトン1972）……… 5ml
ウォッカ（グレイグース　ラ・ポワール）‥ 5ml
エルダーフラワー・リキュール
（サンジェルマン）………………………… 10ml

［ 作り方 ］
①カルヴァドスをワイングラスの内側にリンスする。
②残りの材料をミキシンググラスでステアして、①に注ぐ。

COCKTAIL RECIPE

濃厚な抹茶のオールドファッションド

京都・京田辺市の緑茶用品種「さみどり」を使って、色も味わいも濃厚な抹茶のオールドファッションドをお作りしました。さみどりは甘味、旨味が強いだけでなく、発色が良いのでこのような濃い緑色になります。

バーボンやライといった主張の強い素材を合わせられるのは、抹茶の味わいがしっかりしているから。ただ、少量ではさすがに負けてしまいますから、抹茶はたっぷりと入れます。お茶を淹れるときのお水は、いずれも軟水です。

ほかに、抹茶を点てて作るゴッドファーザーもご用意しています。白州、アマレット、黒蜜をプレミックスしたものを温かい抹茶茶碗へ2回に分けて注ぐホットカクテル。寒い日や〆の一杯にお勧めです。

［ **オールドファッションドのスタンダードレシピ** ］
- ライまたはバーボン・ウイスキー　45ml、アンゴスチュラ・ビターズ　2dashes、角砂糖　1個
- オールドファッションド・グラスに角砂糖を入れて、ビターズを振りかける。氷をグラスに入れてウイスキーを注ぎ、オレンジ・スライス、レモン・スライス、マラスキーノ・チェリーを飾り、マドラーを添える。

「グリーンティファッションド」佐藤さんレシピ

バーボン・ウイスキー（メーカーズマーク）30ml
ライ・ウイスキー（コーヴァル　ライ）　15ml
バニラ・ビターズ（ボブズ）……………… 0.2ml
チョコレート・ビターズ（ボブズ）……… 0.2ml
黒蜜（沖縄県産）………………………… 5ml強
抹茶（京田辺　さみどり）………………… 2g
（ガーニッシュ）金粉……………………… 適量

［ 作り方 ］
①材料をシェイクして、氷を入れたロック・グラスに注ぐ。
②氷の上に金粉をかける。

SPECIAL THANKS

YUKINO SATO
佐藤由紀乃さん
趣味
バー巡り
お気に入りの曲
haruka nakamura
『Lamp(feat. Nujabes)』

MEMO

Bar《バー》 Nadurra《ナデューラ》

多彩な品揃えからウイスキーバーと思われがちですが、カクテルも食事もしっかり作っています。完全禁煙なので、煙を気にせずゆっくりできますよ。

SHOP INFORMATION

東京都豊島区東池袋1-17-11 パークハイツ池袋203-2F Tel.03-6914-3645
営業時間 17:30～00:30（土・祝15:00～00:00）／日曜、第3月曜休み
チャージ　700円、サービス料なし／席数 8
カクテル　950円～、ウイスキー　900円～、ビール　700円～、ワイン　900円～（税抜）

客A　悩むなぁ、どれにしよう。選んで頂けますか?

松平　**昇さん（以下、松平）**　1杯目はダルユーインでしたよね。バルヴェニーか、グレングラントにしましょうか。

味香　＜扉を開ける＞こんばんは。

松平　いらっしゃいませ。

味香　下の看板を見て来ました。フレッシュフルーツのカクテルは何がありますか?

松平　ブドウ、柿、洋梨などがございます。

味香　柿と洋梨は、どんなカクテルになりますか?

松平　柿は、アマレットとウーロン茶を合わせたショートカクテルです。洋梨は、シャンパンで割ったロングカクテルがお勧めですね。

味香　洋梨をお願いします。

―松平さんがカクテルメイキング―

味香　＜黒板のフードメニューを見て＞絶品ホットドッグ、かぁ。

松平　パン屋さんに特注で作って頂いているパンに、千葉県の稲毛にある精肉店のソーセージ「リングイッサ」を挟んでいます。パンの香りとソーセージのスパイシーさを味わって頂きたくて、ケチャップもマスタードも付けずにご提供しています。

味香　わ～、聞いただけで美味しそう！　それをください。

松平　絶品ですよ。……あっ、いま伺いますね。

客A　グレングラント、美味しかったです。3杯目をお願いできますか?

松平　アイラ系、またはメーカーズマークのプライベートボトリングはいかがでしょう?

客A　メーカーズマークで。

味香　ウイスキーも結構置いてらっしゃるんですね。

松平　「シングルモルトとフレッシュフルーツカクテルのバー」がコンセプトでして。

客A　松平さんはウイスキープロフェッショナル（※）だし、ソムリエだから、ウイスキーもワインも詳しいですよ。

味香　そうなんですね。じゃあ、ウイスキーベースのショートカクテルを頂けますか？

松平　かしこまりました。＜ホットドッグを差し出す＞肉汁が飛び出すことがあるので、気を付けてくださいね。

—松平さんがカクテルメイキング—

松平　「サイレント・サード」です。ベースがスコッチでなければ、ウイスキー・サイドカーと呼ばれます。グレンリベットのナデューラでお作りしました。

味香　ナデューラは、店名の？

松平　はい、グレンリベットが好きで。ナデューラはゲール語でナチュラルの意味で、ワインもなるべく自然派のものを扱うようにしています。グレンリベットは、スコットランド・スペイサイドのシングルモルトです。

味香　シングルモルトは、ひとつの蒸留所で造られるウイスキーのことでしたっけ。そもそもウイスキーのこと、ちゃんと知らないです。

松平　基本的には、穀物を蒸留してオーク樽で熟成させたものがウイスキーです。世界中で造られていて、その国によって定義は違いますけどね。スコットランドでは最低3年間熟成させますが、日本では熟成期間の規定がなかったり。モルトは大麦麦芽のことで、これを100％使ってひとつの蒸留所で造られているのがシングルモルトウイスキーで。でも、出回っているほとんどのウイスキーはブレンデッドウイスキーで、モルトウイスキーとグレーンウイスキーをブレンドしています。グレーンは穀物のことで、大麦麦芽以外にトウモロコシや小麦も使います。

味香　ラベルにある「12年」は、熟成年数のことですよね。

松平　ウイスキーは通常ひとつの樽からではなく、複数の樽を混ぜて製品化されます。使われている原酒の中で最も短い熟成年数が表記されるので、少なくとも12年以上は熟成されているということですね。ですから、もっと長く熟成された原酒が入っていることも。ひとつの樽からボトリング、製品化されるウイスキーはシングルカスクと呼ばれます。

味香　お聞きしていると、ウイスキーを飲みたくなってきますね。「ゆきえのプリン」は、ゆきえさんという人が作っているとか？

松平　妻の自家製プリンです。濃厚な卵を使っていて、クリーミーで甘さ控えめ。ウイスキーにもぴったりです。

味香　プリンとウイスキーの組み合わせ、案外いいかも。

松平　例えばスコットランド・ハイランドのシングルモルト、クライヌリッシュのシェリーカスクとか。フルーツのような香りがあって、プリンのカラメルのような存在ですね。ウイスキーとデザートも、結構合いますよ。

※ウイスキープロフェッショナル
ウイスキー文化研究所認定の資格。

本日のお会計

洋梨とシャンパンのカクテル	1,500円
サイレント・サード	1,300円
絶品ホットドッグ	800円
チャージ	700円
計	4,644円

※合計は税込価格です

エルダーフラワーを加えてより華やかに

洋梨といえばラ・フランスが知られていますが、今回の品種は山形県産の「バートレット」。この洋梨に、36ヵ月の瓶内熟成を経たシャンパンを合わせました。果実味がしっかりとしていて、白い花や洋梨に近い香りを持っています。

熟成の長いシャンパンは、カクテルの味わいをふくよかにしてくれます。お味噌汁でいう出汁のようなものでしょうか。さらに、マスカットを連想させる華やかなエルダーフラワー・リキュールを加えると、味わいの幅が広がります。

通常、分離しやすいトマトやメロンなどの素材は真空ブレンダーで撹拌して滑らかにしています。ただ、このカクテルは食感を残すため、あえて普通のブレンダーにかけています。

「洋梨とシャンパンのカクテル」松平さんレシピ

洋梨　1個、シャンパン（ルノーブル キュヴェ・アンタンスNV）　30ml、エルダーフラワー・リキュール（ジファール フルール・ド・スュロ・ソヴァージュ）　10ml、シンプル・シロップ　5～10ml、ミントの葉　1枚

（ガーニッシュ）ミントの葉　1枚

［ 作り方 ］

①材料とクラッシュド・アイスをブレンダーに入れて、撹拌する。

②シャンパン（分量外、10ml）を加えて軽く混ぜ、氷を入れたワイン・グラスに注ぐ。

③ミントの葉とストローを飾る。

COCKTAIL RECIPE

ザ・グレンリベット ナデューラがベース

店名でもある「ナデューラ」をベースにした、サイレント・サードです。アルコール度数の高いカスクストレングスではなく、加水された48%のタイプを使いました。フルーティでクリーミー、加水しても崩れず、逆に香りが広がってカクテルにしても愉しめるウイスキーです。

シェーカーにクラックド・アイスより大きめの氷を4～5個入れたら、シェイクします。オレンジ・スライスを加えると、コアントローに感じるオレンジの香りがより引き立ちますね。サイレント・サードは車にちなんだカクテルで、隣にグレンリベット蒸留所で買ったミニカーを添えてみました。樽を運ぶときに使う車だそうです。

加水タイプのナデューラ16年は、残り1本しかありません。無くなったら、ノンビンテージのナデューラに変える予定です。

［ サイレント・サードのスタンダードレシピ ］

- スコッチ・ウイスキー　30ml、ホワイト・キュラソー　15ml、レモン・ジュース　15ml
- 材料をシェイクして、カクテル・グラスに注ぐ。

「サイレント・サード」松平さんレシピ

スコッチ・ウイスキー（ザ・グレンリベット ナデューラ16年）	30ml
ホワイト・キュラソー（コアントロー）	15ml
レモン・ジュース	15ml
オレンジ・スライス	1枚

［ 作り方 ］

材料をシェイクして、カクテル・グラスに注ぐ。

SPECIAL THANKS

NOBORU MATSUDAIRA
松平 昇さん

趣味
読書

お気に入りの曲
手嶌葵
『Beauty And The Beast』

MEMO

Column

フリーランスで活動するバーテンダー

バーカウンターでの接客だけでなく、さまざまな場所、スタイルで働くバーテンダーさんがいることをご存知ですか？　2018年、ドリンクコンサルタント会社「ABV+」を立ち上げ、ますます活動の場を広げている野村空人さん（P.144「TRUNK(BAR)」に登場）にお話を伺いました。

●普段、どんなお仕事をされているか教えてください。

週3日ほど、渋谷の「The SG Club」（P.174）で勤務しています。それからABV+としてイベントの提案やケータリング、ドリンク開発など。フィンランドにある「キュロ ディスティラリー」のブランドアンバサダーも務めています。

●ブランドアンバサダーの活動内容は？

蒸留所が生産するスピリッツやリキュールの魅力を広く知って頂けるよう、イベントやセミナーを開催しています。2019年は、キュロ ディスティラリーがあるフィンランドと日本が外交関係を結んでから100周年。今後、大使館でのイベントも予定しています。

●ABV+は個人で立ち上げたんですか？

はい、2018年1月1日に。ABVは〝alchol by volume〟、それに何か新しい要素をプラスしてお酒文化を広めていきたい、その魅力を伝えたいという気持ちを込めました。直近では、新しくオープンする喫茶店のカクテルレシピを考案したり、茶葉店でのお茶カクテルを開発しています。

フリーランスは、大変じゃないですか?

スケジュールなどの自己管理が難しいですね。なるべくご依頼を受けようと詰め込み過ぎると、パンクしちゃいますし。価格の相場もわからなくて、最初は模索しながらでした。でも、いろいろなコミュニティに入れて、たくさんの人に出会えます。経験のないことにチャレンジして自分のキャパシティを上げたり、臨機応変に対応できるようになりました。

これまでに創作したカクテルでイチオシを2作品!

“Dunhill cocktail” ダンヒル・カクテル

材料：ジン（キュロ ナプエ） 28 ml、シェリー（エミリオ・ルスタウ イーストインディア） 28 ml、ドライ・ベルモット（ドラン シャンベリー・ドライ） 28 ml、グラン マルニエ 7 ml、アブサン 1 bsp

作り方：材料をステアして、大きいクープ・グラスに注ぐ。レモン・ゼストをかけて、グラスへ落とす。

“Rum x Pineapple” ラム×パイナップル

材料：ラム（ルリカケス） 30 ml、発酵パイナップル・ジュース40 ml、ハニー・クリーム（同量のホエー・蜂蜜・卵黄を混ぜる） 20 ml

作り方：材料をシェイクして、ハイボール・グラスに注ぐ。パイナップル・リーフを飾る。

今後の活動は?

国酒に注目していて、今年は焼酎の蔵元を訪れるつもりです。それから自宅が事務所を兼ねているので、カクテルなどを試作できるラボラトリーのような場所が欲しいなと。それをバーテンダー仲間で共有出来たら嬉しいですね。

SORAN NOMURA
野村空人さん

21歳で単身渡英、ロンドンのバーで7年間バーテンダーとして働く。帰国後は「Fuglen Tokyo」のバーマネージャーを務め、2018年からドリンクコンサルタント会社「ABV+」を立ち上げた。フィンランド“Kyrö distillery company”のブランドアンバサダー。

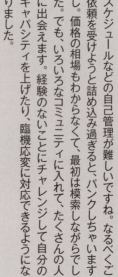

10月 October

9月に引き続き、食べ頃のフルーツが出回っている10月。和梨や栗、種類が増えてくるりんご……。同じフルーツでも時期によって品種が変わるので、それぞれの香りや味わいの違いを愉しめます。バーへ行くと、お酒だけでなくフルーツにも詳しくなりますよ。来月には見かけなくなるフルーツもあるので、お早めに。

The《ザ》 Society《ソサエティ》

汐留駅直結のメディアタワー25階へ上ったら、吹き抜けになったラウンジを通り抜けて。
夜景を見下ろせる窓際の席でも、光るカウンターでも素敵な時間を過ごせます。

SHOP INFORMATION	
	東京都港区東新橋1-7-1　汐留メディアタワー25F（パークホテル東京内）Tel.03-6252-1111（代表）
	営業時間 17:00〜23:00／無休
	チャージなし、サービス料　10%／席数 18
	カクテル　1,600円〜、ウイスキー　1,500円〜（税·サ込）

味香　＜エレベーターで25階へ上り、ラウンジを抜けて奥へ＞こんばんは。

南木浩史さん（以下、南木）　＜メニューを差し出す＞こんばんは。

味香　ジントニックが5種類あるんですね。

南木　その隣が春夏秋冬をイメージしたシーズンカクテル、次のページがナイト&デイカクテルです。早い時間帯と遅い時間帯、それぞれに合うオリジナルカクテルを考えました。この中ですと、女性には「ラビット・ホール」をよくご注文頂きます。ピーターラビットの世界をモチーフに創作したカクテルです。

味香　ピーターラビット！　飲んでみようかな。それと、何かお勧めの食事をお願いします。

南木　シェフの気まぐれメニューで、今日は豚肉&ハーブのテリーヌと自家製ハムの盛り合わせがございます。

―南木さんがカクテルメイキング―

味香　うわぁ、かわいい〜。

南木　どなたかが頼まれると、連鎖反応が起きるくらい好評です。

味香　ということは、このウサギのセットはいくつかご用意されているんでしょうね。

南木　買うときにちょっと恥ずかしかったですけどね。でも、今後もくまのプーさんなど世界中の人に愛されている童話をモチーフにカクテルを創作するつもりです。

味香　そのセラーに入っているのはワインですか？

南木　ウイスキーです。そちらの白い紙がウイスキーのメニューです。＜「印象派の油絵」「このブーツは歩きやすい」などテイスティングタイトルが付いている＞

味香　興味をそそる表現ですね。

南木　ソサエティのウイスキーは、それぞれ詩的な表現のタイトルが付いています。「2.98」などボトルに書かれた数字は蒸留所のコードナンバーで、小数点の前が蒸留所ナンバー、後が樽番号を表しています。

味香　すべてこのバーのオリジナルウイスキーですか？

南木　ザ・スコッチ・モルト・ウイスキー・ソサエティという会員組織がスコットランドのエジンバラにありまして、ここは日本初のソサエティ公認バーです。ウイスキーは蒸留所がリリースするディスティラリー（オフィシャル）ボトルのほかに、ウイスキーを樽で仕入れて商品化するインディペンデント・ボトラーによるボトラーズ・ブランドがありまして、ソサエティは購入した樽を会員に分けてウイスキーラバー同士で交流できる場を提供しています。一般的にはボトルに蒸留所の名前が表記されていますが、ソサエティのボトルにはありません。蒸留所名にとらわれずにウイスキーを愉しんで頂きたい、という思いが込められています。〈テリーヌとハムの盛り合わせを差し出す〉

味香　もう一杯、ナイトカクテルの「エンシェント・マンハッタン」を。お酒のベース別じゃなくて、こういったメニュー構成も楽しいですね。

南木　最初のページはご覧になりました？

味香　「JAPANESE SOUL "WABI/SABI & ICE BALL"」？

南木　当店は海外からのお客さまが多いので、日本のバー文化においていかに氷が重要かを書いています。10年近く前ですが、僕の師匠がロンドンのバーショーに招待されて丸氷を作るパフォーマンスを行いました。海外のバーテンダーにとって、丸氷は驚きの技術だったようです。コンビニで板氷やロックアイスが手に入ったり、あちこちに氷屋さんが存在する国はほかにありません。

味香　ウイスキーのロックでも、カクテルを作るのにも氷は大事ですもんね。

―南木さんがカクテルメイキング―

味香　最後に火をつけたのは何ですか？

南木　通常のゼスト（ピール）はそのまま皮の油分をカクテルに飛ばしますが、これは焼いた香ばしいフレーバーをつけるために火をつけて飛ばしました。

味香　そんな方法があるんだ……。ミキシング・グラスも素敵。

南木　同い年の江戸切子職人がいまして、笹の葉の形に削ってもらいました。注ぎ口の反対側に描かれているのは茶室へ入るときのにじり口で、良いものが入りますよというメッセージです。2人で話しながらデザインを決めて、これは夏をイメージしました。いつか春夏秋冬でシリーズ化したいね、なんて話しています。

味香　夢は膨らみますね。あれっ、カウンターが光りだした。

南木　外が暗くなり始めたので、気づかれたのかもしれません。

味香　このカウンターは何でできているんですか？

南木　オニキスです。徐々にカウンターの光が強調されて、雰囲気も変わりますよ。

味香　夜景も綺麗でしょうね。今度はプーさんを飲みに来なくちゃ。

本日のお会計

ラビット・ホール	1,800円
エンシェント・マンハッタン	1,800円
豚肉&ハーブのテリーヌと自家製ハムの盛り合わせ	1,500円
計	5,100円

※合計は税込価格です

ピーターラビットの世界観をカクテルで表現

ピーターラビットの世界観をカクテルで表現しました。まず、欠かせないのが人参。どう使うか悩みましたが、美味しいジュースを見つけたので相性が良いものを考えて組み立てていきました。ピーターラビットの舞台となったイギリスで馴染みのあるハーブのみを使った、スイート&サワーでどなたでも飲みやすい一杯です。

シェーカーにはあまり氷を詰め過ぎず、ある程度の空間をもたせます。最初は酸が立ち過ぎないよう叩く感覚で、その後シェーカー全体を倒してホイッパーのようにシェイクすると空気が入ってまろやかに仕上がります。

シップスミス、エルダーフラワー、マリーゴールド&カモミールとハーバルな香りが豊かで、華やかなトップノート。ディルのオイリーな香りをかぎながら、召し上がってください。

「ラビット・ホール」南木さんレシピ

ジン(シップスミス ロンドン・ドライ・ジン) 30ml、エルダーフラワー・リキュール(サンジェルマン) 10ml、マリーゴールド&カモミール・シロップ(自家製) 15ml、レモン・ジュース15ml、人参ジュース(富良野にんじん100) 60ml
(ガーニッシュ)ディル 1本

[作り方]
①材料をシェイクして、氷を入れたタンブラーに注ぐ。
②ディルを飾る。

COCKTAIL RECIPE

"始まり"を感じさせるマンハッタン

エンシェントには「始まり」「始祖の」という意味があります。初めてバーボンを製造したと言われる牧師の名が付いたエライジャ・クレイグ、イタリア最古のスイート・ベルモットであるアンティカ フォーミュラ、そしてマンハッタン・カクテルのオリジナルレシピに記されていたアボッツ・ビターズは、その言葉に掛けて使いました。

チェリー・シロップを入れるのは、僕がニューヨークで修行していたときに一番美味しいマンハッタンを作るバーテンダーがそうしていたから。シロップを使って味を補填する方法は、僕にとって革新的でした。

すべて常温で飲めるお酒なので、加水して香りが開き始めたところでステアを止めます。一般的なショートカクテルは冷蔵庫と同じくらいか少し高めの温度に仕上げますが、これは12~13度くらいでも良いかもしれません。

[マンハッタンのスタンダードレシピ]
- ライ・ウイスキーまたはカナディアン・ウイスキー 40ml スイート・ベルモット 20ml アンゴスチュラ・ビターズ 1dash
- 材料をステアして、カクテル・グラスに注ぐ。マラスキーノ・チェリーを飾る。

「エンシェント・マンハッタン」南木さんレシピ

バーボン・ウイスキー(エライジャ・クレイグ スモールバッチ) 50ml、スイート・ベルモット(カルパノ アンティカ フォーミュラ) 15ml、スイート・ベルモット(カルパノ プントエメス) 10ml、アボッツ・ビターズ(ボブズ) 2dashes、マラスキーノ・チェリー・シロップ 1tsp
(ガーニッシュ)マラスキーノ・チェリー 1個、フレイム・オレンジ・ゼスト 1片

[作り方]①材料をスニフターグラスに入れて、スワリングする。
②①をミキシング・グラスに移してステアし、カクテル・グラスに注ぐ。
③マラスキーノ・チェリーを飾り、オレンジ・ゼストに火をつけて皮の油分を飛ばす。

SPECIAL THANKS

KOJI NAMMOKU
南木浩史さん
趣味
フットサル、読書
お気に入りの曲
ベートーヴェン
『月光』『悲愴』

MEMO

Bar《バー》 Conclave《コンクラーベ》

入りやすいバーをとことん考えたら、こうなりました。小田急線百合ヶ丘駅から徒歩30秒、飲み手の気持ちを良く知るバーテンダーが気さくに迎えてくれます。

SHOP INFORMATION

神奈川県川崎市麻生区百合丘1-23-1 丸丘ビル202 Tel.044-954-6298
営業時間 20:00〜02:00（金・土・祝前日〜04:00）／日曜、祝日の月曜休み
チャージ、サービス料なし／席数 12
カクテル　890円〜、ウイスキー　750円〜、ワイン　800円〜、ビール　700円〜（税込）

坂本浩生さん（以下、坂本）　いらっしゃいませ。
味香　こんばんは〜。看板を見ました。いろいろなフルーツカクテルがありますね。
坂本　巨峰、和梨、トンプソン（白ぶどう）、柿などをご用意しています。〈メニューを差し出す〉
味香　和梨にしてみようかな。ジン・リッキー、マティーニ、ダイキリ、モスコーミュール……すべて和梨を使ったスタンダードカクテルのアレンジですか？
坂本　そうです。1杯目でしたらすっきりと飲めるジン・リッキーか、すりおろした和梨のシャキシャキ感が味わえるモスコーミュールがお勧めです。
味香　ジン・リッキーをお願いします。

―坂本さんがカクテルメイキング―

味香　メニューにレモンサワーがある……。
坂本　最近、ハイボールに次いでレモンサワーが流行っていますよね。一般的にレモンサワーのベースは焼酎ですが、当店では自家製のリモンチェッロとレモンウォッカを使っています。洋酒を使って、バーならではの一杯を作りたくて。
味香　確かに、居酒屋でレモンサワーを頼む機会が増えたかも。
坂本　居酒屋では焼酎にレモン・ジュースと甘味、炭酸を加えたレモンサワーを出しています。「サワー」はスピリッツをベースに、レモン・ジュースと砂糖などで甘酸味を加えて作るカクテルのスタイル。つまり、レモンサワーもカクテルなんですよ。
味香　そう考えるとカクテルですね。
坂本　さきほどのジン・リッキーも「リッキー」というカクテルのスタイルで、スピリッツにライムやレモンを搾ってソーダで満たしたものを指します。
味香　何かおつまみを頂こうかな。燻製は自家製ですか？

坂本　自宅で作っています。オリーブ、鱒、豆腐の味噌漬け、鴨ロース、鶏のササミ、カマンベールチーズ。人気のベーコンは、作るのに2週間かかるので仕込み中で。あとは燻製したチーズとアンチョビのポテトサラダもあります。

味香　ポテサラをください。

客A　こんばんは。この前は〝TAMARIBA〟（※）お疲れさまでした。レモンサワー、美味しかった！

客B　何杯くらい出たの？

坂本　2日間で300杯出ました。

客A　凄い！いま「Spicarbo」（※2）からハシゴして来たんだよ。

坂本　ありがとうございます。＜味香にポテトサラダを差し出す＞

味香　メニュー、細かく書いてあってわかりやすいですね。

坂本　もともと僕は飲み手側だったので、最初の店を作るときに入りやすいバーの条件を考えました。外から中が見えること、看板があっておおよその価格がわかること、そしてメニューがあること。「どういうものがお好みですか？」と言われても、うまく伝えられないことだってありますよね。バーテンダーに勧められるがままに飲んだとしても、本当にそれが欲しかったのかわからない。僕ひとりでまわしているので、話しかけるタイミングとかお客さまに気を遣わせてしまっているかもしれない。そういう負担を減らしたくて。もちろん、バーテンダーとの会話を楽しんで最高の一杯を決めたいというのも素敵だし、実際当店でもあります。ただ、すべての人がバーを上手に使えるわけではないので。

味香　メニューがあると安心しますよね。

坂本　そう考えたのは、そちら側にいた時間が長かったからかもしれません。ここを始めるまでは、会社員だったので。

味香　そうだったんですね。次は「栗のホット・エッグ・ノッグ」にします。

―坂本さんがカクテルメイキング―

客B　そういえばこの前の〝Whisky Flight〟、楽しかったなぁ。

客A　100種類のウイスキーが時間無制限で飲み放題だもんね。今度はいつ開催するの？

坂本　不定期で開催していまして、スケジュールはFacebookで流しています。

客B　どれを飲むか迷うくらいだったね。

客A　でも、ウイスキープロフェッショナルの坂本さんにお任せすればいいし。

客B　気になったラベルを飲んでみるのもアリだしね。

坂本　ご興味があれば、お客さまもいらしてくださいね。

味香　Facebook、チェックします！

※TAMARIBA
東京・狛江市で開催された「多摩川リバーサイドフェスティバル TAMARIBA 2018」のこと。

※2　Spicarbo
坂本さんが狛江市で経営する「Spicarbo BEER & GRILL」。クラフトビールと炭火焼きのお店。

本日のお会計

和梨のジン・リッキー	1,100円
栗のホット・エッグ・ノッグ	1,000円
燻製クリームチーズとアンチョビのポテトサラダ	550円
計	2,650円

※合計は税込価格です

ジン・リッキーを和梨でアレンジ

ライムではなく、和梨で作るジン・リッキー。和梨は夏に出回る幸水から始まってやがて豊水になり、9月の終わり頃からは「あきづき」です。大型の品種で、使用する量は1/4個ほどですね。

冷凍したジンと和梨を合わせた時点で、甘味が足りなければシロップで調整します。ソーダで割ると伸びるので、ボリューム感をある程度残さなければなりません。ジンは冷凍すると香りが立たなくなりますが、フルーツカクテルを作るときはベースのお酒を前面に出さないようにしています。

シェイクは冷やすよりも、しっかり空気を入れて混ぜることを重視しました。氷が中で割れて水っぽくならないよう、ザルに入れて回しながら角を取ったものを使っています。

[ジン・リッキーのスタンダードレシピ]

- ジン　45ml、ライム　1/2個、ソーダ　適量
- タンブラーにライムを搾り入れ、氷を加えてジンを注ぐ。ソーダで満たして、軽くステアする。

「和梨のジン・リッキー」坂本さんレシピ

ジン(ゴードン)……40ml
和梨……1/4個
シンプル・シロップ……1ml弱
ソーダ……適量

[作り方]

①ジンと和梨をハンドブレンダーで撹拌する。
②①をボストンシェーカーでシェイクして、漉しながら氷を入れたタンブラーに注ぐ。
③ソーダで満たして、軽くステアする。

COCKTAIL RECIPE

スイーツのモンブランのようなホットカクテル

ホット・エッグ・ノッグはラムにブランデー、卵黄などが入りますが、ベースを栗のリキュールに、卵黄をアドヴォカートに変えてお作りしました。なんとなく、スイーツのモンブランを連想しませんか?

このカクテルに濃厚さと質感を与えてくれるのが、栗のペースト。既製品のものにブランデーと砂糖、スパイスを加えて味付けしました。鍋で沸騰しない程度に材料を温めて、ペーストを溶かします。

卵を使う食事やカクテルが頻繁に出るお店は、生卵を常備していますよね。ただ、当店ではその機会がほとんどないのでリキュールで代用しています。一定した味わいと保存性を考えて、このようなレシピになりました。

[ホット・エッグ・ノッグのスタンダードレシピ]

- ダーク・ラム　30ml、ブランデー　15ml、卵黄　1個分、砂糖　2tsp、牛乳　適量
- 温めた耐熱グラスに卵黄と砂糖を入れて、混ぜ合わせる。ラムとブランデーを注ぎ、ステアして温めた牛乳で満たす。ナツメグを振りかける。

「栗のホット・エッグ・ノッグ」坂本さんレシピ

マロン・リキュール(パジェス シャテーヌ) 30ml
アドヴォカート(ワニンクス)……15ml
牛乳……90ml
栗のペースト……大さじ2杯
ラム(キャプテン・モルガン スパイスド・ラム) 5ml
ナツメグ……適量

[作り方]

①ナツメグ以外の材料を鍋に入れて温め、耐熱グラスに注ぐ。
②ナツメグを振りかける。

SPECIAL THANKS

HIROO SAKAMOTO
坂本浩生さん

趣味
ワークアウト、食べ飲み歩き

お気に入りの曲
Kenny Loggins
『Danger Zone』

MEMO

Eclipse first-Bar《エクリプス ファーストバー》 &《アンド》 Sidreria《シードレリア》

シードルやウイスキーの造り手、農家の思いを届けたい。店主と話していると、その情熱が伝わってきます。地元愛に溢れたお店は、なんだか温かいですね。

SHOP INFORMATION	
	東京都千代田区鍛冶町2-7-10 広瀬ビル1F Tel.03-3525-8653
	営業時間 15:00～00:00／日曜休み
	チャージ 500円、サービス料なし／席数 20
	カクテル 750円～、ウイスキー 750円～、シードル 650円～（税抜）

味香 「ウイスキーとシードルの店」かぁ。〈扉を開ける〉

藤井達郎さん（以下、藤井） こんにちは。

味香 こんにちは。お店の名前、バーの後は何て読むんですか？

藤井 「シードレリア」です。もとはシードルのメーカーがレストラン関係者を呼んで飲食を提供していた施設のことで、今はレストランとして一般向けに営業している場所を指します。

味香 この前、ハードシードルを飲んでから興味が湧いて。シードルはりんごのお酒ですよね？

藤井 りんごを発酵させて造る醸造酒です。ブドウが原料のスパークリングワインと比べるとタンニンが少なくて、酸味がやや強いものが多いですね。全体的にはライトな味わいが特徴です。甘口～辛口のレンジが広いですし、酸味、渋味など造り手による味わいの違いがわかりやすいお酒です。

味香 初心者にお勧めのシードルは？

藤井 普段はどのようなものを召し上がっていますか？

味香 カクテルが多いですけど、何でも飲みます。

藤井 りんごの果実味、果皮の渋味などの複雑さが楽しめるフランスのシードルがいいかもしれません。ブルターニュやノルマンディ産のシードルがお勧めですが、強烈な香りや味わいではなく、あまりクセのないもので。キリンのハードシードルはいかがでした？

味香 思ったより甘くなくて、すっきりしてて飲みやすかったです。

藤井 アルコール度数はちょっと高くなりますが、スコッチ・ウイスキーとハードシードルを合わせたカクテルもあります。

味香 ウイスキーとシードル!?

藤井 意外な組み合わせですよね。

味香 想像がつかないけど、飲んでみます。そちらにある生ハムもください。

—藤井さんがカクテルメイキング—

藤井　「ストーン・フェンス」です。ウイスキーはジョニ赤を使いました。
味香　ウイスキーとシードルのお店らしいカクテルですね。
藤井　生ハムもどうぞ。
味香　フードメニュー、群馬県にまつわるものばかり。赤城鶏、奥利根もち豚、上州牛……。
藤井　僕が、群馬県沼田市出身で。この生ハムも、みなかみ町にある「育風堂」というお肉屋さんから仕入れています。
味香　しょっぱくなくて、いくらでも食べられそう。
藤井　噛むほどにお肉の旨味が口の中で広がりますよね。沼田はりんご生産が盛んで、それもあってシードルを扱う店を始めました。
味香　地元に貢献されてますね。素敵だなぁ。
藤井　毎年、沼田市のりんご園でりんご狩りツアーもしています。
味香　何人くらいで行かれるんですか?
藤井　前回は、おかげさまで60名を超えました。大型バスを貸し切って、みんなでお酒を飲みながら移動して。いろいろな品種の食べ比べや果汁の飲み比べ、ブレンドを楽しみながらりんご狩りをします。
味香　それをシードルに?
藤井　練馬区の大泉学園にある「東京ワイナリー」へ送って、シードルを造って頂きます。それが後日、参加者の皆さまに届くという流れですね。
味香　いいなぁ、参加してみたいです。りんごのお酒といえば、カルヴァドスもありましたよね。「ジャック・ローズ」を頂けますか?
藤井　かしこまりました。

―藤井さんがカクテルメイキング―

味香　良い香り。カルヴァドスもいいなぁ。
客A　こんにちは。スカイシードル、まだありますか?
藤井　ごめんなさい、なくなっちゃいました。
客A　遅かったか~、じゃあウイスキーにしようかな……。
味香　あの、スカイシードルって何ですか?
藤井　同世代のバーオーナーと共同でボトリングしたシードルです。シリーズ名が「THE SKY」といって、空が繋がっているようにバーを通して街と街、人と人、お酒とお酒を繋ぐというコンセプトで始めました。第1段がシングルモルトのレダイグで、シードルが第2段。ジャパニーズウイスキーの空樽で熟成させました。
味香　バーテンダーさんが集まって、そういう企画もされているんですね。
藤井　仲間たちで集まってウイスキーの樽を買ったり、蒸溜所ツアーをしたりしているバーテンダーは多いと思います。
味香　第3弾、楽しみにしていますね。

本日のお会計

ストーン・フェンス	1,200円
ジャック・ローズ	1,200円
はもんみなかみ 生ハム切り落とし	1,000円
チャージ	500円
	計 4,200円

※合計は税込価格です

スコッチとシードルの意外な組み合わせ

あまり聞き慣れないカクテルかもしれません。感覚的にはバーボンとビールで作る「ボイラー・メーカー」や、ジンとビールで作る「ドッグズ・ノーズ」に近いでしょうか。シードルが持つ酸味のおかげで口当たりは良いですが、アルコール度数はやや高めです。

ジョニ赤はクセがない上にコシがあるので、スコッチベースのカクテルに使っています。スコッチとビターズを入れた時点で一度ステアすると、角が取れてシードルと馴染みやすくなりますね。ベースがスコッチですから、イギリスのサイダーと合わせても美味しいと思います。

ほかに、ニッカのウイスキーとシードルの組み合わせでお作りすることもあります。名付けて「ジャパニーズ・ストーン・フェンス」。そちらもお勧めですよ。

[ストーン・フェンスのスタンダードレシピ]

- スコッチ・ウイスキー　45ml、シードルまたは炭酸水　120ml、アンゴスチュラ・ビターズ　2dashes
- 氷を入れたタンブラーに材料を注いで、軽くステアする。

「ストーン・フェンス」藤井さんレシピ

スコッチ・ウイスキー（ジョニーウォーカー レッドラベル）………… 30ml
シードル（キリン　ハードシードル）…… 90ml
アンゴスチュラ・ビターズ………… 2dashes

[作り方]

①氷を入れたタンブラーにウイスキーとアンゴスチュラ・ビターズを入れて、ステアする。
②シードルを加えて、軽くステアする。

COCKTAIL RECIPE

徐々に広がるカルヴァドスの風味が心地良い

ペイドージュ地区のカルヴァドスらしいボディと、キレがありながら丸みも感じるシャトードブルイユをベースにしました。フィーヌではなく、15年を使うこともあります。グレナデン・シロップは、ライムの酸味に合わせて量を調整していますが、気持ち多めに入れるとカクテルの色が鮮やかになりますね。

小さい氷をシェーカーの8〜9分目くらいまで加えて、氷が螺旋を描くイメージでシェイク。僕は「ドラム式シェイク」と呼んでいます。氷同士をなるべくぶつけずに、空気を入れながら撹拌します。

時間が経つにつれて、カルヴァドスの良い風味が広がるリッチなジャック・ローズが理想。ワイングラスで提供してもいいですね。

[ジャック・ローズのスタンダードレシピ]

- アップルジャックまたはカルヴァドス　30〜40ml、ライム・ジュース　10〜15ml、グレナデン・シロップ　10〜15ml
- 材料をシェイクして、カクテル・グラスに注ぐ。

「ジャック・ローズ」藤井さんレシピ

カルヴァドス（シャトードブルイユ フィーヌ）45ml
ライム・ジュース………………… 15ml
グレナデン・シロップ（モナン）………… 1tsp

[作り方]

材料をシェイクして、カクテル・グラスに注ぐ。

SPECIAL THANKS

TATSURO FUJII
藤井達郎さん
趣味
恐竜、居合
お気に入りの曲
大野雄二『トルネード』

MEMO

LE《ル》 CHIC《シック》

東急田園都市線・用賀駅北口に降りて、商店街を歩くこと数分。その扉を開けた途端、もしかしたらジン・リッキーがカウンターに並んでいるかも!?

SHOP INFORMATION

東京都世田谷区用賀4-18-10 ファミリーコーポラス用賀1F　Tel.03-3707-1117
営業時間 19:00~03:00／無休
チャージ　500円、サービス料なし／席数 9
カクテル　1,000円～、ウイスキー　1,000円～、シェリー　1,000円～（税抜）

篠田知宏さん（以下、篠田） いらっしゃいませ。こちらの席へどうぞ。
味香 こんばんは。そこにかかっているのは確かシェリーの……？
篠田 ベネンシア（※）です。
味香 注ぐ姿は格好いいけど、すごく難しそう。
篠田 こぼさずに、キレイに注ぎきるには練習が必要ですね。
味香 何か試験とか、資格があるんですか？
篠田 「ベネンシアドール」という称号を公式に認定する試験があります。僕はつい先日、合格したばかりで。
味香 おめでとうございます。せっかくなので、シェリーを頂きます。
篠田 どのようなシェリーが宜しいですか？
味香 あまり詳しくないので、軽めですっきりした感じのものを。ベネンシアで注ぐのも見たいです。
篠田 もし一杯目でしたら、シェリー・ソニックやレブヒートといったカクテルにしましょうか。
味香 どんなカクテルですか？
篠田 シェリーをトニックウォーターとソーダで割ったものが、シェリー・ソニックです。レブヒートはシェリーを7 upやスプライトで割るのが現地での一般的なスタイルですが、当店ではキリンレモンとソーダで割ります。
味香 レブヒートをください。あと「自家製レーズンバター」も。

―篠田さんがカクテルメイキング―

味香 注ぐ姿、格好いいなぁ。何かのイベントに呼ばれたりします？
篠田 先日、スペインフェスティバルの「フィエスタ・デ・エスパーニャ」に参加してきました。ステージ上で、ベネンシアドールが一斉に注ぐという実演をさせて頂いて。
味香 迫力ありそう～。
篠田 ベネンシアでシェリーを注ぐ「ベネンシアアール」は本来、お祝い事やパーティなどで行われるものなんですよ。

客A&客B　こんばんは。
篠田　いらっしゃいませ。
客A　いつものジン・リッキーと、「おつまみピザ」を2つください。
客B　私はシェリー・ソニックで。篠田さん、ベネンシアドール合格おめでとうございます。
篠田　ありがとうございます。
客A　今度はMVB（※2）だね。
客B　あれはもう、観てるほうも緊張しちゃいますよ。前回は惜しかったよね。
篠田　次回も挑戦します。＜味香に自家製レーズンバターを差し出す＞お待たせいたしました。
味香　バケットに挟んであるんですね。いつも食べてる市販のとは全然違う。美味しいです。
篠田　ラム酒をたっぷり使っているのと、バターだけだと塩辛くなってしまうのでクリームチーズを混ぜるのがミソですね。
味香　＜バックバーを見て＞そこにあるボトルは何ですか？
篠田　こちらは鹿児島県産の桜島小みかんを使ったジン「KOMASA GIN」です。世界最小のみかんと言われているんですよ。本格焼酎の蔵元・小正醸造さんが製造されていて、2018年からは目の前に東シナ海を臨む嘉之助蒸溜所でウイスキー造りも始めてらっしゃいます。
味香　そのジンを使ったカクテルをお願いします。
篠田　ロングとショート、どちらになさいますか？
味香　ショートカクテルで。
―篠田さんがカクテルメイキング―
客A　ジン・リッキー、もう1杯お願いします。
客B　好きだねぇ。この前もここで6杯飲んだでしょ。
味香　！
客A　そうだったっけ。でも、頼む人多いでしょ？
篠田　ほとんどのお客さまがご注文されて、カウンターにジン・リッキーが並ぶこともあります。
客A　今日はこの後、桜新町か二子玉川（※3）に行くからあと1杯かな。
客B　まだ飲むんだ。と言いつつ、私もジン・リッキーくださ～い。
味香　（今度来たときは、ジン・リッキーを頼もうっと……）

※ベネンシア
シェリーを注ぐための道具。細長いひしゃくで、もともとはシェリーを樽から汲み出してグラスへ注ぐ時に用いられるもの。

※2　MVB
PBO主催「全国バーテンダーズ・コンペティション」で行われる、最高栄誉のコンペティション「MVBカップ」での最優秀バーテンダー（モスト・ヴァリアブル・バーテンダー）のこと。2018年、篠田さんは惜しくも2位だった。

※3　桜新町か二子玉川
系列店として桜新町に「BAR KURA」、二子玉川に「BAR TRES」がある。

篠田さんは、現在退職されています。5月より、上海の「SUZU BAR」で勤務予定です。

本日のお会計

レブヒート	1,000円
オレンジ・ブロッサム	1,000円
自家製レーズンバター	600円
チャージ	500円
計	3,300円（端数切り捨て）

※合計は税込価格です

キリンレモンが決め手のレブヒート

マンサニージャは酸味がシャープなタイプのシェリーで、それぞれ明らかに香りが異なります。今回使用した銘柄は塩漬けのオリーブのような青っぽい香りがして、レブヒートにすると美味しいですね。

割材はまず、ペットボトルと比べて炭酸がきめ細かく感じられる瓶を探しました。レブヒートのような甘口の炭酸カクテルは、仕上がりに与える影響が特に大きいと考えています。最終的にサイダーとキリンレモンに辿り着いて、シェリーの味わいを消さないキリンレモンを選びました。

レモン・ピールを搾ったほうがレモンの香りは立ちますが、シェリーの香りが飛んでしまいます。搾らずにグラスへ落として、その香りをほのかに漂わせる程度がいいですね。

[レブヒートのスタンダードレシピ]

- シェリー（マンサニージャ） 45ml、7upまたはスプライト 適量
- 氷を入れたタンブラーにシェリーを注ぎ、7upで満たして軽くステアする。

「レブヒート」篠田さんレシピ

シェリー（ラ モンテリア マンサニージャ）	50ml
キリンレモン	100ml
ソーダ（ウィルキンソン）	10ml
レモン・ピール	1片

[作り方]

①シェリーをベネンシアでグラスに注ぐ。
②氷を加えてキリンレモンとソーダを注ぎ、軽くステアする。
③レモン・ピールを落とす。

COCKTAIL RECIPE

みかんフレーバーのジンを使ってツイスト

ジンとオレンジだけ、しかも2：1の割合。スタンダードレシピどおりに作るとアルコール感が強く、バランスを取るのが難しいカクテルです。ほかに糖分が入らないので、使用するオレンジの風味で味わいが決まってしまいます。

普段はゴードン・ジンとオレンジ・ジュースを1:1の割合にして、レモン・ジュースとシロップで微調整をします。個体差が大きいオレンジは、搾ってみて状態を確かめることが大切ですね。

今回使用したKOMASAはロックやトニック割りでも美味しいジンで、独特のみかんフレーバーがやや強め。そこで、タンカレーを加えてすっきりとキレのある味わいにしました。やさしく広がるオレンジの香りをお愉しみください。

[オレンジ・ブロッサムのスタンダードレシピ]

- ジン 40ml、オレンジ・ジュース 20ml
- 材料をシェイクして、カクテル・グラスに注ぐ。

「オレンジ・ブロッサム」篠田さんレシピ

ジン（タンカレー）	25ml
ジン（KOMASA GIN）	10ml
オレンジ・ジュース	35ml
レモン・ジュース	少量
シンプル・シロップ	少量
オレンジ・ピール	1片

[作り方]

①オレンジ・ピール以外の材料をシェイクして、カクテル・グラスへ注ぐ。
②オレンジ・ピールをかける。

SPECIAL THANKS

TOMOHIRO SHINODA
篠田知宏さん

趣味
映画、美術、音楽鑑賞、落語

お気に入りの曲
Paco De Lucia & Al Di Meola
『Mediterranean Sundance』

MEMO

The《ザ》 SG《エスジー》 Club《クラブ》

“バー業界のアカデミー賞”International Bartender of the Yearを受賞したバーテンダーが日本初出店!　SGに込められた意味と、壮大なストーリーに魅了されます。

SHOP INFORMATION

東京都渋谷区神南1-7-8　Tel.03-6427-0204　営業時間 1F “Guzzle”日～木·祝12:00～02:00、金·土·祝前日14:00～03:00／B1F “Sip” 18:00～、Closeは1Fと同じ／無休
1F　チャージ·サービス料なし／B1Fチャージなし、サービス料10%／席数 1F　25／B1F 25
カクテル　1,200円～、ウイスキー　1,100円～（税込）

鈴木敦さん（以下、鈴木）　こんばんは。こちらは初めてですか？

味香　はい、初めてです。

鈴木　1階と地下でコンセプトが異なっていまして、ここはカジュアルに飲めるスタイル。バリスタによるコーヒーやノンアルコールのモクテルもあります。地下は落ち着いた雰囲気で、独創的なカクテルをゆっくり愉しめるスタイルになっています。

味香　ちょっと地下に行ってみます。〈階段を下りていく〉

後閑信吾さん（以下、後閑）　こんばんは。

味香　こんばんは。壁に飾ってある浮世絵の女性、何を飲んでいるんですか？

後閑　「スピーク・ロウ」というカクテルです。ラムベースで、シェリーと抹茶が入っています。

味香　あれは抹茶の緑ですね。どうしてそのカクテルを？

後閑　僕が2012年に「Bacardi Legacy Cocktail Competition」の世界大会で優勝したときのカクテルなんです。画家のジョージ・ハヤシさんに描いて頂きました。江戸の後期に下唇だけを緑色にするのが流行っていたらしくて、それをスピーク・ロウに重ねて。

味香　そのコンペ、ほかのバーで何回か聞きました。日本から優勝者が出ていたなんて。

後閑　当時はNYのバー「Angel's Share」にいたので、アメリカ代表でした。

味香　そうだったんですね。〈メニューを見て〉これは全部オリジナルですか？

後閑　ユニークなネーミングですが、記憶に残るようなカクテル名がいいなと。

味香　「ナチュラル　アンナチュラル　ワイン」もカクテル？

後閑　はい。ブドウとブドウ由来の材料を一切使わずに、ワインを表現しました。ジンベースで、ブランデーやブドウジュース、ベルモッ

トといったものは入っていません。
味香 それ、飲んでみたいです。

―後閑さんがボトルからワイン・グラスにカクテルを注ぐ―

味香 えっ、このボトルがカクテルですか？
後閑 すぐにご提供できるように、予め仕込んであります。
味香 本当にワインみたい。材料に書いてあるイェルバマテって？
後閑 マテ茶の原料になっている樹で、フェルネット・ブランカみたいに苦いです。アルゼンチン・ブエノスアイレスのイベントで初めてイェルバマテを使って、このカクテルを創作しました。
味香 ＜カウンターから振り返って＞あちらのスペースは？
後閑 "Sip & Shine"といって、ちびちび飲みながら靴を磨いてもらえます。バーテンダー兼シューシャイナーがいるんですよ。靴にもSipしてもらいたいので、ウイスキーで仕上げます。Sipはちびちび飲むという意味で、地下のコンセプト。1階は"Guzzle"でごくごく飲む、このSとGで"The SG Club"。
味香 SGって何だろうと思っていました。
後閑 日本のSamuraiとアメリカのGangの頭文字でもあります。もしも遣米使節団が日本にバーを出したら、という発想からここを作ったので。江戸幕府が日米修好通商条約の批准書交換のためにアメリカに派遣したのが遣米使節団で、彼らはハワイ、サンフランシスコ、パナマ、ワシントン、フィラデルフィアと渡り歩いた後に万延元年、1860年6月16日にNYへ到着しました。ブロードウェイでは日本から来たサムライを見ようと、5万人もの人たちが集まったそうです。その遣米使節団がNYで宿泊していたホテルのワンブロック先のバーで、伝説のバーテンダーといわれるジェリー・トーマスがカクテルを作っていたという記録があって、もしかしたら遣米使節団の誰かが彼のカクテルを飲んだかもしれないという想像から始まりました。
味香 面白い！ 一気にタイムトラベルしちゃった。「ホワイト コーヒー フィズ」を頂けますか？

―後閑さんがカクテルメイキング―

味香 ジェリー・トーマスさんは、サムライたちに会ったのかなぁ。
後閑 彼は1862年にカクテルブック『How To Mix Drinks』を出版していて、その中に「ジャパニーズ・カクテル」というカクテルが載っています。ちなみに、上海でバー「Speak Low」「Sober Company」も経営していて、そのチームで動いているのでSGはSpeak Low-Sober-Gang Clubという意味もあるし、上のカウンターに立っている鈴木敦と僕の名前、後閑信吾でSGだったりします。オープン日も、遣米使節団がNYに辿り着いた日。
味香 壮大なストーリー……。この後、上も寄って行きます！
後閑 往復する人もいるので、良かったらまた地下にもどうぞ。

※現在、2階に会員制のシガーバー「Savor」がオープン。和とキューバをモチーフとした空間で、シガーとカクテルのペアリングを楽しめる。基本は会員制だが、毎日午前2時〜4時の「インダストリーアワー」は一般の方も利用可能。

本日のお会計

ナチュラル アンナチュラル ワイン	1,700円
ホワイト コーヒー フィズ	1,700円
サービス料	10%
計	3,740円

※合計は税込価格です

これはまるでソーヴィニヨン・ブラン!?

日本のフーディ（美食家）は美味しいものを良くご存知ですし、あちこちのレストランでいろいろなものを召し上がっていますよね。でも、バーに行かれる人は少ない。そこで、バーに興味を持って頂けるように考えたカクテルのひとつです。

自然派ワインを不自然に、人工的に作ったというカクテル名で、カリフォルニア産のソーヴィニヨン・ブランを表現した一杯。すべてフレッシュな材料を使って、砂糖も一切入れていません。ドライなカクテルは、酒精が強いイメージがありますよね？　でも、これは強くないのにドライかつフルーティ。ミルクパンチ感が出ないよう、分離させるためだけに少量のミルクでウォッシュしました。

これをひとつの材料にカクテルを作ることもあって、たとえば「ウイスキーを使ってドライなものを」とご注文頂いたらウイスキー2に対してこれを1とか。メニューにあるほかのカクテルもそうで、カクテル同士を混ぜることも。「○○ベースのカクテル」という概念は取っ払って、自由な発想で作っています。

「ナチュラル　アンナチュラル　ワイン」後閑さんレシピ

ジン（スター・オブ・ボンベイ）
パッションフルーツ
グリーンアップル
グレープフルーツ
イェルバマテ　など

［作り方］
①上記材料と各種スパイスなどをミルクでウォッシュして、ボトルに仕込んでおく。
②ワイン・グラスに注ぐ。

COCKTAIL RECIPE

“會舘フィズ”にコーヒーを加えてツイスト

東京會舘メイン・バーで生まれたミルク入りのジン・フィズ「會舘フィズ」に、コーヒーを加えてツイストしました。地下の“Sip”で唯一の炭酸入りロングカクテルです。味はコーヒーなのに白いので、メニューには「白コーヒー」と載せました。材料も、書き方次第で興味を持って頂けますよね。

これもバッチしてボトルに仕込んでいるので、シェイクするだけですぐにお出しできます。カクテルはすべて1分以内に作れるよう考えていて、スピードだけでなく味も一定しますし、より複雑なことが可能になります。

店づくりもカクテルも「3回サプライズ」と僕はよく言っています。メニューを見たとき、カクテルが出てきたとき、飲んだときに驚いたりワクワクしてほしい。わかりやすく、最小限のインフォメーションを意識していて、それでお客さまに感動を与えられたら嬉しいですね。

［ジン・フィズのスタンダードレシピ］
- ジン　45ml、レモン・ジュース　20ml、砂糖　2tsp、ソーダ　適量
- ソーダ以外の材料をシェイクして、タンブラーに注ぐ。ソーダで満たして軽くステアする。

※會舘フィズは、上記にミルクが入る。

「ホワイト コーヒー フィズ」後閑さんレシピ

ジン（ボンベイサファイア）
コーヒー豆
砂糖
レモン・ジュース
ミルク
炭酸

［作り方］
①ジン、コーヒー豆、砂糖、レモン・ジュースをミルクでウォッシュして、ボトルに仕込んでおく。
②①をシェイクしてタンブラーに注ぎ、炭酸と氷を加える。

SPECIAL THANKS

SHINGO GOKAN
後閑信吾さん

趣味
バーテンディング

お気に入りの曲
Billie Holiday
『Speak Low』

MEMO

11月 November

食欲の秋、まだ続いていますか？　バーへ行く前に食事を済ませるのも良いですが、フードメニューが充実しているバーもあります。バーで人気があるのは、これまでにも登場しているカツサンドやレーズンバター、カレー、燻製など。この月では、ボリューム満点のフライドポテトからカレー、リゾーニ、ケーキまでをご紹介します。

Peter《ピーター》 バー

直通エレベーターでしかアクセスできない、コンテンポラリーでスタイリッシュな空間へようこそ。「ザ・ペニンシュラ東京」最上階から東京の景色が見渡せます。

SHOP INFORMATION	
	東京都千代田区有楽町1-8-1 ザ・ペニンシュラ東京24F Tel.03-6270-2888
	営業時間 12:00〜00:00（金・土〜01:00）／無休 ※予約不可
	チャージなし、サービス料15%／席数 40
	カクテル 1,800円〜、モクテル（ノンアルコールカクテル） 1,600円〜、クラフトビール 1,500円（税抜）

カオル 先週、ペニンシュラの24階にあるステーキ&グリルレストランで食事したの。前菜のクラブケーキとカツレツ（※）が美味しかったわ〜。

味香 いいなぁ。眺めが良かったでしょ。

カオル 日比谷公園や皇居外苑が見えるからね。ちょうど窓際の席だったし、最高だったよ。その後、すぐ隣にあるバーに行ったらカクテルも美味しくて。ノンアルコールはモクテルって言うんだっけ。

味香 それで日比谷待ち合わせにしたのね。＜ザ・ペニンシュラ東京に入り、丸の内仲通り側の直通エレベーターで24階へ上がる＞

鎌田真理さん（以下、鎌田） こんばんは。

カオル&味香 こんばんは。

味香 ＜メニューを見て＞モクテルが6種類もあるよ。

カオル 私は「トゥー ダイ フォー」にしようかな。"To Die For"ってネーミングがいいよね。

味香 私はどうしよう。……あ、その変わったグラスは何ですか？

鎌田 上のグラスは日本の盃、それを支える脚の部分は京都町屋の千本格子をイメージした1階ロビーの天井周りをモチーフにしていまして、シグネチャーカクテルの「東京ジョー」に使います。

味香 東京ジョーかぁ、なんだか気になる名前。

鎌田 1949年に制作されたハリウッド映画『東京ジョー』に着想を得て、当ホテルの開業時に創作しました。銀座が舞台になっている映画で、現在ザ・ペニンシュラ東京が建っている日比谷交差点も登場しています。主演のハンフリー・ボガートが好んでいたというドランブイを使ったカクテルです。

カオル 隣のグラスは何で出来ているんですか？

鎌田 竹で作られています。そちらは、「東京ジョー」の進化版カクテル「東京ジョーネクストジェネレーション」で使用します。

味香 進化版のほうを飲んでみたいです。あと、フライドポテトをください。

鎌田　ケイジャンとガーリックソルト、どちらになさいますか?

味香　ケイジャンで。

—鎌田さんがカクテルメイキング—

味香　竹のグラス、素敵ですね。〝Peter〟のロゴも入ってる。

カオル　家にひとつ欲しいかも。

鎌田　実は地下1階のザ・ペニンシュラ ブティック&カフェで販売していまして、ご購入されるお客さまもいらっしゃいます。

カオル　えっ、買っちゃおうかな。

味香　ジュースが入っていても、飲んでいる気分になれそう。

カオル　雰囲気は大事だよね。この前こちらで「モクヒート」と「ベビーベリーニ」を飲んだんだけど、アルコールが入っていないのにお酒を飲んでる気分になれたの。

＜Peterスタイルフライドポテトが運ばれてくる＞

カオル　うわぁ、すごいボリューム!

味香　升に入っているのもいいね。日本酒のカクテルもあったりして。

鎌田　ホテルオリジナルの日本酒に、ジンとオリーブビターズを混ぜて、甘納豆をガーニッシュにした「トッキーマティーニ」がございます。

味香　オリジナルの日本酒?

カオル　メニューに「ザ・ペニンシュラ 純米大吟醸」って書いてあるね。

鎌田　ビールやシャンパン、赤・白ワイン、梅酒などもオリジナルを作っています。

味香　メニューにある〝ビバレッジマネージャー鎌田真理の作品〟というのは……?

鎌田　はい、私です。

味香　「エビス ルージュ」は、モクテルなんですね。

カオル　6種類じゃなくて、もっとあったんだ。次はそれにします。

味香　私も飲んでみたい。

鎌田　ありがとうございます。いま召し上がっているカクテルも私が創作したものです。

味香　そうだったんですね!

—鎌田さんがカクテルメイキング—

カオル　スパイシーで、ちょっとワインみたい。

味香　ノンアルコールとは思えない味わいですね。

鎌田　そう仰って頂けると、嬉しいです。

カオル　＜メニューを見て＞今度は早い時間に来てみたら? カクテルアワー（※2）があるみたい。

味香　マティーニとか、マルガリータも飲めるんだ。頑張って仕事を早く終わらせるわ!

カオル　私もまたモクテルを飲みに来ようっと。

※前菜のクラブケーキとカツレツ
「紅ずわい蟹のクラブケーキ」と「和牛A3フィレ肉 ミラノ風カツレツ 3種の人参を添えて」のこと。

※2　カクテルアワー
日曜日から木曜日の17時から20時まで、ワイン、ビール、カクテルが1，200円（税サ別）で飲める。除外期間あり

本日のお会計

東京ジョー ネクスト ジェネレーション	2,200円
エビス ルージュ	1,600円
Peterスタイルフライドポテト	1,400円
サービス料 15%	
	計 6,459円

※合計は税サ込価格です

ホテル開業10周年の記念カクテル

2017年9月、ザ・ペニンシュラ東京が10周年を迎えるにあたり、開業時に考案したシグネチャーカクテル「東京ジョー」の進化版を作りました。味わいをガラッと変えるのではなく、あくまでも延長線として、いくつかの材料はそのまま残しています。

東京ジョーは映画から着想したカクテルで、主演のハンフリー・ボガートが好んだドランブイにジン、梅酒、クランベリー・ジュース、レモン・ジュースを混ぜたものですが、今回は彼の好きなカクテル「フレンチ75」からヒントを得ました。ジンをフランスのウォッカに、レモンを柚子に、そして和の要素としてよもぎを加えています。

竹の器ですと熱伝導率が低いため、グラスに氷をひとつ浮かべます。カクテルを創作する際は何年経っても作ることができるよう、基本的に手に入りやすい材料を使うようにしてます。

「東京ジョー ネクストジェネレーション」鎌田さんレシピ

ウォッカ(グレイグース シトロン)
梅酒(チョーヤ　エクセレント)
クランベリー・ジュース
よもぎリキュール(ドーバー)
柚子ジュース
シンプル・シロップ
シャンパン(ザ・ペニンシュラ ドゥーツ ブリュット)
(ガーニッシュ)穂紫蘇　1本

[作り方]

①シャンパン以外の材料をシェイクして、グラスに注ぐ。
②シャンパンを加えて軽くステアし、氷をひとつ浮かべる。
③穂紫蘇を飾る。

COCKTAIL RECIPE

ノンアルコールとは思えない複雑な味わい

2017年6月に開催された「Cocktail Re Creation　モクテルコンペティション」で、優勝させていただいた作品です。審査員だけでなく、ご来場された一般のお客さまによる投票もあるコンペで、いかに多くの方にわかりやすく伝わるかに重きを置いて創作しました。

フランス語で「エピス」はスパイス、「ルージュ」は赤。まずは誰もが口にしたことのある身近な素材のカルピスにスパイスを浸け込んで、アルコールが持つ独特の複雑感を表現しました。

葡萄ジュースは長野県産コンコード葡萄をベースに、ワインで使われる品種のカベルネソーヴィニヨン、メルロー、ピノノワールをブレンドしたもので、これが赤ワインを連想させます。カクテルならではのデコレーションもお楽しみください。

「エピス ルージュ」鎌田さんレシピ

葡萄ジュース(ワイナリーこだわりのグレープジュース)
スパイスカルピス(自家製)
トニックウォーター(フィーバーツリー)
(ガーニッシュ)
ラズベリー　1個
スペアミント　1枚

[作り方]

①葡萄ジュースとスパイスカルピスをシェイクして、ワイングラスに注ぐ。
②トニックウォーターを加えて軽くステアし、竹のピックに挿したガーニッシュを飾る。

SPECIAL THANKS

MARI KAMATA
鎌田真理さん

趣味
フットサル、スノーボード、登山、三味線

お気に入りの曲
ONE OK ROCK
『Stand Out Fit In』

MEMO

BAR《バー》 RAGE AOYAMA《レイジアオヤマ》

バーテンダー、シェフ、バリスタ、パティシエの異業種クリエイター集団・ミクソロジスト社の旗艦店がこちら。素材の特性を活かしたカクテルに、思わず驚嘆してしまいます。

SHOP INFORMATION

東京都港区南青山7-13-13 BULLS3F　Tel.03-5467-3977
営業時間 19:00〜Midnight（日・祝〜02:00）／無休
チャージなし、サービス料　15%／席数 40
カクテル　1,400円〜、ウイスキー　1,400円〜（税抜）

味香　（あれっ、どこかで見たような店内……）こんばんは〜。

一守邦泰さん（以下、一守）　こんばんは。

味香　フルーツのディスプレイが素敵ですね。〈ショーケースに書いてある字を読んで〉グレイグース？

一守　フランス産のプレミアム・ウォッカです。これをベースにフルーツカクテルをお作りすることが多いですね。今ですと、柿、イチゴ、金柑、キウイなどがお勧めです。

味香　柿のカクテル、飲んだことないです。

一守　ウイスキーベースで山椒風味を効かせたオールド・ファッションド、グレイグースをベースにほうじ茶を合わせたマティーニがご用意できます。

味香　グレイグースを使うほうでお願いします。何か軽く食べられるものはありますか？

一守　お茶漬け感覚で召し上がれる「和風の昆布出汁カレー」はいかがでしょう。ご注文頂いてからご飯を炊くので、20分ほどかかってしまいますが。

味香　大丈夫です。飲みながら待ってますね。

―一守さんがカクテルメイキング―

味香　最初に使っていたのは、何ですか？

一守　「エアロプレス」です。空気の力を利用してコーヒーを抽出する器具ですが、カクテルにも応用できます。

味香　そのシェーカーも、時々見かけて気になっていて。

一守　「ボストンシェーカー」と言って、欧米でメジャーなシェーカーです。日本では3ピースのシェーカーが知られていますよね。材料と氷を入れるボディ、氷を受けて漉すストレーナー、蓋のトップと3つに分かれているもの。一方、ボストンシェーカーは2ピースです。僕はこちらの透明なパイントグラスで材料を潰して、金属製のティンのほうに氷を入れて振りますが、逆の人もいるかもしれません。容量が大きいので、よりフレッシュフルーツの香りが立ちますし、まろやかな味に仕上がります。

味香　ストレーナーが付いていないから最後に漉していたんですね。

一守　いろいろな種類があって、カクテルによって使い分けています。

味香　網が二重になっているのも見ました。

一守　「バーズネスト」ですね。あれは、料理で使われていたバーズネストフライヤーが原形です。じゃがいもを薄く切ったものや、小麦粉で作った皮を網の間に挟んで揚げると鳥の巣（バーズネスト）のような形の食べられる器ができるという。揚げ物用でハンドルが長かったのですが、バー向けに短くなっています。＜カレーを差し出す＞

味香　具が……ない！

一守　スパイスと出汁で召し上がって頂くカレーです。具が入っていないので、サラサラ～っと入っていきますよ。お米は宮崎県産の「ヒノヒカリ」です。

味香　これに合うカクテルをお任せしたいです。

一守　キウイに生姜や紫蘇、山椒を合わせたモスコーミュールをお作りしますね。

―一守さんがカクテルメイキング―

味香　スパイスとキウイの組み合わせなんて、思いつかないなぁ。

一守　キウイと山葵も意外と合いますよ。

味香　山葵!?　考えてみたら、日本の素材はスパイシーなものが多いですよね。……モスコーミュールを飲んでたら思い出しました。お店に入ったときから、どこかで見かけたような光景だなぁって。西麻布のバー「嵐」に似ていますよね。

一守　よく気づかれましたね。RAGEグループの代表・北添智之の出身バーです。

味香　偶然、そちらでもモスコーミュールを飲んだので。グループということは、他にも店舗があるんですか？

一守　銀座に2店舗と日本橋、羽田空港に。

味香　羽田空港で飲んだ後に空を飛べるっていいなぁ。旅行しなくても、ふらっと行ってみたいかも。

一守　それが、国際線ターミナルの中に入っていて。日本のお酒をコンセプトに、国産ウイスキーやビール、ワイン、焼酎を置いています。24時間営業ですし、海外旅行をされる際には是非お立ち寄りください。

味香　海外旅行、したいなぁ。

一守　北添が、シンガポールで「Orgo Bar & Restaurant」という店も営んでいます。

味香　シンガポールといえば、現地のシンガポール・スリングを飲んでみたいです。シンガポールに行くことがあったら、そちらのお店にもお邪魔してみますね。

本日のお会計

柿とほうじ茶のマティーニ	1,700円
キウイのジャパニーズ・モスコーミュール	1,700円
和風の昆布出汁カレー	1,300円
サービス料	15%
計	5,830円（端数切り捨て）

※合計は税込価格です

エアロプレスで素材のエキスを濃く抽出

まず、急須よりも素材のエキスを濃く抽出できるエアロプレスに、ほうじ茶、シナモンチップ、湯を入れて蒸らします。お湯は、カクテルに使う倍の量。バルサミコの酸味を飛ばすときに鍋にかける方法もありますが、少量なのでバーナーでさっと炙りました。

柿は2週間ほど追熟していて、熟れれば熟れるほど美味しいですね。シェーカーに8分目くらいまで氷を入れたら、シェイクします。あえて製氷機の氷で加水して、丸みのあるカクテルに仕上げました。

ボストンシェーカーは真っ直ぐではなく、持ったときに「へ」の字になるイメージで少し斜めにティンを被せます。基本的に重い材料が入りますし、ボストンシェーカー自体も重いので効率的に力を使って空気を入れたいですね。さらにひねりを加え、ストロークを伸ばして振っています。

[マティーニのスタンダードレシピ]

- ドライ・ジン　45ml、ドライ・ベルモット　15ml
- 材料をステアして、カクテル・グラスに注ぐ。レモン・ピールをかけて、オリーブを飾る。

「柿とほうじ茶のマティーニ」一守さんレシピ

ウォッカ（グレイグース）　40ml、柿　1/2個、オレンジ・ジュース　10~20ml、シンプル・シロップ　1~2tsp、ほうじ茶　2tsp、シナモンチップ　1tsp、湯　60ml　（ガーニッシュ）ほうじ茶（粉末）　適量、バルサミコ酢　少量

[作り方]

①パイントグラスに柿を入れてペストルで潰し、ウォッカ、エアロプレスで抽出したもの（左記参照）、オレンジ・ジュース、シロップを加える。

②ティンに氷を入れてシェイクし、ほうじ茶をリムドしたカクテル・グラスに漉しながら注ぐ。

COCKTAIL RECIPE

カレーに合わせて創作したモスコーミュール

当店の「和風の昆布出汁カレー」に合わせてお作りしたモスコーミュールです。みじん切りにした生姜、穂紫蘇、山椒の実をすり鉢で香りが出るまで擂って、スタンダードレシピにも入るウォッカとライム、それからシロップを加えてすりこぎで混ぜます。

モスコーミュールといえば、ジンジャービアまたはジンジャーエールが入りますが、「ナチュラルな素材でカクテルを作る」という店のコンセプトどおり、フレッシュの生姜を使ってソーダでアップしました。

ほかのフルーツとハーブの組み合わせで、例えばブドウとローズマリーでモスコーミュールを作ったり、ライムの代わりに柚子を使うこともあります。ただ、生姜を抜いてしまうと「フィズ」になるので、モスコーミュールには必ず入れています。

[モスコーミュールのスタンダードレシピ]

- ウォッカ　45ml、ライム・ジュース　15ml、ジンジャービア　適量
- 氷を入れたマグ（またはタンブラー）にウォッカとライム・ジュースを注ぎ、冷やしたジンジャービアで満たす。軽くステアする。

「キウイのジャパニーズ・モスコーミュール」一守さんレシピ

ウォッカ（グレイグース）　40ml、キウイ　1/2個、シンプル・シロップ 2tsp、ライム・ジュース 10ml、生姜　1枚、穂紫蘇　1本、山椒の実　2粒、ソーダ（ウィルキンソン）　適量（ガーニッシュ）生姜スライス　1枚、穂紫蘇　1本、山椒の実　2粒

[作り方]①パイントグラスにキウイを入れてペストルで潰し、すり鉢の中身（左記参照）を漉しながら加える。

②ティンに氷を入れてシェイクし、陶器マグに注ぐ。

③クラッシュド・アイスを加えてバー・スプーンで混ぜ、ソーダを注いで軽くステアする。

④ガーニッシュとストロー2本を飾る。

SPECIAL THANKS

KUNIHIRO ICHIMORI
一守邦泰さん

趣味
食べ歩き、スイミング

お気に入りの曲
Bob Marley
『I Shot The Sheriff』

MEMO

Albion's《アルビオンズ》 bar《バー》

珈琲専門店として開店した1973年から手作りを続けるチーズケーキをぜひ召し上がれ。店内でお酒と共に楽しんだら、お土産に持って帰りたくなるかもしれません。

SHOP INFORMATION	
	東京都北区十条仲原2-11-21　Tel.03-3906-6700
	営業時間 18:00～02:00（日～00:00）／不定休
	チャージ　540円、サービス料なし／席数 16
	カクテル　970円～、ウイスキー　860円～（税込）

高木智秀さん（以下、高木）　次はウイスキーのオン・ザ・ロックですね。

客A　たまにはストレートじゃなく、オールドボトルをロックで飲んでみたくて。

高木　「ベル20年」はいかがでしょう？　1970年代流通のものです。まろやかですし、ロックにしても美味しいですよ。

客A　それでお願いします。

味香　＜扉を開ける＞こんばんは。

高木　いらっしゃいませ。

味香　カウンターが3つあるみたいで面白いですね。

高木　建物の構造上、このようになっています。僕も最初はちょっと変わっているなぁと思っていましたが、今は気に入っています。

味香　商店街を通ってきたら、お惣菜とかいろいろ安くてびっくりしました。

高木　良心的なお値段ですよね。

味香　ずっとアーケードだから、雨の日でも賑わいそう。甘くないロングカクテルをください。

高木　炭酸は苦手ではないですか？

味香　大丈夫です。

―高木さんがカクテルメイキング―

高木　「スプモーニ」をお作りしました。本来はカンパリですが、このスプモーニはマルティーニ ビターがベースです。作り方もビルドではなく、シェイク。実は僕が大好きなカクテルで、スプモーニを一番飲んでいるバーテンダーだと自負しています。

味香　あちこちで飲み歩いて、研究されたんですね。

高木　ですから、よくお勧めしますね。ベースをラムに変えた「ソルクバーノ」も美味しいですよ。

味香　このつぶつぶした感じもいいなぁ。

高木 グレープフルーツの果肉を入れて、シェイクしています。
客B こんばんは。チーズケーキを3ピース、持ち帰りで。
高木 いつもありがとうございます。少しお待ちくださいね。
味香 チーズケーキを販売されているんですか?
高木 お持ち帰りでも、店内でも召し上がれます。店内限定で、10月から3月までは「エスプレッソ・チーズケーキ」のご用意もありますよ。アイリッシュ・コーヒーに合わせてレシピを考えました。
味香 そのエスプレッソ・チーズケーキとアイリッシュ・コーヒー、スプモーニの後にお願いします。もしかして、ご自身で作られているとか?
高木 父と2人で店を営んでいまして、チーズケーキは父からレシピを教わりました。もともとここは珈琲専門店で、その頃からずっと手作りで焼き続けています。
味香 お店はいつから?
高木 珈琲専門店としてオープンしたのが1973年です。30年ほど前から、バーに業態変更をしました。
味香 家業を継がれたわけですね。
高木 たまたま実家の商売をしてみたら、天職かもしれないなと。継いだというより、好きなことをしていると思っています。アイリッシュ・コーヒーは、少々お時間を頂きますね。

―高木さんがカクテルメイキング―

高木 ＜アイリッシュ・コーヒーとチーズケーキを差し出す＞お待たせいたしました。
味香 何ていうアイリッシュ・ウイスキーですか?
高木 「ティーリング」です。最近はアイリッシュも種類が増えてきました。
味香 いろいろなウイスキーが置いてありますね。
高木 スタンダードがあまりなくて、オールドボトルばかりですが。「イチローズモルト」はご存知ですか?
味香 いえ、知らないです。
高木 埼玉県・秩父の蒸溜所で、肥土伊知郎さんという方がウイスキーを造っています。蒸溜所が完成したのは10年くらい前でまだ新しいですが、肥土さんのウイスキーはずっと応援しているんですよ。
味香 秩父でウイスキーが造られているなんて、知りませんでした。
高木 最近、ウイスキーを造るところが国内で続々と増えています。その先駆けと言えますね。
味香 そうなんですね。ん~、チーズケーキも美味しい。
高木 乳脂肪分の高いデンマーク産のクリームチーズを使っていまして、濃厚でコクがありますね。4月から9月までは、ピスタチオのチーズケーキを焼いています。クリスマスシーズンには、レギュラーのチーズケーキをホールで予約されるお客さまも多いですよ。
味香 私もお土産に持ち帰ろうっと。何ピースにしようかな……。

本日のお会計

スプモーニ	970円
アイリッシュ・コーヒー	1,290円
エスプレッソ・チーズケーキ	640円
チャージ	540円
	計 3,440円

※合計は税込価格です

異なる苦味が絶妙のハーモニーを生み出す

ほとんどのお店がカンパリをベースにしていますが、僕はややマイルドな苦味と甘味のあるマルティーニ ビターをベースに、シェイクでお作りしています。グレープフルーツの果肉を入れるのがポイントで、シェイクすることで口当たりの良いつぶつぶ感が出ます。

クラックド・アイスよりひと回り大きい氷と、小さい氷を3つ組み合わせてシェーカーへ。スプモーニは2段振りでしっかり振るのではなく、1段であまり氷を回転させずに振りたいのでバロンシェーカーを使っています。

トニックウォーターを先に注ぐのは、比重の関係から。ノンステアでも自然に混ざって、炭酸ガスもほとんど抜けません。混ざらないときは、1度だけ氷を液体に押し込むようにします。3つの材料すべてに異なる苦味があって、それらが重なってバランスの良い一杯になる……そんなスプモーニが好きですね。

[**スプモーニのスタンダードレシピ**]

- カンパリ　30ml、グレープフルーツ・ジュース　45ml、トニックウォーター　適量
- 氷を入れたタンブラーにカンパリとグレープフルーツ・ジュースを注ぎ、トニックウォーターで満たして軽くステアする。

「スプモーニ」高木さんレシピ

マルティーニ ビター …………………… 30ml
グレープフルーツ・ジュース ………… 45ml
トニックウォーター ……………………… 適量

[作り方]

①マルティーニ ビターとグレープフルーツ・ジュースをシェイクする。
②タンブラーに氷を入れてトニックウォーターを注ぎ、①を加える。

COCKTAIL RECIPE

ウイスキーの味わいをグッと感じてほしい

アルコールランプに火をつけて、グラスとウイスキーを温める工程をよく見かけるかもしれません。見た目にも美しく、温かい気分になれますよね。ただ、アルコールが飛ぶのを良しとするかどうか。カクテルを飲むなら、お酒を感じて頂きたいと僕は考えています。

その時々でウイスキーは変えていまして、ティーリングの前はキルベガンでした。ボトルが空いたら、違うウイスキーにしています。コーヒーはイタリアンローストの濃い目、生クリームは乳脂肪分の高いものを。生クリームはツノが立ち過ぎず、緩過ぎない、程よい固さを目指してホイップしています。

生クリームだけでなくウイスキーもフロートさせて、入れた後は混ぜません。口にしたときに、グッとウイスキーの味わいを感じられるはずです。

[**アイリッシュ・コーヒーのスタンダードレシピ**]

- アイリッシュ・ウイスキー　30ml、ブラウンシュガー　1tsp、コーヒー（ホット）　適量、生クリーム　適量
- 温めた耐熱グラスにブラウンシュガーを入れて、コーヒーを7分目まで注ぐ。ウイスキーを加えて、軽くステアする。ホイップした生クリームをフロートする。

「アイリッシュ・コーヒー」高木さんレシピ

アイリッシュ・ウイスキー（ティーリング シングルモルト） ………… 30ml
コーヒー（ホット） …………………… 90ml
生クリーム ……………………………… 適量
コーヒーシュガー ……………………… 適量

[作り方]

①アイリッシュ・コーヒー用のグラスにコーヒーシュガーを入れて、コーヒーを注ぐ。
②ウイスキーを加えて、生クリームをフロートする。

SPECIAL THANKS

TOMOHIDE TAKAGI
高木智秀さん

趣味
バー巡り

お気に入りの曲
Aselin Debison
『Moonlight Shadow』

MEMO

The《ザ》 TRAD《トラッド》

チェスターフィールドのソファーをはじめとしたアンティークの数々に囲まれると、“古城”にいる気分になります。古き良き伝統を引き継ぎ、新しい時代を築く姿が此処に。

SHOP INFORMATION

東京都文京区湯島3-43-9 深瀬ビル1F　Tel.03-5812-4800
営業時間 18:00~01:00（日･祝~23:00）／不定休
チャージ　1,000円、サービス料なし／席数 20
カクテル　1,000円～、ウイスキー　800円～（税抜）

味香　あの音、しばらく耳に残りそうです。シュポッ！　シュポッ！って、瓶ビールの栓を抜く音。凄く爽快ですよね。

凛　私もあれが聞きたくて「シンスケ」に行くの。

味香　お料理も美味しかったし、大人の酒場って感じでした。

凛　バー以外の酒場もいいでしょ？

味香　いいですね。でも、バーにも行きたいです！

凛　すぐ近くにあるから、歩こうか。＜天神下交差点を渡って、湯島3丁目へ＞

凛&味香　こんばんは。

川崎堅城さん（以下、川崎）　こんばんは。……あ、凛さん。今日は寒かったでしょう。

凛　アイリッシュ・コーヒーにしようかな。味香ちゃんはどうする？

味香　私もホットカクテルがいいです。アイリッシュ・コーヒー以外で何か。

川崎　甘口でよろしければ、「ホット・バタード・ラム・カウ」はいかがでしょう？

凛　川崎さんのホット・バタード・ラム・カウは美味しいよ～。

味香　それは飲んでみたいですね。

凛　やっぱりウイスキー・ソーダにして、2杯目にアイリッシュ・コーヒーをお願いします。

—川崎さんがカクテルメイキング—

味香　甘～い、いい香り。

川崎　上の層が甘いので、シナモンスティックで混ぜながら召し上がってください。＜自家製のチョコレートケーキとラスク、抹茶の生チョコを差し出す＞

凛　川崎さんは横浜のバーご出身なの。

味香　そのときからのお知り合いですか？

川崎　はい、凛さんはよくお見えになりました。あの頃はウイスキーばかり飲まれていましたよね。

凛　山下公園の近くにある「スリーマティーニ」っていうバーでね、マスターの山下さんとあやさん、お店の雰囲気が好きで通ってたの。いい音楽とお酒、シガーの煙、横浜港からときどき聞こえる汽笛のボ～ッという音が忘れられないなぁ。ここのカウンターに座った途端、思ったの。「あ、スリーマティーニみたいだな」って。

味香　雰囲気が似ているんですか？

凛　あちこちに飾られてあるアンティークのノベルティグッズとか、カウンター左端の小窓に見えるアンクル・トリスとか。

川崎　山下さんのお店を参考にさせて頂いて、自分で図面を引きました。音楽も、スリーマティーニでいろいろなジャンルを覚えましたね。

凛　私はたいてい奥にあるターンテーブルの前の席に座って、山下さんにいろいろなアーティストを教えて頂いたなぁ。＜ウイスキー・ソーダが空になる＞

川崎　アイリッシュ・コーヒー、そろそろお出ししますね。

味香　私も凛さんと同じく、ウイスキーとコーヒーを使ったカクテルを。

川崎　アルコール度数が高めですが、シガー好きのためのシガーカクテルを創作したのでよろしければ。ラムとウイスキーがベースで、自家製のコーヒー・ウォッカとシガー・シロップが入ります。

味香　シガーカクテルかぁ、お願いします。

―川崎さんがカクテルメイキング―

川崎　「エル・ラギート」というカクテルです。＜アイリッシュ・コーヒーを作り始める＞

味香　度数が高い割りには意外と飲みやすいですね。あっ、凄い。

川崎　当店のアイリッシュ・コーヒーは、ブルー・ブレイザースタイルでお作りしています。マグからマグへ、炎を使ってスローイングのようにお酒を流す方法ですね。

凛　青い炎がキレイだよね。これを飲むと、ウイスキーも飲みたくなっちゃう。

川崎　凛さん、グレンリベットがお好きでしたよね。リベットならスミスの1965がありますよ。

凛　ライオンラベル、まだ残ってるんだ。

川崎　閉鎖蒸溜所でしたらノースポート、グレンアルビン、ピティヴェアックあたりも。

味香　全部ウイスキーの名前ですよね？　全然聞いたことない……。

凛　ウイスキーも、飲み始めると面白いよ。

味香　少しずつ飲んではいるんですけど、覚えられなくて。

凛　覚えなくても、バーテンダーさんに好みの味とか香りを伝えれば大丈夫だよ。気になる銘柄が出てきたら、それを飲み続けてもいいし。同じ銘柄でも、熟成年数や樽で変わるからね。

味香　凛さんのグレンリベットみたいに、私にもお気に入りができるといいな。

本日のお会計

ホット・バタード・ラム・カウ	1,200円
エル・ラギート	1,200円
チャージ	1,000円
計	3,600円（端数切り捨て）

※合計は税込価格です

※フードの価格はチャージに含まれます

自家製ラスクと共に愉しんで

2種類のラムを使うカクテルですが、僕はロンサカパのみで作っています。ペドロ・ヒメネスなどの樽を用いて、独自のソレラシステムで熟成したリッチな甘みのあるロンサカパは、自家製のレーズンバターにマッチしますね。レーズンはジャマイカラムに一晩浸けて、バターには黒糖を練り込みました。

スタンダードレシピのように角砂糖を牛乳で溶かすのではなく、フロートする生クリームのほうに甘味を加えます。牛乳はコクのあるタイプ、生クリームも乳脂肪分47%のもので風味豊かに仕上げます。

ガーニッシュでさらにデザートカクテルらしく、寒い日にゆっくり召し上がって頂けるようお作りしました。当店の自家製ラスクと共にお愉しみください。

※1　フロート用生クリーム

生クリーム　30ml、粉砂糖　大さじ1、バニラエッセンス　2dashes、ペドロ・ヒメネス　1tsp

[**ホット・バタード・ラム・カウのスタンダードレシピ**]

- ラム（ゴールド）　30ml、ラム（ダーク）　15ml、角砂糖　1個、バター　1片、ホットミルク　適量
- 温めたタンブラーに角砂糖を入れて、少量の牛乳で溶かす。ラムを注ぎ、温めた牛乳で満たして軽くステアする。バターを浮かべて、ロングスプーンを添える。

「ホット・バタード・ラム・カウ」川崎さんレシピ

ラム（ロン サカパ23）　25ml、生クリーム　20ml、牛乳　100ml、レーズンバター（自家製）　大さじ1、生クリーム（フロート用）　適量　※1

（ガーニッシュ）チョコ・シナモン・シュガー、アーモンドダイス、エスプレッソパウダー　各適量、シナモンスティック　1本

[作り方]①チョコ・シナモン・シュガーを耐熱用グラスにリムドして、ラムとレーズンバターを入れる。

②生クリームと牛乳を手鍋に入れて、沸騰する直前まで温める。

③②を①に注いでステアし、ホイップした生クリームをフロートする。

④アーモンドダイスとエスプレッソパウダーを振りかけて、シナモンスティックを入れる。

COCKTAIL RECIPE

シガー好きのためのシガーカクテル

ウォッカとシロップに使うコーヒー豆は、酸味が控えめで苦味とコクのバランスが良いマンデリンを選びました。深煎りにすると、香りが出て抽出しやすいですね。ガーニッシュのコーヒー豆も、同じものです。

ミキシング・グラスに材料と氷を1つだけ入れたら、ゆっくりステアします。冷凍庫でミキシング・グラスを冷やしてあるため、最小限の氷でチルドの工程も必要ありません。重い素材ですし、冷やし過ぎると香りが立ちづらくなるので気を付けています。

スモーキーなウイスキー、シガーと同じキューバ産のラム、そしてコーヒーと、すべてシガーに合いますよね。キューバシガーの代表的な銘柄「コイーバ」の工場の名前から「エル・ラギート」と名付けました。

※1　ウォッカ（タンカレー　スターリング　ウォッカ）　1本に、コーヒー豆100粒ほどを1～2週間浸ける。

※2　（500ml分のレシピ）

水　250ml、クローブ　20粒、シナモンスティック　1本、ブラックペッパーホール　20粒、コーヒー豆（焙煎したもの）　20粒、バニラビーンズ　1/2本を鍋で煮出す。上記ウォッカ30ml、ラム（マイヤーズ　オリジナルダーク）　30ml、きび砂糖　300gを加えて煮詰める。

「エル・ラギート」川崎さんレシピ

ラム（ハバナクラブ7年）……………… 20ml

ウイスキー（タリスカー10年）………… 20ml

ウォッカ（タンカレー　スターリング　ウォッカ／コーヒー・インフュージョン）　15ml　※1

シガー・シロップ（自家製）………… 5ml　※2

（ガーニッシュ）

シナモンスティック…………………… 1本

コーヒー豆………………………………1粒

[作り方]

①材料をミキシング・グラスでステアして、氷を入れたオールドファッションド・グラスに注ぐ。

②ガーニッシュを飾る。

SPECIAL THANKS

KENJO KAWASAKI

川崎堅城さん

趣味

美術館巡り、

骨董市巡り、音楽鑑賞

お気に入りの曲

Astor Piazzolla

『Adios Nonino』

MEMO

Bar《バー》 SuperNova《スーパーノヴァ》

素材や作り方、扱うお酒などでひと味違った体験をさせてくれるバー。毎月21日に更新されるドリンクとフードメニューで、好奇心旺盛な飲み手を飽きさせません。

SHOP INFORMATION

神奈川県横浜市中区相生町4-65 ポラリスビル3F Tel.045-641-8086
営業時間 17:00〜03:00（日・祝19:00〜00:00）／第3水曜休み
チャージ 300円、サービス料なし／席数 22
カクテル 900円〜、ウイスキー 800円〜（税抜）

リコ　お疲れさま！　長い一日だったね。
味香　やっと解放された〜。
リコ　どこか飲みに行く？　疲れたからあまり歩きたくないな。
味香　あっ、そこにバーがあるよ。
リコ　行ってみようか。〈エレベーターで3Fへ〉
石井豊さん（以下、石井）　いらっしゃいませ。〈メニューを差し出す〉
リコ&味香　こんばんは〜。
リコ　セロリ、山葵、山椒だって。八角、リコリス……。
味香　カクテルに使う材料が書いてあるんだね。
石井　次のページが、毎月21日に更新するメニューです。
味香　えっ、絹ごし豆腐!?
石井　ウォッカとビーフブイヨンを混ぜたスープのようなカクテル「ブル・ショット」を、生姜を浸けたウォッカとブイヨン、絹ごし豆腐でホット・カクテルにしてみました。
味香　面白そう。試してみます。
リコ　「小豆島オリーブのダーティーマティーニ」の〝ダーティ〟って？
石井　オリーブの瓶に入っている漬け汁を加えてシェイクするカクテルで、少し濁ることからその名が付いています。小豆島のオリーブは、そのまま召し上がっても美味しいですよ。
リコ　「柚子釜のカンパリグレープ」も気になるけど……ラムベースで、私もちょっと変わったものを。
石井　「紫芋あんのパナマ」はいかがでしょう。ラムとカカオリキュール、生クリームをシェイクするカクテル「パナマ」に紫芋あんを加えます。葉巻がお好きな方には、吸い終わる頃にお勧めしているシガーカクテルです。
リコ　それをお願いします。
味香　「ベーコンと海苔と春菊のリゾーニ」を食べてみようかな。リゾーニは、リゾットみたいなものですか？

石井　お米の形をしたパスタで、リゾットに似ています。

ー石井さんがカクテルメイキングー

味香　お豆腐もカクテルに使われるんですね。

石井　一般的ではないですけどね。グラスホッパーも、生クリームの代わりに豆腐を使って作ったりします。

リコ　パナマも美味しいです。

石井　「十勝産極上こしあんのアレキサンダー」「ずんだ餡のカウボーイ」など、餡子系は当店でよく出ますね。

リコ　たまには、ラムやテキーラ以外も飲んでみたいな。

石井　ピスコはご存知ですか？

リコ　いえ、知らないです。

石井　ブドウを原料に造られる、南米ペルーの蒸留酒です。1回蒸留で熟成も加水もしません。アルコールを落ち着かせるために以前は甕(かめ)で寝かせていましたが、現在はガラスやステンレスが使われています。日本では、ペルー料理関係者などを中心にした「日本ピスコ協会」が2018年に発足しました。

味香　どうやって飲むんですか？

石井　ストレートでも割ってもいいですし、「ピスコサワー」などのカクテルにしても。現地でもイベントが行われている2月の第1土曜日を「ピスコサワーの日」として楽しもうという動きが日本でも出てきました。

リコ　そのピスコサワー、飲みたいです。

味香　私もピスコを使ったカクテルを。甘い感じがいいです。

石井　かしこまりました。〈リゾーニを差し出す〉

リコ　見た目はリゾットだね。

味香　つるんとした舌触りだけど、噛むとモチモチしてる。

ー石井さんがカクテルメイキングー

石井　イナゴ豆から作られる「アルガロボ・シロップ」を使った、ペルーのスタンダードカクテル「アルガロビナ」です。

味香　イナゴ豆のシロップ？

石井　サトウキビが使われる前、ペルーでは砂糖の代わりになっていたそうです。

味香　どんな味なんですか？

石井　甘いですが、酸味や苦味、独特のコクを感じる複雑な味わいです。黒糖のような感じも。

味香　思ったより、飲みやすいですね。

石井　現地ではピスコをかなり多く入れるようで、強くて甘いカクテルらしいです。僕は日本人の味覚に合うよう、レシピの比率を変えました。そういえば、スターバックスにはご当地フラペチーノがありますが、日本の抹茶のように、ペルーにはアルガロボ・シロップ味があるそうですよ。

味香　ピスコサワーはどう？

リコ　これも美味しいよ。ピスコそのものも飲んでみたい。

味香　お気に入りのテキーラとラムに、ピスコが加わったね！

本日のお会計

絹ごし豆腐と生姜ウォッカのホット・ブル・ショット	1,350円
アルガロビナ	1,500円
ベーコンと海苔と春菊のリゾーニ	1,300円
チャージ	300円
計	4,800円（端数切り捨て）

※合計は税込価格です

時期によって味わいが変わるホット・ブル・ショット

ホットのブル・ショットは、当店の人気メニューです。時期によって中身を変えていまして、つい先日までは青唐辛子ウォッカを使った大根みぞれ仕立て、その前は生姜ウォッカにすりおろした蓮根を合わせてお出ししていました。

栗やかぼちゃ、こしあんなど、ペースト状にしたものをカクテルに使い始めてからいろいろな素材がペーストに見えてきて、豆腐も使えるのではと思ったのがこのカクテルを創作したきっかけです。最初は、グラスホッパーに入れる生クリームの代用として試作しました。生クリームや豆乳では出せない質感と味が出て、お客さまにも好評でしたね。

ウォッカには、皮つきのままスライスした生姜を1ヵ月ほど浸け込みました。ブル・ショットといえばビーフブイヨンですが、これはチキンとビーフブイヨンをミックスしています。

[ブル・ショットのスタンダードレシピ]

- ウォッカ　45ml、冷やしたビーフブイヨン　適量
- 材料をシェイクして、氷を入れたオールドファッションド・グラスに注ぐ。塩、コショウ、ウスター・ソース、タバスコなどを添える。

「絹ごし豆腐と生姜ウォッカのホット・ブル・ショット」石井さんレシピ

ウォッカ（スミノフ／生姜インフュージョン） 20ml
ブイヨン…………………………… 120ml
絹ごし豆腐……………………… 大さじ2杯

[作り方]

①材料をスピンドルミキサーで撹拌して、鍋で温める。
②カップに注ぐ。

COCKTAIL RECIPE

ペルーではスタンダードな一杯

「アルガロビナ」は、ピスコサワーよりも古い歴史のあるカクテルです。ケイローロが造るケブランタ種のピスコをベースにお作りしました。ボリューム感があって、力強いピスコです。

当店のシェーカーはあまり大きくないので、小さい氷を使います。このようにミルクが入るようなカクテルでしたら、少し減らして15個くらい。ボトルは常温で、冷やしながら加水して香りを開かせるイメージでシェイクしています。

葉巻がお好きなお客さまには、「ボリバー ロイヤル コロナス」と合わせてお勧めすることも。ゆっくりと燻らせた後半あたり、徐々に辛くなってきたシガーの味わいに、甘いだけでなく独特のコクを感じる一杯が心地良いと思います。

[アルガロビナのレシピ] ※ピスコ協会推奨

- ピスコ　40ml、アルガロボ・シロップ　20～25ml、エバミルク　45ml、卵黄　1個、シンプル・シロップ　10～20ml
- 材料をシェイク（またはブレンダーで撹拌）して、カクテル・グラスに注ぐ。お好みでシナモンパウダーをかける。

「アルガロビナ」石井さんレシピ

ピスコ（サンティアゴ ケイローロ　ケブランタ） 35ml
アルガロボ・シロップ……………… 10ml弱
エバミルク（無糖練乳）……………… 20ml
卵黄………………………………… 1個
シンプル・シロップ…………………… 10ml
（ガーニッシュ）
シナモンスティック…………………… 適量

[作り方]

①材料をシェイクして、カクテル・グラスに注ぐ。
②シナモンスティックを削りかける。

SPECIAL THANKS

YUTAKA ISHII
石井 豊さん

趣味
格闘技観戦

お気に入りの曲
村治佳織
『タンゴ・アン・スカイ』

MEMO

Column

お酒にまつわる資格

もっとお酒のことを知りたい、楽しみたい、身近に感じたいという人からバーテンダーを目指す人、さらにプロフェッショナルとして学びたい、伝えたい人まで、それらに応じたさまざまな資格があります。気になったら、HPで条件等をチェックしてみてくださいね。(団体名五十音順)

[バーテンダー]

●HBAビバレッジアドバイザー、HBAバーテンダー、HBAシニアバーテンダー、HBAマスターバーテンダー

主催:HBA(一般社団法人日本ホテルバーメンズ協会)

https://www.hotel-barmen-hba.or.jp/

ビバレッジアドバイザーは、20歳以上であれば受験可。右記のほか、通信講座の「HBAカクテルアドバイザー」も。

●バーテンダー呼称技能認定試験、インターナショナル・バーテンダー呼称技能認定試験

主催:N.B.A.(一般社団法人 日本バーテンダー協会)

http://www.bartender.or.jp/

バーテンダー呼称技能認定試験は、N.B.A.正会員以外の一般の人でも受けられる。HPで条件を要確認。過去問も掲載されている。

●プロフェッショナル・バーテンダー資格認定試験

主催:PBO(プロフェッショナル・バーテンダーズ機構)

http://www.pbo.gr.jp/

「バランスのとれたバーテンダーの育成」と「バーテンダーの資質の向上」を目指した認定試験。ビジター(バーテンダーまたはバーテンダーを目指す人)も歓迎。

[カクテル]

●カクテル検定(カクテル・マスター、カクテル・エキスパート、カクテル・プロフェッサー)

主催:一般財団法人 カクテル文化振興会

http://cocktail.or.jp/index.html

カクテルを身近に楽しんでもらうための認定資格。気軽にバーへ訪れたり、自宅でカクテルを作りたいという人へ。

[スピリッツ]

●ウイスキー検定、ウイスキーコニサー(ウイスキーエキスパート、ウイスキープロフェッショナル、マスター・オブ・ウイスキー)

主催:ウイスキー文化研究所

https://scotchclub.org/

マークシート択一形式のウイスキー検定は、ウイスキー初心者も気軽に挑戦できる。一方、ウイスキーコニサーの「マスター・オブ・ウイスキー」は、2018年度までで合格者が9名のみの超難関試験。

●**テキーラ・マエストロ、グラン・マエストロ・デ・テキーラ**
主催：日本テキーラ協会
http://www.tequila.jp.net
テイスティングをしながらテキーラの製法や特性についての講座を受け、最後に筆記とテイスティングの試験を通過するとバッジが授与される。

●**ラム・コンシェルジュ**
主催：日本ラム協会
http://rum-japan.jp/
「ラムの基礎知識編」と「ラムの実践編」の2部構成。共に、セミナー修了後には約30銘柄（計60銘柄）のフリーテイスティングがある。

［ワイン］

●**ワインエキスパート、ソムリエ**
主催：一般社団法人 日本ソムリエ協会（J．S．A．）
https://www.sommelier.jp/
ワインエキスパートは、愛好家が主な対象。ソムリエは飲食全般の専門知識・テイスティング能力だけでなく、商品の適切な紹介とサービスなどが求められる。
※ソムリエは酒類・飲料を提供する飲食サービスなどの職務を、通算で3年以上経験していることが受験資格となる

［ビール］

●**ビアテイスター**
主催：クラフトビア・アソシエーション（日本地ビール協会）
http://beertaster.org/
長時間の講座だが、1日でビールについて本格的に学べる。ビールの正しい保管法やより味わい深い飲み方、出来の良し悪しや劣化の進行状態を客観的に評価できるようになる。

［日本酒、焼酎］

●**日本酒検定、唎酒師、酒匠、焼酎検定、焼酎唎酒師など**
主催：日本酒サービス研究会・酒匠研究会連合会（SSI）
https://www.ssi-w.com/
唎酒師は、合格後もブラッシュアップ講座が用意されている。一般消費者向けの資格「日本酒ナビゲーター」「焼酎ナビゲーター」も。

12月 December

年末が近づいて、クリスマスシーズン、忘年会と誰もが大忙し。忘年会でスケジュールが一杯、なんていう人もいるかもしれませんね。大勢で楽しく飲んだ後、バーで一年を振り返りながらゆっくり過ごしませんか？　クリスマスや年越しにイベントを行っているバーもありますので、HPやFacebookなどでチェックしてみましょう。

Bar《バー》 Drambuie《ドランブイ》

バカラに魅せられた店主が集めたグラスを眺めながら、愉悦に浸るひとときを。鎌倉にオープンしたアンティークグラスのお店も是非のぞいてみてくださいね。

SHOP INFORMATION	
	東京都足立区千住1-37-1 山本ビル1F Tel.03-5244-6646
	営業時間 17:00~01:00／火曜休み
	チャージ　800円、サービス料なし／席数 18
	カクテル　1,200円～、ウイスキー　1,200円～（税込）

梅本裕基さん（以下、梅本）　いらっしゃいませ。

味香　こんばんは。表に飾ってあるボトルがお店の名前になっているんですね。

梅本　はい。ドランブイの味わいもそうですが、ゲール語で『心を満たす』という意味が気に入って。〈バックバー中央に並ぶドランブイを見ながら〉いまあるのは、15種類くらいでしょうか。

味香　ドランブイ以外にも、見たことがないボトルばかり。それは何ですか？

梅本　少し古いリキュールです。

味香　今のものとは、味が違うんでしょうね。

梅本　例えばビター・リキュールの「フェルネット・ブランカ」は、とても濃厚な味わいでした。昔は頭に「フェルネット」と付く銘柄が多く造られていたんですよ。当店では、１９４０年代のものを10種類ほどご用意しています。

味香　だいぶ前のボトルですね。ドランブイを使ったカクテルを頂けますか？　「スコッチ・キルト」と「ラスティ・ネイル」は飲んだことがあるので、それ以外で。

梅本　今日、1杯目ですか？

味香　近くの居酒屋で少し飲んできました。

梅本　ロングカクテルでしたら、ドランブイをレモンとソーダで割った「ボギーズ・ソーダ」や、ウォッカとドランブイ、オレンジ・ジュースをシェイクした「イエロー・ジャケット」。ショートカクテルでしたら、サイドカーのコアントローをドランブイに変えた「グッドナイト」や、ジンとドランブイ、ライム・ジュースをシェイクする「ブリティッシュ・フェスティバル」などがございます。

味香　「イエロー・ジャケット」をください。

―梅本さんがカクテルメイキング―

梅本　あまり知られていないカクテルですが、スクリュー・ドライバーにドランブイを加えたカクテルと覚えればわかりやすいかもしれません。

味香　飲みやすいです。グラスも素敵。

梅本　オーストリアのメーカー「ロブマイヤー」のアンティークグラスです。

味香　壁面にあるショーケースのグラスもアンティークですか？

梅本　そうですね。この業界に入った二十歳くらいの時から興味を持ち始めて、バカラを中心に集めました。

味香　特にお気に入りのグラスは？

梅本　バカラの「アンペラトール」は何を注いでも合いますね。

味香　カクテルや飲む人によってグラスを変えるんですか？

梅本　手にしたときに重かったり、口径が広くて持ちづらいロック・グラスなどは男性にお出ししています。

味香　どっしりとしたグラスで男性が飲んでいると、格好いいですよね。

梅本　居酒屋さんは、混んでました？

味香　なんとか「天七」に入れて、串揚げを食べてきました。「千住の永見」も混んでいたし、北千住はいい飲み屋さんが多そうですね。「大はし」「徳多和良」も気になっています。

梅本　「酒屋の酒場」「五味鳥」も人気ですよ。ハシゴ酒にはいい町かもしれません。

味香　確かに。〆に、アレキサンダーみたいな甘口のショートカクテルが飲みたいです。できればドランブイを使って。

梅本　かしこまりました。

味香　＜黒板に書かれた「本日のチーズ」を見て＞今から飲むカクテルに合わせるなら、どれがお勧めですか？

梅本　「ブリア・サヴァラン」か「シャウルス」でしょうか。「ブルー・デ・コース」はドランブイと相性がいいですね。

味香　お任せします。

—梅本さんがカクテルメイキング—

梅本　「ムーン・グロウ」というカクテルです。月の輝きという意味で、グラスもそれに合わせて影が綺麗に出るものを選びました。

味香　これもアンティークグラスですか？

梅本　フランスでアールヌーボーが流行った時代のバカラです。どんぐりの模様があしらわれた「エイコーン」というシリーズですね。＜チーズを差し出す＞チーズは「ブリア・サヴァラン」にしました。ブルゴーニュ産の白カビタイプです。

味香　美味しい！　チーズケーキみたいですね。

梅本　フランスのチーズ熟成士、エルヴェ・モンスさんが熟成したチーズです。彼のチーズは本当に美味しくて。

味香　ほかのチーズも試してみたいです。ハシゴ酒をしてからの〆にチーズとオールドボトルなんて、いいかも……。

本日のお会計

イエロー・ジャケット	1,300円
ムーン・グロウ	1,300円
ブリア・サヴァラン	600円
チャージ	800円
	計 4,000円

※合計は税込価格です

スクリュー・ドライバーにドランブイを加えて

1～2杯目にお出しするイメージで、ドランブイを少し控えめにお作りしました。繊細でクリアなケテルワンは、ドランブイの味わいを引き立ててくれます。基本的に、シェイクに使用するスピリッツは冷凍。氷が溶けて、加水されたほうが香りを愉しめるボンドマティーニや、ビルドスタイルのカクテルは常温のボトルを使います。

四角に成形された氷ではなく、あえて少し崩しながらアイスピックで削った3～4cmくらいのものをシェーカーの8分目くらいまで入れてシェイクします。アイスチップが出ますが、それも美味しさのひとつと感じてくださるお客さまもいらっしゃるので、ダブルストレインはしていません。

〆の一杯や何杯か召し上がった後でしたら、オレンジ・ジュースは抑えてドランブイを多めに入れます。分量を多少変えてもバランスが崩れないカクテルで、状況にあわせて調整しています。

[イエロー・ジャケットのスタンダードレシピ]

- ウォッカ　20ml、ドランブイ　20ml、オレンジ・ジュース　120ml
- 材料をシェイクして、氷を入れたグラスに注ぐ。

「イエロー・ジャケット」梅本さんレシピ

ウォッカ（ケテルワン）…………………… 30ml
ドランブイ……………………………… 15ml
オレンジ・ジュース…………………… 60ml

[作り方]
材料をシェイクして、
氷を入れたグラスに注ぐ。

COCKTAIL RECIPE

月の輝く夜に飲みたいカクテル

ドランブイにホワイトカカオ・リキュールと生クリームを合わせた、甘くて飲みやすいデザートカクテル「ムーン・グロウ」。口に含むと、ドランブイのフレーバーがふわっと広がります。

ホワイトカカオ・リキュールは余韻が心地良いエギュベルを、スタンダードレシピにある生クリームは動物性よりしっかり混ざる植物性のホイップを選びました。植物性を使うと口当たりが良く、飲んだ後のグラスが綺麗なのもいいですね。

3～4cmの氷をシェーカーの8分目くらいまで入れたら、短いストロークで長めにシェイク。クリーム系のカクテルは滑らかなテクスチャーを感じて頂けるよう、静かに注いでアイスチップの量を最小限に抑えます。「月の輝き」という意味のカクテルで、覚えやすいレシピなのでもっと広まってほしいですね。

[ムーン・グロウのスタンダードレシピ]

- ドランブイ　20ml、ホワイトカカオ・リキュール　20ml、生クリーム　20ml
- 材料をシェイクして、カクテル・グラスに注ぐ。

「ムーン・グロウ」梅本さんレシピ

ドランブイ……………………………… 20ml
ホワイトカカオ・リキュール（エギュベル
カカオホワイト）……………………… 20ml
ホイップ………………………………… 20ml

[作り方]
材料をシェイクして、カクテル・グラスに注ぐ。

SPECIAL THANKS

HIROKI UMEMOTO
梅本裕基さん

趣味
釣り

お気に入りの曲
J.S.バッハ
『無伴奏チェロ組曲』

MEMO

Bar《バー》 Aslun《アスラン》

2つの小さなバイオリンが見守る、一枚板のカウンターでゆったりと一献。12月31日、22時6分45秒から始まる第九を聴きながら、特別な年越しはいかが?

SHOP INFORMATION	
	東京都町田市原町田6-17-1 藤ビル2F Tel.042-728-0022
	営業時間 15:00~01:00／日·月曜休み
	チャージなし、サービス料10%／席数 13
	カクテル 1,500円~、ウイスキー 1,000円~（税抜）

客A　オーバンの14年、かぁ。

能條貴史さん（以下、能條）　甘くフルーティで、後味はドライですね。

客A　ロイヤルロッホナガー12年は、英国王室御用達のウイスキーでしたよね。

能條　はい、心地良い甘酸味で飲みやすいですよ。どちらもスコットランド・ハイランドのウイスキーです。

客A　オーバンにします。

味香　＜扉を開く＞こんにちは。

能條　こんにちは。こちらの席へどうぞ。

味香　（ウイスキーがたくさん並んでる……）ウイスキーを使ったショート・カクテルを頂けますか？

能條　「マンハッタン」がお好きであれば、スコッチ・ウイスキーがいいです。マンハッタンのベースをスコッチに変えた「ロブ・ロイ」はいかがでしょう。

味香　お願いします。それに合う軽いおつまみもください。

―能條さんがカクテルメイキング―

味香　ロブ・ロイは、どういう意味ですか？

能條　〝赤毛のロブ〟のことで、スコットランドの義賊で知られるロバート・ロイ・マグレガーのニックネームです。

味香　カクテルも赤いですね。

能條　彼は牧畜業者でありながら、17世紀の名誉革命でイングランドの王位から追放されたジェームズ2世を支持するジャコバイトという顔を持っていて、民衆の英雄だったそうです。

味香　歴史を知って飲むと、世界が広がりそうですね。本を読んでみようかな。

能條　＜ビターズ・ホイップクリーム　グリッシーニ添えを差し出す＞ホイップクリームに、アンゴスチュラ・ビターズとドランブイを加えました。グリッシーニに付けて召し上がってください。

客A　能條さん、もう少し熟成年数が長いものでお勧めは？

能條　グレンドロナック18年や、グレンファークラス21年あたりでしょうか。
客A　次は、ドロナックでお願いします。そうそう、能條さんが勤めてたっていうバー「スリーマティーニ」へ火曜日に行ってきましたよ。ウイスキーと音楽、楽しかったなぁ。
能條　火曜日の歌謡ナイト、ですね。
客A　バーはジャズとかクラシックのイメージだけど、歌謡曲もなかなかいいですね。
能條　いろいろなジャンルが聴けると、楽しいですよね。
味香　＜バックバーに飾られたバイオリンを見て＞すみません、それはバイオリンですよね？　だいぶ小さい気がして。
能條　これは僕が幼少期に使っていたものです。しばらく弾いていなかったのですが、お店を始めるときにここに飾ってからまた弾き始めました。
味香　だからかわいいサイズなんですね。もう一杯、ウイスキーのカクテルをください。スコッチ以外で。
能條　アイリッシュ・ウイスキーに甘酸味を加えた「アイリッシュ・ローズ」、カクテル史で最古のレシピと言われるクラシックカクテルで、ライ・ウイスキーを使った「サゼラック」などがございます。
味香　サゼラックにします。

―能條さんがカクテルメイキング―

能條　是非、出来立てを召し上がってみてください。冷えたウイスキーにフランベで温めたブランデーを注いだので、温度差の面白さを感じて頂けます。
味香　ウイスキーにブランデーを混ぜていたんですね!?
能條　このカクテルは当初、ブランデーベースだったそうです。ただ、1860年代から始まったフィロキセラの被害でフランスのブドウ畑が壊滅状態になって、ブランデーが入手できなくなったためにライ・ウイスキーで代用したレシピが広まったと言われています。現代のレシピはウイスキーベースですが、それでブランデーも使用しました。
味香　フィロキセラというのは？
能條　ブドウの根や葉に寄生する小さな虫です。体長1ミリほどですが、木の樹液を吸い取って徐々に枯れさせてしまいます。
客A　能條さん、ご馳走さまでした。また年末に来ますね。
能條　もしご都合が宜しければ、大晦日にいらっしゃいませんか？　毎年、ベートーヴェンの第九をハッピーニューイヤーに合わせて終わるように流しています。
客A　それは良いなぁ。大晦日に来ます。
能條　お待ちしていますね。
味香　（第九を聴きながらなんて、素敵。年越しをバーで過ごしてみるのもいいなぁ……。）

本日のお会計

ロブ・ロイ	1,600円
サゼラック	1,600円
ビターズ・ホイップクリーム グリッシーニ添え	600円
サービス料	10%
	計 4,514円

※合計は税込価格です

民衆の英雄“赤毛のロブ”を思い描いて

それぞれサイズの異なるシェリー樽で熟成された、3種類の原酒を混ぜて造られる「オールドパース」と、さまざまな個性を持つウイスキーをブレンドしたスモーキーでコクのある「ジョニーウォーカー ダブルブラック」。これらをベースにして、味わいの複雑さとカクテル名からイメージする渋さを表現しました。

ショートカクテルは混ぜてもバラけるのが早いので、150回転ほどのロングステアで混ぜ込みます。仕上げは、高い位置からのエアレーション。口にしたときのアタックが柔らかく、ピリピリとした刺激がなくなります。

マンハッタンもそうですが、チェリーは飾らずピールもしません。お酒のみで味わいを完成させています。ちなみにマンハッタンは、バッファロートレースとマンチーノ・ヴェルモット ロッソでお作りしています。

[ロブ・ロイのスタンダードレシピ]

- スコッチ・ウイスキー 45ml、スイート・ベルモット 15ml、アンゴスチュラ・ビターズ 1dash
- 材料をステアして、カクテル・グラスに注ぐ。マラスキーノ・チェリーを飾る。

「ロブ・ロイ」能條さんレシピ

スコッチ・ウイスキー
(オールドパース シェリー) ………… 30ml
スコッチ・ウイスキー(ジョニーウォーカー ダブルブラック) …………………… 15ml
スイート・ベルモット
(セイクレッド スパイスド)………… 15ml
オレンジ・ビターズ(ノールド)…… 2dashes

[作り方]
材料をステアして、カクテル・グラスに注ぐ。

COCKTAIL RECIPE

温度差と揺らぎが存分に愉しめる

ブランデーをフランベしつつ、ブラウン・シュガーをキャラメリゼする工程から始まるちょっと変わったレシピを考えました。半分ほど欠けるまでじっくりキャラメリゼしたシュガーの焦げた香りが、ビターズの役割を果たしています。

これを、サゼラックと同じく長い歴史のあるオールド オーバーホルトに加えます。当初のレシピはブランデーベースだったことから、この組み合わせになりました。最後にアニス・リキュールをドロップするので、ピールは搾りかけないのがポイントです。ツイストした状態のピールを飾って、ほのかに香る程度に。

ウイスキーを注いでからは、ほぼステアしません。混ざっていない不均一さ、揺らぎによる風味の変化と奥深さをお愉しみください。

[サゼラックのスタンダードレシピ]

- ライまたはカナディアン・ウイスキー 60ml、角砂糖 1個、ペイショーズ・ビターズまたはアンゴスチュラ・ビターズ 1dash、アブサン 1dash
- ロック・グラスに角砂糖を入れて、少量の水で溶かす。氷を加えて残りの材料を入れ、ステアする。レモン・ピールをかける。

「サゼラック」能條さんレシピ

ライ・ウイスキー(オールド オーバーホルト) 30ml、ブランデー(ヘネシー V.S.O.P) 20ml、ブラウン・シュガー 1個、アニス・リキュール(ペルノアブサン)4drops(ガーニッシュ)オレンジ・ピール、レモン・ピール 各1片

[作り方]
①耐熱グラスにお湯を入れて温め、流してからブランデーを注ぐ。
②①のグラスにアブサンスプーンを置き、ブラウン・シュガーを乗せて火をつける。
③ロック・グラスに氷を入れて、ウイスキーを注ぐ。
④③に②を注ぎ、オレンジ・ピールとレモン・ピールを飾る。
⑤アニス・リキュールをドロップする。

SPECIAL THANKS

TAKASHI NOJO
能條貴史さん

趣味
バイオリン

お気に入りの曲
J.S.バッハ
『無伴奏バイオリン』

MEMO

BAR《バー》 B《ビー》 &《アンド》 F《エフ》

実家の畑から採取したボタニカルを操る店主が、フルーツブランデーの魅力に開眼。「Asia Best Bar 50」に選ばれた9階のバーにも立ち寄ってみたいですね。

SHOP INFORMATION	
	東京都新宿区西新宿1-13-7 大和家ビル2F Tel.03-5989-0231
	営業時間 15:00~01:00／日曜・祝日休み
	チャージ・サービス料10%／席数 17
	カクテル　1,300円～、フルーツブランデー　1,200円～（税抜）

鹿山博康さん（以下、鹿山）　いらっしゃいませ。こんにちは。

味香　フルーツブランデーがたくさん置いてあるって聞いて来ました。

鹿山　アプリコット、桃、洋梨、イチゴ、カシス、チェリーなどをご用意しています。

味香　ブランデーはブドウだけが原料じゃないんですよね。

鹿山　ブドウが原料のものが知られていて、一般的にブランデーと言えばグレープブランデーを指しますが、ほかの果実も糖化、発酵、蒸留をすればブランデーになります。それらをグレープブランデーと区別してフルーツブランデーと呼んでいます。

味香　リンゴが原料なのはカルヴァドスでしたっけ。

鹿山　カルヴァドスはフランス産ですが、ハンガリー産のリンゴの蒸留酒「アルマパーリンカ」もお勧めです。

味香　パーリンカ？

鹿山　アルマはリンゴ、パーリンカはハンガリー産のフルーツブランデーを指します。カルヴァドスやシャンパン、イタリアのグラッパ、ドイツのコルン、ギリシャのウゾのように原産地呼称が認定されています。

味香　それを使ったカクテルを頂けますか？　あと、ちょっとお腹が空いちゃって。

鹿山　松沢くん、今日のホットサンドは何だっけ？

松沢健さん（以下、松沢）　厚切りハムとチーズ、山葵のホットサンドです。

味香　それをお願いします。

―鹿山さんがカクテルメイキング―

鹿山　アルマパーリンカを使って、ネグローニ風にしました。カクテルが赤色でローズマリーが緑、粉糖が白のクリスマスカラー。もうすぐクリスマスですし。

味香　リンゴの香りが強いですね。見たことがないボトルばかり。

鹿山　ちょっと変わったものですと、黄金色をした上品な甘さのプラム「ミラベル」や、ナナカマドがあります。

味香　ナナカマド?

鹿山　ご覧になればお分かりになるかもしれませんが、バラ科の落葉樹で赤い実をつけます。

味香　何でもお酒になっちゃうんですね。

鹿山　ヨーロッパの片田舎の農家では、果樹が栽培されています。近所へ配っても消費しきれないほど果実が実るそうで、腐ってしまう前にアルコールにするんですよ。日本でいう梅酒のような文化で、各家庭の味があります。

味香　季節によって造るブランデーが変わるとか?

鹿山　ブタペスト近郊にある家族経営の蒸留所では、春のイチゴから始まって、チェリー、アプリコット、プラム、カシス、エルダーベリー、ナナカマド、洋梨、ブドウと造って、冬にリンゴで終わるそうです。

松沢　＜ホットサンドを差し出す＞お待たせいたしました。

鹿山　今日はたまたま僕が早い時間に入っていますが、普段は松沢くんがカウンターに立っています。実家がバーなんだよね。

松沢　はい、長野県でバーを経営しております。鹿山の実家は農家ってお聞きしました?

味香　え〜っ、農家さんなんですか?

鹿山　埼玉県のときがわ町で酪農をしています。

味香　そうなんですね。グレープブランデーをベースにしたカクテルも飲んでみたいな。さっぱりした感じでお願いします。

—鹿山さんがカクテルメイキング—

鹿山　「スティンガー」です。一般的なレシピより、ややドライにお作りしました。

味香　いつもは遅い時間帯にいらっしゃるんですか?

鹿山　僕は同じビルの9階にあるバー「ベンフィディック」にいます。9階はアブサン、ジン、アマーロ、ウニクムなどの古い薬草酒や、実家の畑から採って来たボタニカル、スパイスを使用したカクテルがメインです。9階は植物、ここ2階は果実がコンセプトになっています。

味香　9階で人気のカクテルは?

鹿山　「ワームウッド・ギムレット」や、ワイルドゲンチアナを使った「スーズモーニ」が人気ですね。ワームウッドはニガヨモギのことで、アブサンの主原料です。ゲンチアナはリンドウ科の植物で、この根を使って造られるもののひとつにフランス産の薬草リキュール「スーズ」があります。

味香　こちらでは、ほかに何がお勧めですか?

松沢　アプリコットのアレキサンダーや、プルーンのサイドカーでしょうか。

味香　飲みたいものがたくさんあって困っちゃう。後で、9階にも行きますね。

※松沢さんは現在、退職されています。

本日のお会計

スティンガー	1,400円
アルマパーリンカ・ネグローニ	1,500円
ホットサンド	1,000円
チャージ・サービス料	10%
計	4,600円（端数切り捨て）

※合計は税込価格です

クリスマスカラーに仕上げたネグローニ風

8月にハンガリーへ視察で訪れた際、現地のフルーツブランデー「パーリンカ」の親善大使としてブッキ騎士団という団体に入らせて頂きました。団長のヤーノシュさんは、ご自宅でアルマ（リンゴ）パーリンカを造られています。今回はそちらをベースに、ネグローニ風のカクテルを考案しました。

このボトルは蒸留した後、さらに果実を浸け込んだAgyas（アージャシュ）と呼ばれるパーリンカで、リンゴのフレーバーが強いです。クリスマスの時季ということで、カクテルの赤色・ローズマリーの緑・粉糖の白とクリスマスカラーに仕上げました。

ステアするカクテルは、いずれも-20℃以下の氷を使っています。最初は氷が溶けますが、ある程度アルコールが冷えてくると溶けなくなるので、練るようにロングステアで。ちなみに通常のネグローニはNo. 3ロンドン・ドライ・ジンをベースに、あとは同じ銘柄を同量で作っています。

[**ネグローニのスタンダードレシピ**]

- ドライ・ジン　30ml、スイート・ベルモット　30ml、カンパリ　30ml
- 氷を入れたオールドファッションド・グラスに材料を注ぎ、ステアする。オレンジ・スライスを飾る。

「アルマパーリンカ・ネグローニ」鹿山さんレシピ

アルマパーリンカ……………… 30ml
スイート・ベルモット（カルパノ アンティカ フォーミュラ）……………… 20ml
カンパリ……………… 20ml
（ガーニッシュ）
ローズマリー……………… 1枚
粉糖……………… 適量

[作り方]

①材料をスニフターグラスに入れて、プレミックスする。
②氷を入れたミキシング・グラスに①を移し、ステアする。
③カクテル・グラスに注ぎ、ローズマリーを飾って粉糖をかける。

COCKTAIL RECIPE

コニャックとミントの一体感が心地良い

作り手によってブランデーの旨味を前面に出すなど様々ですが、僕のスティンガーはコニャックとミントのバランスを重視したもの。清涼感を出すためにホワイト・ペパーミントの割合を上げると甘くなってしまうので、ほかのミント・リキュールを加えようと考えました。

ヴォルフベルジェールは、ニホンハッカのような甘味の少ないミント・リキュール。これを1tsp足すだけで、グッとメントール感が強くなります。プレミックスした後にミキシング・グラスへ移すときは、少し高めの位置から落とすように注ぐとまとまりやすいですね。

シェイクではなく、ステアすることで空気が入らずにコニャックとミント・リキュールの味わいが顕著に出た一体感のあるカクテルになります。つぼんだグラスの上部にある空間が、飾ったペパーミントの香りを引き立たせます。

[**スティンガーのスタンダードレシピ**]

- ブランデー　45ml、ホワイト・ペパーミント　15ml
- 材料をシェイクして、カクテル・グラスに注ぐ。

「スティンガー」鹿山さんレシピ

ブランデー（カミュ VSOPエレガンス） 45ml
ホワイト・ペパーミント（ペパーミント ジェット 31） 20ml
ミント・リキュール（ヴォルフベルジェール） 1tsp

（ガーニッシュ）
ペパーミント……………… 1枚

[作り方]

①材料をスニフターグラスに入れて、プレミックスする。
②氷を入れたミキシング・グラスに①を移し、ステアする。
③カクテル・グラスに注ぎ、ペパーミントを飾る。

SPECIAL THANKS

HIROYASU KAYAMA
鹿山博康さん

趣味
畑、土いじり

お気に入りの曲
Ludovico Einaudi
『Fly』

MEMO

Bar《バー》 Vie Lembranca《ヴィ・レンブランサ》

升やスポイトなどを使ったさまざまな仕掛けで、カクテルを愉しくオシャレに演出してくれます。バーテンダーから客人への“贈り物”をじっくり味わって。

SHOP INFORMATION

東京都中央区銀座6-4-17出井ビル4F Tel.03-5568-8208
営業時間 19:00〜02:00／※2019年4月現在、土日のみの営業
チャージ 1,000円、サービス料なし／席数 11
カクテル 1,500円〜、ウイスキー 1,500円〜（税込）

ジロー　風流寄席、どうだった？

味香　あんなに近くで落語が聞けて、その後美味しいお料理も頂けるなんて贅沢な時間でした。お話の内容に合わせたものが出てくるのもいいですよね。

ジロー　噺家さんと一緒に飲めるしね。「しも田」の風流寄席は、平成元年からずっと続いているらしいよ。この後はバーにする？

味香　ジローさんのお勧めバーに行きたいです。

ジロー　結構食べて飲んだし、デザートカクテルでも飲みに行こうか。〈扉を開ける〉

秋谷修二さん（以下、秋谷）　こんばんは。

ジロー　こんばんは。寒いですね〜。

秋谷　お食事されてきたんですか？

ジロー　和食をね。僕はまず、「オールドリッチタイム」をください。

秋谷　いつもありがとうございます。

ジロー　ブランデーの「ヘネシーX．Oカクテルコンペティション」で、秋谷さんが初代チャンピオンになったときのカクテルなんだよ。

味香　私もブランデーベースのカクテルにしようかな。「サイドカー」を頂けますか？

秋谷　スタンダードのものと、みかんを使ったものがございます。

味香　みかんでお願いします。

―秋谷さんがカクテルメイキング―

秋谷　サイドカーの和風バージョンで「ワイドカー」です。

味香　面白いネーミングですね。ジローさんのカクテルに添えられているのはケーキ……？

秋谷　チョコレートをディッピングしたバニラのパウンドケーキにコーヒービーンズを飾って、ヘネシーX．Oを入れたスポイトを挿しています。〈鴨のスモークローストとゴーダチーズを差し出す〉

味香　ヘネシーX．Oは、どんなブランデーですか？

秋谷　コーヒーやバニラ、オレンジ、ドライフルーツ、ダークチョコレートといった様々な味わいが感じられるリッチかつ繊細なコニャックです。1870年、世界で初めて〝eXtra Old〟の名が与えられたブランドで、お客さまのカクテルにも使用しています。

味香　＜カクテルが置かれた桐箱のフタを開ける＞みかんが入ってる！　こういう仕掛け、嬉しいな。

ジロー　僕もこのスポイトが気に入ってるんだ。ところで、秋谷さんはカクテルユニットを組まれていましたよね。

秋谷　「Cocktail Dimension Fab+」というユニット名で、3人で活動しています。カクテルのイベントやセミナー、レシピ開発などで一緒に動いているうちに何か名前を付けようということになって。

味香　イベントは仕込みが大変そう。

秋谷　千人単位のパーティですと、人数分のレモンやライムのカット、搾りで手がふやけたりしますね。オリジナルカクテルをご用意するときは、仕込みでさらに手間がかかります。材料を持ち込むイベントが多い時には、1年でキャリーを3台壊してしまって買い替えたことも。

味香　そんなに大きいパーティも……。またブランデーベースで、甘口のデザートカクテルをお願いしたいです。何かフルーツを使って頂けますか？

秋谷　みかん以外に八朔、金柑、デコポン、伊予柑、ザクロ、イチゴ、梨、リンゴ、パイナップル、バナナがございます。

味香　バナナにします。

―秋谷さんがカクテルメイキング―

秋谷　先ほどのカクテルと同じヘネシーX．Oをベースに、バナナとコーヒー、チョコレートなどを合わせてお作りしました。「フォンダン　バナ　ワ」です。

味香　升でカクテルを飲むのもいいですね。

ジロー　僕も何かお願いしようかな。前にカルヴァドスを使わないジャックローズがありましたよね？　コニャックとリンゴで作る……あれも美味しかったんだけど、リンゴを使ったほかのカクテルも飲んでみたくて。

秋谷　コニャックとリンゴ、ブレンド茶、レモン、シロップ、卵白でお作りする「シブワスト」というカクテルがございます。りんごケーキの「シブースト」をイメージして創作しました。

ジロー　じゃあ、それをください。

味香　コニャックでカクテルをこんなに楽しめるなんて。今度は私も「オールドリッチタイム」を飲んでみようっと。

秋谷　ありがとうございます。カクテルを通して、コニャックの素晴らしさを知って頂けると嬉しいですね。

本日のお会計

Wa-ide Car～和イドカー～	2,200円
Fondant Bana-wa ～フォンダン バナ ワ～	2,200円
チャージ	1,000円
計	5,400円

※合計は税込価格です

※フードの価格はチャージに含まれます

みかんと柚子、お茶でアレンジした和風サイドカー

サイドカーを和風にツイストした「ワイドカー」です。通常のサイドカーはヘネシー X.OとV.Sを同量でベースにしていまして、グラン マルニエ15mlとコアントロー5ml、レモン・ジュース10mlを加えてシェイクします。これらのオレンジリキュール(※)を、みかんと柚子で代用しました。

ブレンド茶は、玄米茶、抹茶、煎茶を1:0.5: 1でブレンドして煮出したもの。グレープフルーツの爽やかさと苦味、玄米茶の香ばしさ、抹茶のコク、煎茶の苦味と、それぞれが相まって複雑な風味になります。カクテルは、余韻に苦味を少し残したほうが良いですね。

シェーカーに入れる氷は少なめですが、やさしい口当たりになるよう心掛けてシェイクしています。仕上げにバーズネストなどで漉していませんので、みかんの果肉感や皮の苦味を感じて頂けると思います。

※グラン マルニエとコアントローのこと。

[**サイドカーのスタンダードレシピ**]
- ブランデー　30ml、ホワイト・キュラソー　15ml、レモン・ジュース　15ml
- 材料をシェイクして、カクテル・グラスに注ぐ。

「Wa-ide Car~和イドカー~」秋谷さんレシピ

ブランデー(ヘネシー X.O)　20ml、ブランデー(ヘネシー V.S)　15ml、みかん　1/2個、柚子マーマレード　15g、グレープフルーツ・ジュース　10ml、ブレンド茶　20ml、レモン・ジュース　10ml
(ガーニッシュ)カステラ　2切れ、みかん　2房、きび砂糖　適量

[**作り方**]①材料をブレンダーにかける。
②①をボストンシェーカーでシェイクして、グラスに注ぐ。
③みかんにきび砂糖をかけてバーナーで炙り、カステラに乗せて②に添える。

COCKTAIL RECIPE

バナナを使ったフォンダン・ショコラ!?

バナナは甘いものと組み合わせることで、さらに甘さが引き立ちます。ヘネシーだけでなくロンサカパも加えると、バナナが持つ甘さと心地良い苦味が繋がって、コクのある味わいになりますね。

アラビカ種のコーヒーで酸味を、ほうじ茶でロースト感と苦味を出しました。ほうじ茶はお湯で煮出して、1時間ほど浸けています。チョコレートはガーナ産で、ミルク、ビター、カカオマス55%の3種をブレンドしたもの。氷は少なめに、冷えすぎないよう緩くやさしく短めにシェイクするのがポイントです。チョコレートは固まりやすいですからね。

チョコレートとバナナがピューレ状で、お茶や升といった和の要素がある一杯。フォンダン・ショコラならぬ「フォンダン　バナ　ワ」と名付けました。

(ガーニッシュ)
バナナ(きび砂糖をかけて、バーナーで炙ったもの)　1/4個、ドライバナナとフレッシュバナナ(チョコレートディップ)　各1切れ、コーヒー豆　2粒、ほうじ茶(茶葉)　適量

「Fondant Bana-wa ~フォンダン バナ ワ~」秋谷さんレシピ

ブランデー(ヘネシー X.O)　30ml、ラム(ロンサカパ23) 10ml、バナナ　1/4個、コーヒー　30ml、ほうじ茶　30ml、チョコレート(溶かしたもの)　大さじ5杯、バニラ・シロップ　10ml、チョコレート・ビターズ　3dashes(ガーニッシュは左記参照)

[**作り方**]
①バナナとコーヒーをブレンダーにかけて、ピューレ状にする。
②①と残りの材料をボストンシェーカーに入れて、シェイクする。
③升に注いで、ガーニッシュを飾る。

SPECIAL THANKS

SHUJI AKIYA
秋谷修二さん
趣味
サッカー
お気に入りの曲
Jomanda『I like it』

MEMO

Bar《バー》 Woody《ウッディ》

好きな音楽を聴きながら、美味しいお酒を。店主が楽しんでいるバーは、自然とお客さんを温かく包み込んでハッピーな気分にさせてくれます。

SHOP INFORMATION	
	東京都武蔵野市吉祥寺本町1-10-8 山崎ビル3F Tel.0422-22-0860
	営業時間 15:00〜23:00／不定休
	チャージなし、サービス料+税　10%／席数 12
	カクテル　900円〜、ウイスキー　900円〜、シャンパン（大）　1,800円〜（税込）

味香　しばらく余韻に浸れそう。とっても素敵な音、空間でした！
凛　「サムタイム」は、私も初めて来た瞬間に気に入ったジャズクラブなの。
味香　ウィリアムス浩子さんのファンになりそう。
凛　でしょ？　六本木の「アルフィー」にも出演されてるから、お勧めだよ。
味香　凛さん、今夜は私がバーにお連れします！
凛　それは楽しみ。味香ちゃんについて行くね。＜階段を上り、扉を開ける＞
田中雅博さん（以下、田中）　あれっ、この前来て頂いた……ん？　凛ちゃんも一緒？
味香　えぇ〜っ、お知り合いですか？
凛　味香ちゃんがここを選ぶなんて、なんだか嬉しいな。田中さん、彼女は会社の後輩で。
味香　いま「サムタイム」に行ってきたところなんです。
凛　田中さんの奥さまも、時々出演されますよね？
田中　はい、お世話になってます。
凛　奥さま、シンガーなの。田中さんはギターを演奏されるし、好きな音楽を聴けるからバーテンダーを仕事に選んだくらい。
味香　だからジャズのオブジェやポスターが飾ってあるんですね。
田中　いまはバーテンダーにも夢中だけどね。
凛　さて、何を飲む？　私はブランデー・ソーダを。
味香　前に伺った「りんごのカクテル」をください。それから「ピサラディエール」を1/4サイズで。

―田中さんがカクテルメイキング―

味香　美味しい〜。先日聞きそびれたんですけど、バックバーの真ん中に並んでいる3枚の横顔は何ですか？　切り絵？
田中　札幌に「BARやまざき」という1958年開店の老舗があっ

て、そちらの店主だった山崎達郎さんに切って頂きました。上から父、私、弟。残念ながら2年くらい前に96歳で亡くなってしまったんだけど、ずっとカウンターに立ち続けた素晴らしいバーテンダーです。

凛　田中さんも北海道ご出身ですもんね。

田中　山崎さんのオリジナルカクテル「サッポロ」はよく頼まれます。ステアのカクテルだと、マンハッタン、マティーニの次に出るんじゃないかな。

味香　どんなカクテルですか？

田中　ウォッカをベースに、アマレット、ドライ・ベルモット、シャルトリューズをステアして作ります。

凛　見た目は「雪国」に似ているけど、味わいは全然違いますよね。

味香　あっ、そういえば映画『YUKIGUNI』を観に行きました。

凛　行ったの？　味香ちゃん、本当にバー好きになったね。

味香　それまで「雪国」というカクテルがあることも知らなくて。60年も前に誕生して、それがたくさんの人に作られて、飲まれてきたことに感動しました。

凛　オリジナルカクテルは、受け継がれてスタンダードになるからね。

田中　〈ピサラディエールを差し出す〉お待たせしました。

味香　この間も頂いたけど、良いおつまみですね。玉ねぎとにんにく、アンチョビの上に黒オリーブとオイルサーディンって間違いない。

田中　これは、京都のバー「祇園サンボア」のたっちゃん（故・中川立美さん）から教えて頂いた料理でね。彼はバターを練り込んだ自家製パイ生地で作っていて、すごく美味しかった。でも、その時に会ったのが最後で。

凛　思い出の料理、ですね。久しぶりに田中さんの「サッポロ」を飲みたいな。

味香　私は「雪国」を飲んでみたいです。

—田中さんがカクテルメイキング—

田中　味香さんは若く見えるけど、ひとりでいろいろなバーに行かれてるの？

味香　先輩に教えて頂きながら、少しずつ慣れて。

田中　最近、20代の子が結構来店してくれるんですよ。でも、「強いお酒を格好良く飲まなきゃいけないんじゃないか」「お酒のことを知らないと、バーに入るのは恥ずかしい」と思っているみたいで。弱いお酒を飲むことは格好悪くないし、知らなければバーテンダーに聞けばいい。その感覚を払拭したいんだけど、きっとバーにはそういうイメージがあるんだろうね。

凛　味香ちゃんの出番だね。私も友達をよくバーへ連れて行ったの。それからずっと通い続けてくれてる友達もいるよ。

味香　そのお友達もまた、誰かに紹介しているかもしれませんよね。バーの楽しさ、もっとたくさんの人に知ってほしいな。

凛　よろしくね、味香ちゃん！

本日のお会計

りんごのカクテル	1,300円
雪国	1,300円
ピサラディエール	300円
サービス料+税	10%
	計　3,190円

※合計は税込価格です

コンポートとシロップでりんご風味を強調

りんごを原料に造られる蒸留酒のカルヴァドスをあえてベースにせず、コンポートとシロップでりんご風味を強調しました。りんごは皮付きのまま小さくカットして、ブレンダーへ。すりおろすとシャリシャリした食感になりますが、さらっとしたテクスチャーにしました。

空気に触れたりんごが褐変しないよう色止めする役割と、甘酸味の調整でレモン・ジュースを加えます。コンポートとシロップが入っていて、やや甘いですからね。りんごジュースを足して、ライトな仕上がりにしても。

ジンがお好きなお客さまには、当店でブレンドしたオリジナルのジンをベースにお作りします。タンカレーにボンベイ・サファイア、ヘンドリックスなど5種類のジンをミックスしています。

※1　りんごのコンポート

鍋に皮を剥いてカットしたりんご、カルヴァドス、砂糖、水を入れて、火にかける。りんごが柔らかくなり、液体がトロッとするまで煮詰める。

※2　カルヴァドス・シロップ

カルヴァドスをアルコールが飛ぶまで鍋で煮る。シンプル・シロップを加えて、味を整える。

「りんごのカクテル」田中さんレシピ

ラム（マイヤーズ　プラチナホワイト）30ml
りんご……………………………………1/4個
りんごのコンポート（自家製）……2tsp ※1
カルヴァドス・シロップ（自家製）…10ml ※2
レモン・ジュース…………………………適量

［ 作り方 ］

①レモン・ジュース以外の材料をブレンダーで撹拌する。
②①とレモン・ジュースをシェイクして、カクテル・グラスに注ぐ。

COCKTAIL RECIPE

山形県酒田市で生まれたスタンダードカクテル

「雪国」というカクテル名から連想するのは、冬に冷たい雪が降り積もるシーン。外から室内へ入ると、凍えるような寒さから解放されてとても暖かい……。そんなとき、口にしたカクテルがキーンと身体中に染み渡るようなイメージで作りました。

ギムレットやダイキリなどライムが入るカクテルは、そのトゲトゲした舌触りを和らげるためにレモンも使います。ホワイト・キュラソーは、エギュベル。皮ごとカットしたオレンジを浸け込んで、漉してから冷蔵庫で保管したもので、オレンジフレーバーがより鮮明になります。

お酒だけでなく氷も同じ量、同じ形をシェーカーへ入れても、その人の手の大きさや振る力の強さ、スナップ、体格によって仕上がりは全く異なってきます。同じように作っても、同じにはならないからカクテルは面白いですね。

［ 雪国の創作者・井山計一さんの現在のレシピ ］

- ウォッカ（サントリーウォッカ　80または100プルーフ）　45ml、ホワイト・キュラソー（ヘルメス）　8ml、コーディアル・ライム（サントリー）　1tsp
- 上白糖をブレンダーで細かくして、カクテル・グラスの縁に付ける。ミント・チェリーは洗わずに、そのまま入れる。材料をシェイクして、カクテル・グラスに注ぐ。

「雪国」田中さんレシピ

ウォッカ（ソビエスキー）………………30ml
ホワイト・キュラソー（エギュベル トリプルセック／オレンジ・インフュージョン）…………15ml
ライム・ジュース…………………………10ml
レモン・ジュース……………………………5ml
（ガーニッシュ）
砂糖…………………………………………適量
ミント・チェリー……………………………1個

［ 作り方 ］

①材料をシェイクして、砂糖でリムドしたカクテル・グラスに注ぐ。
②ミント・チェリーを沈める。

SPECIAL THANKS

MASAHIRO TANAKA
田中雅博さん

趣味
ギター、映画鑑賞

お気に入りの曲
Jimmy Rogers
『Chicago Bound』

MEMO

バーとお酒の用語辞典

【アガベ・シロップ】

メキシコを中心に栽培される植物「アガベ」から造られる。アガベは200以上の種類があるが、テキーラと同じく「アガベアスル」と「サルミアナ」の2種類のアガベのみを使った低GI値のオーガニック甘味料。コクと深い甘味がありながら、粘り気がなくさらっとしている。

【一枚板】

1本の丸太から丸ごと切り出した板で、テーブルやカウンターに使われる。何枚かの板を張り合わせて作ると継ぎ目ができるが、一枚板に継ぎ目はない。バーカウンターの一枚板は幅が広く、希少なものも。

【インフュージョン】

スピリッツにフルーツやスパイス、ハーブなどを浸けてエキスを抽出させること。酒税法によれば酒類の製造にあたるが、消費者が自分で飲むために梅酒などを作るのは例外的に認められている。バーなどで提供する場合は、所轄の税務署長に「特例適用混和の開始申告書」を提出する必要がある。

【エアレーション】

液体を空気に触れさせること。高い位置から注ぐと、液体に空気が多く含まれて滑らかになり、副材料と混ざりやすい状態になる。

【ガーニッシュ／デコレーション】

カクテルに添えるもの。グラスの縁に飾ったり、中に入れたりして、その香りや味わいを引き立たせる。マティーニのオリーブや、マンハッタンのチェリーなど。カクテルをより華やかに仕上げ、見た目も愉しめる。

【カクテル】

2種類以上のお酒やソフトドリンクを混ぜたもの。カクテルを直訳すると「オンドリのしっぽ（Cock tail）」で、その語源には諸説ある。アルコールが入っていないものは「モクテル」と呼ばれる。

【カラメル】

ウイスキーの色を均一にするために添加される、スピリッツ用のカラメル色素。ウイスキーで「ノンチル、ノンカラー」

といえば、冷却ろ過や着色といった手を加えないものを指す。ウイスキーは、オン・ザ・ロックにしたときなど低温になると白濁するが、冷却ろ過（チルフィルタード）をすれば濁らない。

［キュラソー］

中性スピリッツにオレンジピールの香気成分を移して、糖分を加えたお酒。かつて南米ベネズエラ沖の旧オランダ領・キュラソー島のビターオレンジの果皮を使ったことからその名が付いたが、現在キュラソー島でオレンジは栽培されていないらしい。無色透明なものをホワイト・キュラソーといい、代表的な銘柄に「コアントロー」がある。オレンジ・キュラソーの「グラン マルニエ」は、コニャックにビターオレンジのエキスを加えて造られる。共にカクテルだけでなく製菓用にもよく使われており、オレンジリキュールとも呼ばれる。

［クラックド・アイス］

直径3～4cmほどに割った氷。3cm四方の氷はキューブド・アイス、小さな粒状に割った氷はクラッシュド・アイス。作るカクテルによって、使用する形は異なる。

［クラフトジン］

以前は職人による手づくりで小規模生産のジンを指していたが、最近では「クラフト」という言葉が流行したこともあり、本来の「工芸品」という意味から大手メーカーでもこの言葉が使われるようになった。ほかにクラフトビール、クラフトスピリッツなど。

［クレーム・ド・〇〇］

EUの法令では、糖分を250g／ℓ以上（カシスのみ400g）含むものに付けられる名称。クレーム・ド・カシス、クレーム・ド・カカオなど。

［グレナデン・シロップ］

ざくろの果汁に糖分を加えて作る。ざくろが旬の季節になると、自家製でグレナデン・シロップを作るバーが少なくない。

［シグネチャーカクテル］

お店やバーテンダーの看板となるようなカクテル。長年人気の定番カクテルや、お店のコンセプトを表現したカクテルなど。

［ショート・カクテル］

容量が少なく、比較的アルコール度数が高めのカクテル。短い（ショート）時間で飲むものという意味があり、逆三角形で脚のついたカクテル・グラスを使用することが多い。マティーニ、ギムレット、サイドカー、マンハッタン、ダイキリ、マルガリータなど。

［シンプル・シロップ］

さまざまな用途に使える砂糖液で、好みによるがグラニュー糖と水を1：1の割合で作ることが多い。万能シロップ。

［ステア］

バースプーン（両端にスプーンとフォークがあり、一般的には中央がねじれている）などでかき混ぜること。ミキシンググラスに材料と氷を入れて、混ぜる技法のことも指す。

［スローイング］

パイント・グラス（1パイントのグラス。500ml前後）やティン（ステンレス製の容器）、ミキシンググラスなど2つの容器を使って、交互に液体を流し入れる技法。耐熱性のグラスを用いたブルーブレイザー（火をつけてスローイングする）もある。

［スワリング］

液体を注いだグラスの底を持って、くるくると回すこと。液体を空気に触れさせることで、香りが開く。また、ステアやシェイクをする前に材料を混ぜ合わせる（プレミックス）ときにも用いられ、味の確認ができたり、氷による加水を最小限に抑える効果も。

［ゼスト／ピール］

レモンやライム、オレンジなど柑橘系の果皮。また、皮に含まれる油分を飛ばしてカクテルに香りづけする技法を指す。

［ダブルストレイン］

ストレーナーのあるシェーカーから液体を注ぐ際、さらにバーズネスト（後出）などを使って漉すこと。

［炭酸氷］

独自の製法で氷に炭酸を閉じ込めた、世界初の炭酸入りの氷。熊本県の「株式会社ＫＩＹＯＲＡきくち」が製造・販売している。

［チルド］

グラスを冷凍庫に入れたり、グラスに氷を入れて冷やすこと。氷を入れる場合はしっかりと冷えるようバースプーンでステアして、氷と溶けた水を切る。

［ツイスト］

スタンダードカクテルが誕生した当時と現在では、手に入る材料の種類や質が異なる。当時のレシピを尊重しながら、その時々で最適な材料や分量、作り方に変えることも必要だ。

そうして手を加えることをツイストと言い、当時にはなかったツールを用いることも。ツイストには「ひねる」という意味がある。

【トニックウォーター】

柑橘類の果皮やハーブなどから作られる、甘くてほろ苦い炭酸飲料。ジン・トニックやスプモーニに使われ、「フィーバーツリー」「ウィルキンソン」「シュウェップス」など、さまざまな銘柄が販売されている。

【バーズネスト】

フレッシュフルーツやスパイス、ハーブなどを使ったカクテルを滑らかに仕上げるための漉し器。粗めの網が二重になっていて、不要なフルーツの種などをスピーディに漉すことができる。

【BIRDY.（バーディ）】

愛知県豊田市の自動車部品加工会社が、「BIRDY.」のブランド名でシェーカーやミキシングティンなどを開発して、瞬く間に話題となった。自社の持つ研磨技術で、デキャンタやバースプーン、メジャーカップなどの画期的なツールを生み出している。

【ビルド】

シェーカーやミキシンググラスを使わずに、材料をグラスに直接入れてカクテルを作るスタイル。ジン・トニック、ミモザ、ウイスキーの水割り、ブラック・ルシアンなど。

【ビターズ】

スピリッツに果皮やハーブ、スパイスなどを浸けた苦みの強いリキュール。カクテルに数滴垂らすだけで味わいをまとめたり、アクセントになる。アンゴスチュラ・ビターズを始め、最近では多種多様なビターズが販売されている。

【ブレンド】

ブレンダーを使って、材料を撹拌すること。フローズン・カクテルやフルーツ、野菜を使うカクテルなどに用いられる。

【フロート】

比重の差を利用して、水や果汁、お酒の上にお酒を浮かべること。ウイスキー・フロート、アメリカン・レモネードなど。

【ベルモット】

白ワインをベースに、薬草やハーブを配合して造られるフレーバード・ワイン。辛口のドライ・ベルモットと甘口のスイート・ベルモットがある。

〔ボストンシェーカー〕

ティンと厚手のパイント・グラス、または小さめのティンなどを組み合わせた2ピースタイプのシェーカー。容量が大きく、フレッシュフルーツを使ったカクテルによく用いられる。ティンとパイント・グラスを合わせただけなので漉す部分がなく、別途ストレーナーが必要。

〔ボタニカル〕

化粧品やシャンプーなどにも使われる言葉、ボタニカル。「植物の」という意味で、お酒の業界ではスピリッツなどに使う草根木皮を指す。特にジンはジュニパーベリーのほか、多種多様なボタニカルを加えて造られており、個性的なものが次々に登場している。

〔ミキシンググラス〕

材料と氷を入れて、バースプーンでステアする際に使う大型のグラス。注ぎ口が付いている。

〔モクテル〕

モクテル（ｍｏｃｋｔａｉｌ）はｍｏｃｋ（模造の）＋ｃｏｃｋｔａｉｌの造語で、ノンアルコールカクテルのこと。近年のヘルシー志向などにより、モクテルやローアルコールカクテルの人気が高まっている。

〔リキュール〕

スピリッツに果実、花、ハーブ、スパイスなどの香味成分を移した混成酒。日本の酒税法では「酒類と糖類その他の物品（酒類を含む）を原料とした酒類で、エキス分が2％以上のもの」がリキュールとされる。同じ混成酒でも、例えば醸造酒のワインをベースにしたものはワインの一種になる。

〔リムド／スノースタイル〕

グラスの縁に、塩や砂糖などを付けること。基本は1周ぐるっと付けるが、半周などの場合もある。カクテルの味わいに影響を与えるだけでなく、見た目の演出にも。

〔リンス〕

グラスの内側をリキュールなどの材料で濡らして、香りづけすること。水や炭酸で氷の表面を洗うことも指す。

〔ロング・カクテル〕

ショート・カクテルに比べてアルコール度数が低めで、大振りのグラスで供される。長い（ロング）時間をかけて、ゆっくりと飲めるカクテル。ジン・トニック、モスコーミュール、ハイボール、モヒートなど。

バーへ行こう

2019年5月10日

著者 いしかわあさこ Asako Ishikawa

STAFF

PUBLISHER
高橋矩彦 Norihiko Takahashi

EDITOR
西下聡一郎 Soichiro Nishishita

DESIGNER
小島進也 Shinya Kojima

ADVERTISING STAFF
久嶋優人 Yuto Kushima

ILLUSTRATOR
高樋亜友子 Ayuko Takatoi

Printing
中央精版印刷株式会社

PLANNING,EDITORIAL & PUBLISHING
(株) スタジオ タック クリエイティブ
〒151-0051 東京都渋谷区千駄ヶ谷3-23-10 若松ビル2階
STUDIO TAC CREATIVE CO.,LTD.
2F,3-23-10, SENDAGAYA SHIBUYA-KU,TOKYO
151-0051 JAPAN
[企画・編集・広告進行]
Telephone 03-5474-6200 Facsimile 03-5474-6202
[販売・営業]
Telephone & Facsimile 03-5474-6213
URL http://www.studio-tac.jp
E-mail stc@fd5.so-net.ne.jp

1905A

注 意

この本は2019年4月2日までの情報で編集されています。そのため、本書で掲載している商品やサービスの名称、価格、開催日時などは、各店舗などにより、予告無く変更される可能性がありますので、充分にご注意ください。最新の情報は直接各店舗へお問い合わせください。写真や内容は、一部実物と異なる場合があります。

STUDIO TAC CREATIVE
(株)スタジオ タック クリエイティブ
©STUDIO TAC CREATIVE 2019 Printed in JAPAN
● 本誌の無断転載を禁じます。
● 乱丁、落丁はお取り替えいたします。
● 定価は表紙に表示してあります。
ISBN 978-4-88393-852-0